新媒体4.0

［澳］特里·弗卢（Terry Flew）◎著
叶明睿◎译

NEW MEDIA

Fourth Edition

人民日报出版社

图书在版编目（CIP）数据

新媒体4.0 / (澳) 特里·弗卢 (Terry Flew) 著；
叶明睿译. -- 北京：人民日报出版社，2019.4
ISBN 978-7-5115-5909-8

Ⅰ.①新… Ⅱ.①特…②叶… Ⅲ.①传播媒介—研究 Ⅳ.①G206.2

中国版本图书馆CIP数据核字(2019)第057675号

NEW MEDIA, FOURTH EDITON was originally published in English in 2014.
This translation is published by arrangement with Oxford University Press.
© Terry Flew 2014
著作权合同登记号 01-2019-2458

书　　名：	新媒体4.0
作　　者：	(澳) 特里·弗卢 (Terry Flew) / 著　　叶明睿 / 译
出 版 人：	董　伟
责任编辑：	刘　悦
封面设计：	王薯聿
出版发行：	人民日报出版社
社　　址：	北京金台西路2号
邮政编码：	100733
发行热线：	（010）65369509　65369527　65369846　65363528
邮购热线：	（010）65369530　65363527
编辑热线：	（010）65363105
网　　址：	www.peopledailypress.com
经　　销：	新华书店
印　　刷：	大厂回族自治县彩虹印刷有限公司
开　　本：	710mm×1000mm　1/16
字　　数：	351千字
印　　张：	23
印　　次：	2019年7月第1版　2019年7月第1次印刷
书　　号：	ISBN 978-7-5115-5909-8
定　　价：	68.00元

序　致中国读者

特里·弗卢（Terry Flew）

能够为《新媒体4.0》中文版撰写序言，我感到非常荣幸。

当《新媒体》的第一版于2002年以英文出版时，我的目的是编写一本书供普通读者，特别是学生阅读，帮助读者理解与互联网和数字媒体有关的一些重要问题。现在，这本书的最新修订版《新媒体4.0》呈现给世界上最大的互联网社区——中国的读者，我的目标终于实现了。我非常感谢人民日报出版社出版《新媒体4.0》，并感谢中国传媒大学叶明睿副教授的翻译工作。

这本书背后的想法源于20年前，当时我在昆士兰科技大学（QUT）开设了新媒体课程。本书的目的并非简单地重述新媒体技术的内容，这些信息很快就会过时，而是探索新媒体对社会、经济、政治和文化领域的广泛影响，包括它们如何影响其他媒体。数字媒体领域内重要的研究者索尼娅·利文斯通（Sonia Livingstone）曾指出，认识新媒体的关键之处在于研究"新媒体对社会有什么新意"，而不是仅仅明白"什么是新媒体"。正是这一理念推动、鼓舞并成就了《新媒体4.0》。

当我思考20世纪90年代末到今天的20年间发生的变化时，发现其中最大的变化就是曾经的"新媒体"不再是今天的"新媒体"。主要的数字平台公司于20世纪90年代或21世纪初开始出现，与数字化、移动设备和用户交互相关的多数变革现在已经完全嵌入全球一半以上人口正在使用的媒体之中。2018年，互联网用户数量约为 41 亿，占全球人口的 53%，增速最快的是发展中国家。在这些数字网络人口中，32 亿（全球人口的 42%）是社交媒体用户，29.5 亿（全球人口的 39%）是活跃的移动社交媒体用户。2018 年被最为广泛使用的社交媒体平台是脸书（Facebook，22 亿用户）、优兔网（YouTube，15 亿用户）、瓦次艾普（WhatsApp）和脸书通信（Facebook Messenger，均拥有 13 亿用户），以及微信（WeChat，9.8 亿用户）（We Are Social，2018）。

这类发展变化反过来又改变了我们对媒体的看法。世界上大多数出版商和广播公司仍然在运营，有些在近期获得了蓬勃发展，因为它们已经能够通过数字创新吸引新的受众和读者。不过，即使跟 20 世纪第一个十年相比较，我们使用媒体的方式也已经变得完全不同了。越来越多的人从社交媒体上获取新闻，从数字平台上观看电影和电视，以及在移动设备上玩游戏。公众还有新的机会成为数字媒体内容的创造者，而不仅仅是消费者。这对长期存在的媒体商业模式提出了挑战，并为专业媒体工作者维护其社会角色和道德责任提出了新的挑战。

随着新媒体的发展，大型数字技术公司崛起并跻身世界上最强公司之列，这一变化撼动了原有的格局。国际品牌集团所做的 2019 年全球最强品牌调查发现，十大全球品牌中有六个来自通信媒体和信息技术领域：苹果（Apple，第 1 位）、谷歌（Google，第 2 位）、亚马逊（Amazon，第 3 位）、微软（Microsoft，第 4 位）、三星（Sumsung，第 6 位）和脸书（第 9 位）（Interbrand，2019）。在中国，百度、阿里巴巴和腾讯（BAT）等技术巨头在金融、零售以及媒体和信息技术等行业中的地位越来越高，并越发深入地融入将大数据、人工智能和机器人整合在一起的"工业 4.0"计划中，而这些公司连同华为和联想等硬件制造商也成为全球品牌的增长点。

伴随更大权力而来的是更大的社会责任，许多数字平台公司也一直受困于这个问题。2018 年曝光的剑桥分析（Cambridge Analytica）丑闻中，8700 万脸书用户的个人数据被泄露给政治咨询公司剑桥分析，剑桥分析将其用于 2016 年唐纳德·特朗普（Donald Trump）在美国的总统竞选活动和 2016 年英国脱欧公投中脱欧派的政治活动中，从而引发了全球争议。在 2016 年美国总统选举和其他国家选举中，"虚假新闻"扮演的角色成为持续不断的公开听证和辩论的主题。人们，尤其是女性和少数族裔，对于社交媒体中网络骚扰的投诉，导致许多人删除了他们的社交媒体账户，从而破坏了一些数字平台的环境氛围。

数字技术公司不断地被迫去解决《经济学人》（The Economist）杂志2018年提出的"全球科技抵制潮"问题。脸书首席执行官马克·扎克伯格（Mark Zuckerberg）甚至向美国国会承认，对脸书这样的公司进行某种形式的监管是不可避免的。这种监管采取的形式可能因国家和地区而异。欧盟已经推广了《通用数据保护条例》（GDPR），由于欧洲市场的规模及其重要性，这项条例已被大多数公司采纳。人们要求数据主权，或者期望在一个国家内收集的公民数据应该受到收集国家的法律和治理结构的约束，这样的呼声已经越来越高。世界各地的本土居民一直要求将数据主权作为其自决权和"数据非殖民化"的重要组成部分。

虚假新闻、个人数据滥用以及数字平台公司管理不善的网络骚扰等问题都会引发更为广泛的社会制度信任危机。西方数字平台在很大程度上维持了政府监管应当"脱手"的立场，认为对其活动的外部控制等同于审查。然而，全球范围的情况正在发生改变，因为气候变化等全球性问题需要本着合作互联的精神进行全球对话，所以在数据和在线信息的使用方面，公民和政府都要求加强问责制度和透明度。随着信息分配的权力变得更大，通信和娱乐行业面临新的道德挑战，也背负着人们希望将数字平台力量用于社会公益方面的期许。与此同时，政府面对与十年前截然不同的情况，也在以这种方式进行实践，从而满足大众的期待。

互联网是一项非比寻常的全球性基础设施，它实现了前所未有的全球互联，并使人们成为传播者、学习者、教育者和创造者。但正如加拿大传播理论家马歇尔·麦克卢汉（Marshall McLuhan）在20世纪60年代撰写的关于"全球村"的文章中所预见的那样，提高认识并不总能带来更多的理解。今天，人们使用强大的全球平台传播虚假信息，或者支持、诽谤那些持有异议的人的风险比以往任何时候都要大。有证据表明，这些平台确实以这种方式在被滥用。今天，我们在这个时代面对的是促进数据的道德使用，提升技术公司的社会责任，以及利用数字技术的力量应对当前社会、经济、环境等方面所面临的巨大挑战。

在线资料

Interbrand (2019). Best Global Brands. [online] Interbrand. Available at：https：//www.interbrand.com/best-brands/best-global-brands/2018/ranking/ [Accessed 4 February 2019].

The Economist (2018). How to tame the tech titans. [online]. Published 18 January. Available at：https：//www.economist.com/news/leaders/21735021-dominance-google-facebook-and amazon-bad-consumers-and-competition-how-tame. [Accessed 17 January 2019].

We Are Social (2018). We Are Social - Digital Report 2018. [online] Digitalreport.wearesocial.com. Available at：https：//digitalreport.wearesocial.com/ [Accessed 4 February 2019].

前　言

在这本《新媒体4.0》出版之前，牛津大学出版社在2002年、2005年和2008年分别出版了前三版。鉴于第一版出版于20世纪初，我对《新媒体4.0》的每一章都做了全面的修订，并且加入了三个新的章节：

- 在线新闻与新闻的未来（第七章）
- 新媒体与高等教育的转型（第十章）
- 网络与公众参与（第十二章）

这一版继续保持了第三版通俗性的特点，涵盖了20个有关新媒体的关键概念（第二章），以及帮助教学的说明性案例。这些重要的案例包括：全球互联网，维基百科，跨媒体叙事，媒介研究2.0，游戏工业与开发，视频游戏与暴力，维基解密，创新者的困境，大规模开放性网络课程（慕课，MOOCs），知识共享组织（Creative Commons, CC），奥巴马总统竞选等。

自这本书的第三版问世以来，媒介环境发生了一些重要转变。其中重要的一点在于社交媒介平台的崛起更为显著地勾画出互联网作为媒介所具有的网络化与参与性的特征，以及一系列经济、社会和文化方面的影响。此外，从奥巴马的竞选成功到"占领华尔街"，伴随着一系列基于社交媒体的政治运动，新媒体对政治的影响也变得更为显著。与此同时，在这些以及其他的案例中，后续的事件发展也让人们开始注意到以技术决定论的方式思考政治或公有领域所存在的局限性。

2002年，当《新媒体》第一版出版的时候，个人计算机是新媒体的唯一工具，因此，新媒体的概念很大程度上被看作与互联网有关，而接下来的十年，我们见证了新媒体平台和设备的激增。今天，我们通过手机和其他移动平台以各种方式接触媒体。因此，我们看到电视和互联网不断融合，以及数字媒体内容与传送平台间的日益分化。虽然这对媒介相关的法律和政策产生了一系列影响，从融合媒介的政策到版权的改革，政府和政策制定者们也正努力适应着从大众传播媒介到融合社交媒介的这一剧变。

今天，互联网早已不再是单纯基于西方社会的媒介。全世界三分之二的互联网用户来自欧洲和北美以外的地区，有四分之三的互联网用户所使用的语言并非英语，而发展中国家的移动电话用户也已经占据了全球用户总数的四分之三。同样显而易见的是，今天当我们讨论如何发展新媒体技术时，再也无法将其同对文化和创新内容的讨论分割开来，而对于宽带发展战略和知识经济的讨论也越发地同创意产业和创意性经济联系在一起。

与此同时，各种解密信息所揭露出的线上监视行为也使互联网和社交媒体的"黑暗面"逐渐显现出来。2011年维基解密曝光的超过25万条美国外交电报不仅引起全世界对于外交阴谋的注意，也使人们开始关注新形态的新闻在数字网络环境下监督权力的可能性，以及将这一巨大的外交监视环境转变为严格的全球公共监督的机会所在。随后，爱德华·斯诺登曝光美国政府的"棱镜计划"的诸多细节，信息显示许多世界最大的媒体机构和公司都牵扯其中，这使人们开始注意互联网公司对消费者行为的监测有可能成为国家机构对全体人群的大规模监控。政府努力应对着新媒体给隐私权带来的影响，同时，诸多社会团体则在询问在数字化转型的环境下谁来监视那些监视者。

我对牛津大学出版社凯伦·希尔德布兰特（Karen Hildebrandt）、克里斯蒂·英尼斯威尔（Kiratie Innes-Will）、珍妮弗·巴特勒（Jennifei Butler）和娜塔莉·达瓦尔（Natalie Davall）等人在出版这本书时所给予的支持表示感谢，也感谢比琳达·里昂·沃尔（Belinda Leon Wall）对这个出版项目的长久参与。完成这本书，得益于刘睿（Bonnie Rui Liu）在研究上的协助，以及亚当·斯威夫特（Adam Swift）对于书稿的整理，也受益于我在昆士兰科技大学创意产业学院的同事们的深刻见解,他们是阿克塞尔·布伦斯(Axel Bruns)、珍·伯吉斯(Jean Burgess)、斯图尔特·康宁汉姆(Stuart Cunningham)、克里斯蒂·科里斯(Christy Collis)、本·戈德史密斯(Ben Goldsmith)、史蒂芬·哈林顿(Stephen Harrington)、迈克尔·基恩(Michael Keane)、布莱恩·麦克奈尔(Brian McNair)以及克里斯蒂娜·斯波吉翁(Christina Spurgeon)。最后,我想将最美好的祝愿送给我的女儿夏洛特·索菲亚·弗卢(Charlotte Sophia Flew),她一直是我激情与新想法的源泉。

目　录

序　致中国读者 I

前　言 V

01 新媒体引言 1
　　引言：数字转型 2
　　新媒体与数字融合 6
　　互联网历史与文化 10
　　Web 2.0 与社交媒体 18
　　有关社交媒体的评价 20
　　结　语 24

02 新媒体的二十个关键词 25
　　引　言 26
　　01　集体智慧（COLLECTIVE INTELIGENCE）............ 26
　　02　融合（CONVERGENCE）.................................... 27
　　03　创意产业（CREATIVE INDUSTRIES）.................. 28
　　04　网络空间 / 虚拟现实（CYBERSPACE/VIRTUAL REALITY）............ 30
　　05　数字著作权 / 知识共享（DIGITAL COPYRIGHT/CREATIVE COMMONS）........ 31
　　06　数字鸿沟（THE DIGITAL DIVIDE）...................... 32
　　07　数字经济 / 数字资本主义（DIGITAL ECONOMY/DIGITAL CAPITALISM）...... 34
　　08　全球化（GLOBALISATION）................................ 35
　　09　黑客行为（HACKING）...................................... 36

10　互动性（INTERACTIVITY）......38
11　知识经济（THE KNOWLEDGE ECONOMY）......39
12　移动媒介（MOBILE MEDIA）......40
13　网络（NETWORKS）......42
14　参与（PARTICIPATION）......43
15　盗版（PIRACY）......44
16　隐私与监视（PRIVACY AND SURVEILLANCE）......45
17　再媒介化（REMEDIATION）......47
18　普适计算（UBIQUITOUS COMPUTING）......49
19　用户生成内容 / 用户驱动创新
　　（USER-CREATED CONTENT/USER-LED INNOVATION）......50
20　WEB 2.0......51
结　语......53

03　新媒体：方法与进路......55
引言：炒作之外......56
技术的社会形成......57
技术文化......60
信息社会理论......64
新媒体的政治经济学......68
网络社会理论......71
长波与技术经济范式......75
行动者网络理论......79
结　语......82

04　社交网络媒体......85
引言：网络的属性......86
网络经济......89
网络与社会化生产......92

社交网络媒体和社会资本 98

　　网络化的公有领域 103

　　结　语 108

05　参与式媒体文化 111

　　引言：从大众传播到融合社交媒体 112

　　参与性媒体 115

　　"专业余"群体、文化制造与日常创造力 122

　　是数字对话，还是融合质疑？ 130

　　结　语 133

06　游戏：技术、产业、文化 135

　　引　言 136

　　游戏的历史 139

　　游戏产业 144

　　游戏文化 151

　　结语：转型中的游戏产业 157

07　在线新闻与新闻的未来 159

　　引言：转型中的新闻 160

　　转型中的新闻业 163

　　新闻的新样态 169

　　结语：第五权力？ 180

08　创意产业 183

　　引言：创意产业的兴起 184

　　创意产业的社会经济驱动 187

　　创意产业的政策驱动 193

　　创意产业与创意经济 198

结　语 204

09　全球知识经济 207

引言：何谓全球知识经济？ 208

全球化 209

知识经济 214

变化中的创新本质 219

结语：知识经济 / 创意经济 227

10　新媒体与高等教育的转型 231

引言：大学的终止？ 232

高等教育转型的十大驱动力 234

评价新媒体以及高等教育转变的"5P" 250

结　语 258

11　互联网法律、政策与治理 261

引言：互联网法律是否存在？ 262

互联网管理方法 266

媒体融合政策 271

著作权和知识产权法 273

著作权与新媒体 276

著作权法改革 278

结语：数字化的看门人和开源运动 284

12　网络与公众参与 287

引言：互联网是不是内在的大众媒介？ 288

民主和现实 291

选举民主与政党竞争 292

参与制民主与积极公民权 294

媒介动员：互联网与政治行动主义 298
媒介动员与激进民主：占领运动与水平政治 300
结语：谁来监管看门人？ 308

尾　注 311

参考文献 316

01 新媒体引言

引言：数字转型

在所有关于新媒体的讨论中，有一个必须被提及的问题：为什么有些媒体被认为是"新"的？一种简单的想法是列出媒介技术中最新发展，并将这些技术看作是"新"的。然而这一方法并不恰当，其中部分原因在于媒介技术、服务、平台和运用的变化速率是如此之快，以至于任何一种关于此类技术的列表都将迅速过时。可以设想一次对许多家庭中电视录像设备的历史考察：家用录像机（VCR）仍然被摞在DVD播放机的下面，在它上面是蓝光播放机，还有一台硬盘数字录像的机顶盒。尽管这些设备都被连接在电视机上，但人们在家中却越来越多地使用他们的笔记本电脑、手机或是平板电脑在视频网站上观看节目。今天，在许多人的家中我们可以看到亨利·詹金斯（Henry Jenkins）所谓的"激增的黑匣子"与"缠结的缆线"（2006a：15），这可以被看作一种证明，即从某种程度上来说新媒体是持续发展的一系列设备，同时这也意味着我们不断寻找一种能够完成所有功能的设备。

需要注意的是，不能将"新"（New）和"新颖"（Novel）两者混为一谈。有一种极端的观点将新事物简单地归结为一些长期存在的事物出现的新变化，比如一条老的生产线上生产出来的新款轿车，或是电视台在新的收视季开始时播出的一部新的电视剧、情景喜剧或竞技游戏节目。与此同时，我们需要看到的是在过去二十年里媒介生产、传播和消费领域发生了多少改变，这些改变又在多大程度上与工作、生活方式、身份和文化，以及经济、政治、全球事务和社交形态等更大范围的转变发生关系。教育学家马克·普林斯基（Marc Prensky）认为20世纪最后几十年里所发生的数字转型伴随着数字技术的到来和快速扩散，这标志着"数字原住民"（digital natives）的出现，对于这群人而言，电脑游戏、电子邮件、互联网、手机和即时通信已经成为他们生活中的一部分（Prensky 2001:1）。尽管普林斯基对人群的这一划分存在着代际偏见（Generationalism）的暗示，也因此招来了批评之声（例见 Harris 2012），但这背后仍然存在一个合理且重要的假设，那就是新媒体这一概念中的"新"，已经超越了设备自身的变化。

然而，存在这样一个悖论：我们现在认为的旧媒介技术曾经是新的，而我们曾经认为的新媒介技术也会变旧。因此，正如索菲亚·利文斯通（Sofia Livingstone）所说，与简单地问"什么是新媒体"相比，更需要了解"对于社会而言新媒体新在何处"（1999：60）。

不仅如此，所有新媒体都有着构成它的前身，比如印刷媒体、广播、电影、录音、静态影像等。在《修复》（Remediation）一书中，杰·大卫·博尔特（Jay David Bolter）和理查德·格鲁辛（Richard Grusin）观察发现，新媒体自身表现为：

> 其他媒体重塑和提升后的新版本。应当通过对绘画、摄影、电影、电视和印刷等线性思维下的媒介样式的认可、挑战和修改的方式对数字媒体加以理解。似乎没有哪种媒介能够隔绝于其他媒体之外单独完成其文化功能，就如同在没有任何社会和经济动力支持的情况下单独运行一样。新媒体的"新"源于其对旧媒体特别的重塑方式，以及旧媒体在应对新媒体挑战时重塑自身的方式（Bolter & Grusin, 2000:15）。

媒介技术的发展历史在这些问题上提供了重要的依据。在丽莎·吉特尔曼（Lisa Gitelman, 2006）《历久弥新：媒介、历史和文化资料》（Always Already New: Media, History and the Data of Culture）一书中，以录音技术的发展历史为例，从1877年托马斯·爱迪生的留声机在美国问世，到20世纪20年代广播的大众化普及，对互联网作为新的媒介形式这一观点进行了批判性评价。她认为在这一时期所发生的是一系列"媒体与公众"共同演进的过程（Gitelman, 2006:13），在20世纪90年代才逐渐被人们所理解的互联网，其实是一系列争论的产物。这些争论可以追溯到20世纪40年代，那时的讨论主要集中在计算机和信息之间的关系，以及计算机的使用信息将如何被存储和分享。吉尔特曼也观察到，自20世纪60年代以来，这些关于计算机媒体的争论逐渐开始与广泛的社会公众发生关系，参与者从科学家到图书馆人员，再到一般公众，跨越了不同社会区隔。

在《旧技术曾是新潮流》（When Old Technologies Were New）一书中，卡罗琳·马文（Carolyn Marvin）观察认为，19世纪后期电气技术在一些重要领域的发展得益于当时对这些技术抱有乌托邦式的希望。尽管当年声称街道照明在削减城市贫困的过程中占据核心地位这一观点在今天看起来很古怪（不过，就它与街头犯罪的关系而言或许没那么奇怪），但这在19世纪晚期的电气专家们眼中并没有什么不寻常，也正是这些专家在那段时间里构建了马文所谓的"文本社群"（Textual Community）。这个由电子专家和企业主们构成的专业精英社群自然地将电气技术与社会进步联系在一起，他们相信工业机械和电气技术可以天然和谐地被组合在一起，从而实现更大的物质繁荣和社会安宁。马文认为，这些专家和企业主当时正处于一个双重过程之中：一方面，他们通过一系列媒介，包括流行科学期刊、公共演说以及当时大众出版物上的文章，来扩散并普及思想；另一方面这一普及过程也使他们成为社会精英。这样一来，最终产生的结果是在大量关于电气时代的任务和使命的文献讨论中，身处所谓"电气文化"之中和之外的人们被标签化并加以分类（Marvin 1988：15）。

将马文的这些历史性观点延伸至当下来看，我们需要思考的是计算技术的发展与黑客文化（Hacker Culture）的出现之间的关系。一方面，黑客文化致力于挑战各种形式上的既有权威；另一方面，黑客们也明白对于计算技术的掌控只是一部分精英们的事儿，而正是这些精英同时致力于在更深层次上去理解他们所使用的媒介的复杂性。正如之于19世纪末期的电气技术一样，我们发现这样的论述与有关新媒体的功能可见性的激进观点是联系在一起的，尤其是在那些关于政治和文化的民主进程方面。

今天，网络化的计算机和数字技术已经广泛地深入到我们的工作、家庭生活、人与人之间相互交流，乃至社会制度之中，从任何意义上来看这些都并不是新的。所以，如果只是简单地将技术自身加以分门别类，不去从更广阔的视野对新媒体的使用环境以及社会文化影响加以探究,这种考察新媒体的方法会忽视一个核心问题——为什么我们需要将新媒体作为首要的观察对象。这也给我们提出了一个更大的问题:已然根植于社会环境之内的技术,在广泛的社会变迁中是否扮演着重要角色,它们如何影响社会变迁?

在最早出版于1620年的《新工具》(Novum Organum)一书中,英国哲学家弗朗西斯·培根(Francis Bacon)提出了三项关键性的发明用来辨别我们今天所谓的"现代时期":

> 值得我们观察的是这些新发明背后的影响、效果以及重要性。尽管这三项发明的起源直到现在也不甚清晰,古人也不甚了解,但其影响、效果和重要性体现得淋漓尽致。这三项发明是印刷术、火药以及磁石指南针。它们在全世界范围内引发了巨大的改变:印刷之于文化知识,火药之于战争,以及磁石指南针之于航海,以及此后接连发生的无数变革(引自Graham 1999:26—7)。

那么,如同17世纪早期的印刷术、火药和磁石指南针所带来的社会变革一样,类似的转变在20世纪90年代以来的这段时期里是否也伴随着数字环境的形成而发生着呢?确实,有很多人是这样认为的。举例来说,莉迪亚·萨金特(Lydia Sargent)观察发现,互联网构成了"自550年前古登堡以来最伟大的媒介革命"(Sargent 2008:8)。这里所说的"古登堡"其实指的是15世纪由约翰内斯·古登堡(Johannes Gutenberg)在德国美因茨印出的《古登堡圣经》,一般这也被认为是印刷时代开始的标志(Eisenstein 1979)。

一些人则质疑这样的说法是不是太轻易地被凯里(Carey)和夸克(Quirk)所谓的"电子崇拜式的鼓吹"(the rhetoric of the electrical sublime)俘获,由此使得新技术被看作"重建人性化社群的关键……并能够克服那些阻挡着从前各种乌托邦得以实现的历史影响和政治障碍"(Carey & Quirk 1992:115)。在一系列关于互联网和数字媒体的论述中,有一种观点认为,当没有了国家机器的强迫,人们作为公民便被赋予了自由行动的能力,这为未来历史的终结,人的关系中地理距离作为结构性因素的消亡，以及政治斗争的结束都提供了保证。政治经济学家文森特·莫斯考（Vincent Mosco）（2004）正是在这样的观点中察觉出了对于"数字崇拜"充满色彩感的修饰。汤姆·斯特里特（Tom Streeter）（2011）对互联网相关的话语融进自由主义和浪漫主义的途径进行了类似的观察。这类话语将20世纪60年代的反文化理想主义、黑客文化元素以及对自由市场资本主义功能的笃信融合在一起，形成奇特的组合，并由此认定促使技术进步的工具将要出现。这一观点后来在20世纪90年代成为"加州意识形态"（Californian Ideology）（Barbrook & Cameron 1995），代表着一种自由思想和自由市场之间的融合，并通过诸如《连线》（WIRED）这样的前卫流行的互联网文化杂志，以及像路易斯·罗塞托（Louis Rossetto）和凯文·凯利（Kevin Kelly）这样的作者加以扩散传播（Streeter 2011：124—37）。

新媒体与数字融合

融合这一概念在关于新媒体的学术文献和大众讨论中被广泛使用，理解新媒体数字转型的一种途径便是借助这一概念来完成的。在《新媒体的语言》（The Language of New Media）一书中，列夫·曼诺维奇（Lev Manovich）（2002：25）提出，新媒体与计算技术和传播技术相互融合的历史轨迹密不可分，因此"这两个历史的结合"将使得"现有的所有媒介样式都转化为数字信息，并通过计算机被访问"。这样的结果是所有的媒体，实际上是所有的数字内容，都将"简单地成为又一套计算机数据而已"。对于曼诺维奇的观点持批评态度的人认为，将传播的逻辑笼统地归结在计算机逻辑之内，可能过高估计了新媒体的某些方面，比如通过网络化数据库被存储、分配和操控的能力，同时又低估了某些方面，比如媒体的连续性叙事和叙事维度等。从这一点出发对"媒介融合"做出定义，来自巴尔（Barr）（2000）所使用的3C概念，即Computing（指代数字媒体技术和信息技术)、Communication(指代网络、内容产品和行动)和Content(指代媒介和信息)。

人们普遍认为"融合"的概念具有多个层次,不仅仅体现着技术的变革,同时还指向产业结构、受众或用户行为、文化形态以及传播实践等更广泛领域内的变革。卡尔·布鲁恩·詹森(Karl Bruhn Jensen)从传播的角度对这一概念加以强调,他将"融合"描述为"传播实践在跨越不同的物质技术和社会制度后的一次仍然延续着的历史性转移"(Jensen 2010:15)。蒂姆·德威尔(Tim Dwyer)(2010:2)从政治经济学的角度,将"媒介融合"定义为新技术被现有媒介、传播产业以及文化所容纳并适应的过程。同时,德威尔认为"融合"还具有思想认识层面上的含义,比如,媒介融合的必然性就可以被用来支持那些赞成媒体收购、并购的主张。就这一点而言,"融合"的概念也预示着人们对媒介变革的认识和期待,意味着媒介融合的观念意识与演变中的媒介产业的权力关系有着不可分割的关系(Dwyer 2010:3)。

亨利·詹金斯在他的《融合文化:新媒体和旧媒体的冲突地带》(Convergence Culture: Where Old and New Media Collide)(2006a)一书中就"融合"的概念给出了一个著名的定义:

> 我使用的融合概念,包括横跨多种媒体平台的内容流动、多种媒体产业之间的合作以及那些四处寻求各种娱乐体验的媒体受众的迁移行为等。(Jenkins 2006a:2)

在有关新媒体的讨论中,詹金斯是一位重要人物,所以在后面的章节中,我们还将专门研究他的著作。值得一提的是,他清楚地意识到可能存在很多有关"融合"的潜在定义,并指出"融合这个词是用来描述技术、产业、文化和社会变迁的,它取决于谁在讨论以及他如何看待自己所谈论的内容"(Jenkins 2006:3)。詹金斯强调将"融合"理解为一种文化现象而非简单的技术现象的重要性,并且"反驳将融合主要当作一个技术过程的观点,即在一种设备上汇集了多种媒体功能的过程"。事实上,他认为"融合代表了一种文化变迁，因为它鼓励消费者获取新信息，并把分散的媒体内容联系起来"（Jenkins 2006a：3）。

采用跨学科的多视角，米克尔（Meikle）和杨（Young）认为可以从四个操作性维度上对媒介融合加以理解：

- 技术维度——网络化数字媒介平台基础之上对计算、传播和内容的集合；
- 工业维度——数字媒介空间中已有的媒介制度与基于数字化的公司的出现相结合，诸如谷歌、苹果、微软以及其他这类公司作为重要的媒体内容供应商，或是作为接入用户生成内容的促成者；
- 社交维度——诸如脸书（Facebook）、推特（Twitter）和优兔（YouTube）等社交平台的崛起，促进了内容的分享和点对点的同侪间传播，以及用户生成内容的大规模扩散；
- 文本维度——对媒介样式加以重新利用和组合之后，使之成为所谓的"跨媒体"模式，其中的故事和媒介内容（如声音、图片和文字）在多个媒介平台间被传播。

在媒介融合这四个维度之外，还可以加上另外两个关键因素：其一，用户生成内容（UCC）的崛起，带来媒介生产者和消费者之间日渐融合。就这一点而言，专业的媒介内容制造者与媒介受众之间的界限正变得日益模糊。其二，政策融合的问题，那些为截然不同的媒体平台（出版印刷、电影、广播电视、远程通信等）所制定的法律法规和政策需要重新加以思考，因为特定的内容形态与其所属的媒体平台之间长期以来的关系正在急速改变、合并与转化。

列伍罗沃（Lievrouw）和利文斯通（Livingstone）（2005：2）观察发现，包括数字融合理论在内的任何一种理解新媒体的方法，都必须考虑到三个因素：

1. 那些赋予并延伸了传播能力的产品和技术设备；
2. 为了利用和发展这些技术设备所从事的传播行为与实践；
3. 围绕这些技术设备和实践所形成的社会性制度安排与组织。

他们指出，这三个因素不应被线性地，或是分层叠加式地理解，不能认为技术影响着传播实践，传播实践又决定了社会制度安排和社会机构。与之相反，这三者共同构成了一个集合，其特点是产品、实践、社会制度安排三者之间具有动态关联且相互依存，并影响着我们分析问题的焦点（Lievrouw & Livingstone 2005:3）。图 1.1 呈现出的正是技术产品、传播实践与社会制度安排三者间关系共同形成的这一集合的构成。

图 1.1 新媒体的组成元素

来源：derived from Lievrouw and Livingstone 2005

互联网历史与文化

新媒体的概念总是与因特网（Internet）和万维网（World Wide Web）的历史捆绑在一起。尽管今天融合现象已经席卷众多媒介平台与技术设备，但正是互联网的出现与大规模普及带来了新媒体的崛起。当我们提到互联网，指的是借由远程通信网络将计算机和其他数字设备（比如服务器和路由器）永久相连的一套技术基础设施，以及那些流动在这些网络中的传播内容、信息与数据的样式。

分析互联网历史的重要性不仅为当下的发展提供背景，也为理解某些特定的思想和价值观与路径依赖之下所形成的制度历史具有多少关联提供帮助。帕特里斯·费里奇（Patrice Flichy）（2007）提出了一种互联网假想（internet imaginaire），或者说是描述互联网这种技术形式应有的形态及其运转方式的一种图景。在关于互联网的图景描述中，费里奇认为其关键在于互联网最早于20世纪60年代出现在科学技术人员这一群体中。但是，在互联网早期发展的过程中，专业学者一开始没有被指望将他们的知识转移到产业中去，正如费里奇所观察到的那样，计算机科学家才是他们自身发明的最早使用者（Flichy 2007：63），而这也使得互联网的早期发展融入了许多研究工作和学术文化的特征：

- 在一个地理空间上极为分散的社区内部提升互动与合作程度，同事之间早已通过会议和合作活动相互认识；
- 强调精英制度，以及在一个彼此实力相当的群体中相互竞争；
- 期望信息在社区中自由流动，并且保持开放而非封闭的争论；
- 出于计算机软件开发的复杂性，需要工具、技术和处理方法来帮助提升合作；

- 这种社区一般主要基于大学校园，相对独立于社会（Flichy 2007: 63—4）。

尽管互联网的这些早期特征可能会随着时间逐渐消失，而且有人认为互联网已经成为服务商业目标的大众媒介，但互联网早期图景中的开放性和知识的非专属性等要素仍然非常重要。就这一方面而言，费里奇所谓的"计算机专家共和国"（Flichy 2007: 63）里面所涵盖的思想在今天对新媒体也依然至关重要，同时也成为促使这些媒介形式得以持续创新的重要因素之一。

互联网的历史早已被充分记录下来（Berners-Lee 2000; Gillies & Cailliau 2000; Leiner et al. 2003; Flichy 2007），因此这里不再加以赘述。我们必须重视一点，尽管互联网与个人电脑、其他数字信息处理与检索设备的总体发展相对应，但是互联网的历史既是用以传输数字信息的公共网络协议的历史，也是用以公开、组织和传播这些数字信息的系统的发展历史，它是一段关于如何做出决定、如何运行项目的历史，一如它同时也是那些我们最终开发出的技术设备、网络和协议的历史。

今天我们所说的互联网，其本源可以追溯到美苏对峙的冷战时期发展起来的一个综合通信网络。与此同时，也有人认为，美国科学家的需求同美军的同样强烈，他们都渴望一个可以互相通信的完美机制。在苏联1958年发射斯普特尼克人造地球卫星之后，美国国防部成立的高级研究计划署（ARPA）也将发展网络置于优先考虑的计划之中（Hafner & Lyon 1996; Leiner et al. 2003; Hassan 2004; Ryan 2010）。曼纽尔·卡斯特尔（Manuel Castells）（2010）认为应当将早期互联网开发者的文化看作一种技术精英的文化，而非一种基于军事服务之需的文化。它深深根植于共同的科学追求、同侪评价和研究发现共享等一系列学术契约之内，而诸如麻省理工学院、哈佛大学和斯坦福大学等高校的研究中心则成为文化发展过程中的中心节点。费里奇（2007: 5）认为，早期互联网开发在探求项目管理架构时，主要基于"扁平化组织、协商共治社区，以及学科间合作"等一系列理念，与那些建立在层级关系、官僚机制、专业化分工，以及服从权威人物等概念基础上的公司和军队架构形成对比。

分组交换技术是美国国防部高级研究计划署在20世纪60年代最为重要的

技术开发之一。分组交换技术意味着长消息可以被分割成多个数据段,信息在两台电脑间传输时,一旦在某一线路或某个节点上受阻,便可通过另一线路继续传输。这一技术还意味着信息将以非同步模式被发送,接收者需要等到信息被原样完整地被发送之后才能够收到信息。分组交换技术克服了电话系统的局限,比如线路可能频繁被其他人长时间占用。同时,这一技术还设定了去中心化网络的运行原则——无法通过网络的某个节点来控制信息的传输,这已经成为今天互联网发展中一个极为重要的核心原则(Gillies & Cailliau 2000:18—25)。1969年,伴随着美国远程计算机网络阿帕网(ARPANET)的建立,分组交换技术成为这一网络的核心技术,也令电子邮件成为这一技术发展过程中的最重要的通信创新。1972年,在美国首都华盛顿召开的国际计算机通信大会上,阿帕网向公众展示了检索、存取和发送数据的能力。在那里发出了这个世界上第一封电子邮件(尽管那时人们并没有将它称为电子邮件)(Hassan 2004:13)。

在互联网的发展历史中,另一个重要的进步是通用网络协议的出现。它使得身处不同局域网(LANs)的研究者能够通过网际互联所形成的广域网(WAN)来实现相互交流。网络技术领域里的一项重要突破出现在1974年。罗伯特·卡恩(Robert Kahn)与文顿·瑟夫(Vinton Cerf)提出建立一项公共交换协议,以此来满足开放式结构的网络环境的需要。这一协议便是后来的TCP/IP协议(传输控制/网络通信协议)。1983年,伴随着阿帕网在实质上转为民营,大学和商业利益对网络的影响越发显著,同时也标示着真正意义上的互联网的出现。作为网际相互连接的公共协议,TCP/IP协议被广泛采纳成为实现这一转变的重要基础。约翰尼·莱恩(Johnny Ryan)观察发现,这些公共协议对于理解互联网的独特属性尤为重要:

> 这些协议将各种不同的网络连接在一起,驾驭着互联网上所有计算机之间的通信。这些协议是互联网及其工作原理的必要组成部分,其设计者之间独特的合作方式也是互联网文化的构成元素。这些要素极具重要价值,这些协议也成为互联网的实质所在(Ryan 2010:31)。

与其他媒体形式形成鲜明对比的是，互联网将成为全球性的公共传播媒介。无论用户是在局域性还是全国性的计算机网络里使用着苹果电脑、个人计算机还是大型计算机，所有的计算机和计算机网络都能够通过共通的语言相互交流。20 世纪 80 年代，互联网的使用范围已经超出了美国政府、军方、科研人员以及国防承包商这些最为核心的用户，这一过程也体现出 TCP/IP 协议作为公共互联网协议的重要性，它在全世界范围内对越来越多的人产生越来越重要的意义。正是源于高级研究计划署早期研究者的价值、理念和文化，在共同协议基础之上形成的网络，依然着重强调"去中心化"的重要特征。万维网的开发者之一，蒂姆·伯纳斯李（Tim Berners-Lee）如此描述他所期待的景象：

> 一切思想、技术和社会都在去中心化的方式下天然地形成与发展。我对于网络的憧憬是未来所有事物都实现相互连接。这一图景将为我们带来新的自由，使我们能够摆脱以往等级分类系统的束缚，获得更快的发展（Berners-Lee 2000: 1）。

20 世纪 90 年代，万维网经历了第三次重要发展，从而成就了今天我们所使用的互联网。尽管 TCP/IP 协议和分组交换技术的发展为计算机和网际的互通互联提供了重要工具，可人们如何通过这种电子技术网络相互关联却很少被关注。蒂姆·伯纳斯李和他的同事们从 1991 年起在欧洲核子研究组织（CERN）从事开发万维网的工作，他们的研究显著地改变了互联网的信息传播能力。1992 年，开发万维网的重要意义更为显著地体现出来——美国国家超级计算机应用中心（NCSA）的马克·安德里森（Marc Andreesen）开发出了第一个网页浏览器 Mosaic。

安德里森后来成为网景公司的创始人之一，他的公司于 1994 年开发出了世界上第一个主流的商用网页浏览器"网景"（Netscape）。随后，微软公司快速跟进，在 1995 年开发出了类似的 IE 浏览器，并高调地将其作为 Windows95 操作系统的组件予以发布，并邀请摇滚乐队滚石乐队（Rolling Stone）演唱其广告主题曲《现在出发》（Start Me Up）。到新千年伊始，微软公司获得了浏览器软件市场上实际的垄断地位，同时也对其 Office 办公系列软件（Word、Excel、PowerPoint 等）的广泛普及起到了至为关键的作用。

互联网大规模普及的同时，通过万维网浏览网页并获得在线内容的能力也大幅提升。在 1994 年到 1998 年间，全球互联网用户数量增长了 13 倍（Internet Systems Consortium 2012）。在这个过程中，万维网的以下四个特征尤为重要。首先，它呈现了彩图、音乐与音频，以及数据和文本，同时将多媒体功能引入了互联网。其次，它基于超文本原理，利用信息链接方式，通过轻松点击某个信息来源中的链接，便可进入其他信息来源获得相关信息。再次，自从 1945 年范尼瓦·布什（Vannevar Bush）的《诚如所思》（As We May Think）一文发表以来（Bush 1996），超文本的概念在诸多领域内得以传播。除了网景和微软公司相继开发浏览器之外，雅虎和谷歌等搜索引擎的出现也令超文本的价值变得更为显著，它们提供了庞大且易用的数据库，令用户可以轻松获取存储在互联网上的信息。最后，万维网还与通用的超文本传输协议（HTTP）以及超文本标记语言（HTML）这两个工具的出现联系在一起。前者提供了不同网页之间跨平台互联的手段，而后者则提供了相对简单直接的方法用来书写网页源代码。于是，更大范围内的人们在作为内容消费者的同时，也成为万维网的内容制造者。随着一些方便易用的博客软件的出现，比如 Blogger 和 WordPress，网络内容的生产也变得更加轻松，我们也将在下面对此展开讨论。

互联网已经成为有史以来成长最迅速的传播媒介。截至 2012 年 12 月，全世界共有 24.05 亿互联网用户，约占全球人口的 34.3%，截至 2018 年 12 月，全世界互联网用户为 40.21 亿，约占全球人口的 52.9%；而全球互联网用户数量在 1995 年、2000 年和 2006 年分别只有 0.3 亿，3.61 亿和 10.76 亿（Internet World Stats 2012a）。衡量互联网发展的另一个途径是考察一段时期内全球主机或网址数量的变化。表 1.1 展现了这两类数值的变化。

表 1.1 全球互联网用户总量（估计）

年份	互联网用户总量（估计）	全球人口数量	互联网用户占全球人口比例	增长率
1995	3.06 千万	56.74 亿	0.53%	
2000	3.61 亿	60.7 亿	5.6%	1179%
2006	10.76 亿	65 亿	16.6%	298%
2012	24.05 亿	70.17 亿	34.3%	223%
2018	40.21 亿	75.93 亿	52.9%	167%

资料来源：Internet World Stats 2012a; Flew 2002, 2008

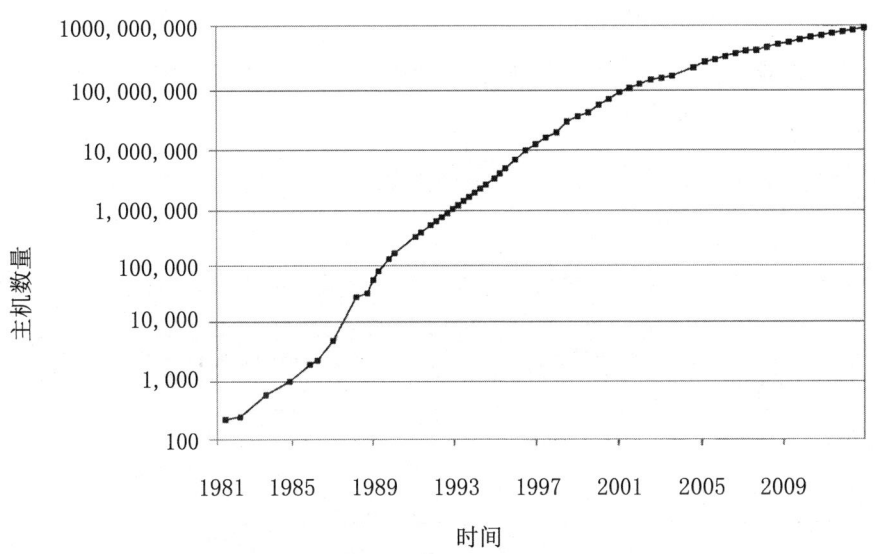

图 1.2 全球互联网主机数量，1981—2012

来源：Internet Systems Consortium 2012

案例分析：全球性互联网

到目前为止我们所论及的互联网历史在很大程度上是基于美国历史的，其中间或穿插了一些来自英国（蒂姆·伯纳斯李）、比利时（罗伯特·卡里奥）（Robert Cailliau）以及欧洲科学家群体（CERN）的贡献。这反映出一个事实，那就是美国政府的资金、美国的制度和美国的大学构成了互联网早期发展的核心。

美国前副总统阿尔·戈尔曾在2000年因为宣称自己"发明了互联网"而遭人耻笑。因为互联网具有天然的合作性本质,别说一个资深政客,任何人"发明了互联网"的这种说法都将被看作狂妄自大的吹嘘。然而戈尔这一夸张言论的潜台词是不可忽视的。在互联网大规模普及的20世纪90年代中期,促使互联网出现的技术创新大多数都诞生于美国,它的用户基础也主要是北美用户。比尔·克林顿执政时期美国政府也推出了一系列政策,比如1993年推动实施美国国家信息基础设施行动计划(National Information Infrastructure, NII),以及在此模式之下于1994年推出的全球信息基础设施行动计划(Global Information Infrastructure, GII),这些政策在互联网的全球演进过程中都扮演了结构性的角色。

相比之下,今天互联网已经在全世界范围内拥有了更多样的用户基础。在2012年12月所估计24亿互联网用户中,来自亚洲的用户最多,而互联网用户数量增加最快的地区则是非洲、拉丁美洲和中东地区。

表1.2 全球互联网使用情况及人口统计(2012年6月30日数据)

地区	人口（百万）	2012年互联网用户数量（百万）	互联网用户数量占人口百分比	2000年底互联网用户数量（百万）	2012年与2000年相比增长率	占全球用户百分比
非洲	1073.3	167.3	15.6%	4.5	3606.7%	7.0%
亚洲	3922.1	1076.4	27.5%	114.3	641.9%	44.8%
欧洲	820.9	518.5	63.2%	105.1	393.4%	21.5%
中东	223.6	90	40.2%	3.3	2639.9%	3.7%
北美	348.2	273.8	78.6%	108.1	153.3%	11.4%
拉丁美洲/加勒比	593.7	254.9	42.9%	18.1	1310.8%	10.6%
大洋洲/澳大利亚	35.9	24.2	67.6%	7.6	218.7%	1.0%
全球总计	7107.8	2405.5	34.3%	361	566.4%	100%

资料来源:Internet World Stats 2012a

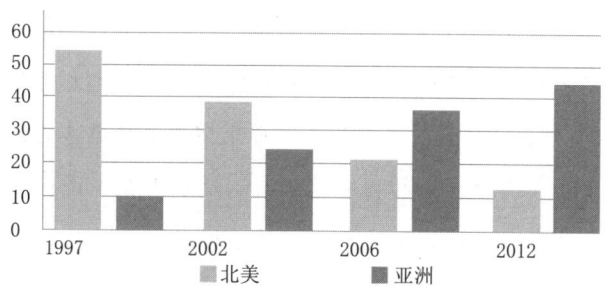

图 1.3 北美与亚洲互联网用户数量占全球互联网用户数量占比情况（1997—2012）

来源：Flew 2005a，2008；World Internet Stats 2012a

通过观察全球互联网用户中北美和亚洲用户的占比如何此消彼长，可以理解这一变化的重要意义。1997 年，北美互联网用户在全球占比是亚洲的 5 倍，而到 2012 年，亚洲的占比则反过来 4 倍于北美地区。不仅如此，如表 1.2 所示，今天互联网使用增长速度最快的地区在非洲、中东地区、拉丁美洲和加勒比海地区。

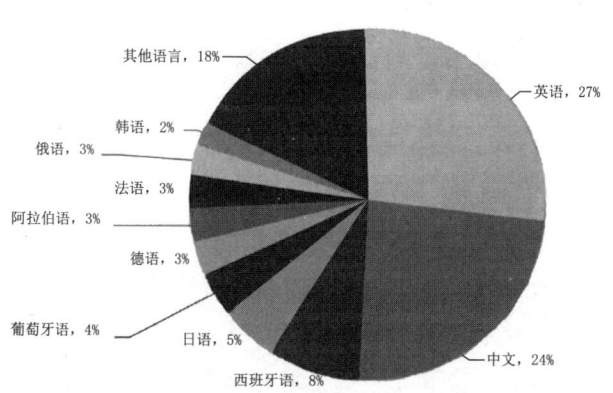

图 1.4 全球不同语言互联网用户结构，2011

来源：Internet World Stats，2012b

尽管这些数据强有力地证明了全球贫富国别间数字鸿沟的存在，但还是凸显出全球网络用户群体变得更加丰富多样了。互联网上使用最多的前十种语言是观察这一变化的有效指标。2011 年全球有 27% 的互联网用户使用英语，这令英语在互联网世界里仍然占据着统治性的地位，但同时，24%的中文用户比例也对英语的优势地位构成了挑战。图1.4呈现出了互联网上使用最多的前十种语言的比例构成：21世纪第一个十年里，占比增长速度最快的语言分别是阿拉伯语、俄语、汉语、葡萄牙语和西班牙语，这反映出在中国、俄罗斯、巴西，以及中东和拉美地区的互联网用户数量的快速增长。此外，在语言的使用分布上还存在着一个巨大的"长尾"，至少有一百万互联网用户还使用着三十多种其他语言（Internet World Stats 2012b）。

▲

Web 2.0 与社交媒体

20世纪90年代到21世纪初，围绕着Web 2.0的概念和广义上社交媒体的发展，新媒体环境下出现了一系列重要的变革。"Web 2.0"一词最早开始流行于2003年，作为推广这个概念的关键人物，蒂姆·奥莱利（Tim O'Reilly）将其定义为：

> 计算机产业朝着以互联网为平台的发展方向转型，在这个过程中进行的一次商业革命，同时也试图理解这个新平台上成功准则。这些准则中最为首要的一点在于：越是能充分利用网络效应或是集体智慧的应用程序，便能拥有越多的用户（O'Reilly 2005）。

网络效应指的是"随着网络规模的增长，网络产品或技术的实用价值也相应增加"（Den Hartigh 2008：1007）。这种网络效应可以体现为一种经济效应，比如你使用微软Office的好处在于其他大多数人也都在使用它，这样文件便能更好地在电脑间传阅使用；这一效应还可以体现为社交效应，比如你在类似脸书这样的社交网站上发现熟人的机会更高，因为 2012 年脸书便有了超过 10 亿的注册用户。

今天，通过各类社交媒体、视频网站和维基百科，我们都早已熟知所谓 Web 2.0 概念中的很多准则，以至于我们可能都忘记了，只是在短短十年前，这些准则对当时互联网发展中的诸多固有方式发起了革命性的挑战。在奥莱利（2005）与马瑟（Musser）（2007）的观点的基础之上，我们可以发现属于 Web 2.0 的一些核心要素：

- 重点在于通过网络来提供服务，而不在于接入网络的软件。如果将微软看作一个只是定期发布软件的原始型 Web 1.0 公司的话，那么谷歌便是一家标准的 Web 2.0 的公司，在用户持续使用他们的服务过程中，软件也不动声色地完成了提升。而事实上，我们也的确看到，微软公司在 20 世纪最初的十年里，花了大量的时间让自己变得更符合 Web 2.0 时代的要求。

- 成功的关键在于是否具有驾驭并利用集体智慧的能力，关联起所有的网络要素（而不只是那些钱最好赚的核心用户），以及能否利用克里斯·安德森（Chris Anderson）（2006）提出的"长尾效应"，以此从用户的贡献中实现网络效应。

- 提供线上服务背后的商业价值来源于其内部生成的数据，这使跟踪和预测用户行为成为可能——尽管这也引起众多对隐私的担忧。此外，通过数据库合并还能够产生新的增值服务，比如谷歌地图以嵌入的方式与猫途鹰（TripAdvisor）、Yelp 这样的在线点评网站相互合作。

- 采取开源软件的开发方式，邀请用户测试新的软件和网络服务，并使其主动参与后续不断的改进过程。

- 采取轻量级的商业模式。这一模式要求具备利用集体智慧与"群体才智"（Wisdom of Crowds）（Surowiecki 2004）的能力，并能够将这些智力资源与其他在线资源相联系，从而在较低的资本和人力投入条件下实现服务供应。"谷歌新闻"便是这样的一个例子。他们在没有雇用一名记者、编辑、设计与平面团队的情况下，通过将各种相关新闻与评论聚合在一起的方式，为用户提供了实际意义上的新闻服务。

Web 2.0的概念能够得以大行其道的原因主要有两个。其一，它利用了网络这一传播基础设施在众多方面的重要特性，比如用户在参与、互动、协同学习以及社会交往的范围，以及利用集体智慧带来的积极网络效应。史蒂文·列维（Steven Levy）（1997）认为加入并使用一个社交网站的价值会随着参与其中用户数量的增长而增长，同时也会进一步吸引新的用户加入进来。正是基于这一观点，他最早提出了"集体智慧"这一概念。其二，21世纪最初十年里成长最快的一些网站都是基于Web 2.0的原则发展起来的，这其中包括在线百科全书"维基百科"，用户生成的视频内容网站优兔，网络日志聚合平台博客（Blogger）和WordPress，图片分享应用照片墙（Instagram）和拼趣（Pinterest），社交网站脸书和谷歌（Google）Plus，以及短讯息分享平台推特等。

有关社交媒体的评价

Web 2.0崛起的同时，它在社会、商业和文化转型过程中所扮演的角色也具有多面性。在《维基经济学：大规模协作如何改变一切》（Wikinomics: How Mass Collaboration Changes Everything）（2006）一书中，商业经济学家唐·泰普斯科特（Don Tapscott）和安东尼·威廉姆斯（Anthony Williams）提到一个新的"参与时代"：

新型低成本合作的基础设施……使得千千万万的个人或小制造商以一种在过去只有大公司才能做到的方式制造产品、进入市场并取悦消费者。这促使了新的协作能力和商业模式的出现，令那些做好准备的公司受益，而那些未能作出调整以适应这种模式的公司将被淘汰（Tapscott & Williams 2006：11）。

泰普斯科特和威廉姆斯（2006：20—30）为他们总结的"维基经济学"总结出了四条基本原理：

1. 开放，不仅包括一系列开源和开放标准的运动，还包括扩大公司透明度，并对外来思想保持开放的态度。
2. 对等，通过开放且水平相联的网络，而非封闭的等级体系之中的项目团队，个体间的协作得以提升。正是有赖于参与和协作的各种动机、自我组织的不同形式，以及对各种同侪社区里集体智慧的利用，才有机会实现这种协作的提升。
3. 分享，更少地利用专有方式限制知识产权、计算能力、网络带宽、科学知识和内容。
4. 全球运作，在全世界各个角落发掘知识和资源，而不是跨国公司的模式，只在总部里形成一切新的主意。无须考虑全球文化的差异与多样性，向全世界推广其产品和想法。

其他一些作者也具有类似的观点。在《共同思维：大众创新，而非大众生产》（We-Think: Mass Innovation, not Mass Production）一书中，查尔斯·里德比特（Charles Leadbeater）指出了借助 Web 2.0 平台实现新型合作的可能，他认为互联网"对于各类不同的群体而言是一个理想的平台，这个平台通过自发组织，凝聚起众人的想法与技能，以此来实现公共创造，其中需要解决的最主要问题只是如何能够让更多人一同协作，从而更高效地产生出新的想法"。在《网络的财富》（The Wealth of Networks）一书中，尤查·本科勒（Yochai Benkler）认为"我们正在见证着信息的同侪化生产这一现象的大规模扩张。相较于从前非专业化的生产而言，他们今天正在完成更加复杂的任务"（Benkler 2006：68）。在《未来是湿的》（Here Comes Everybody）（Shirky 2008）和《认知盈余》（Cognitive Surplus）（Shirky 2010）这两本书中，作者克莱·舍基（Clay

Shirky）认为 Web 2.0 正在改变我们口中的"媒体"，它将一系列独立的公司、产业、产品和专业，转化为一个可以实现大众协作和社会化分享的平台：

> 平衡消费与创造、分享的能力，以及彼此联系的能力，改变了人们对媒介的认识。过去，人们认为媒介是经济中的特殊部分，现在，人们认为媒介是一种有组织的廉价而又全球适用的分享工具。（Shirky 2010：27）

社交媒体的出现同时也招来一些批评之声。尼古拉斯·卡尔（Nicholas Carr）（2010）担心人们将失去深度阅读和批判性反思的能力，因为互联网更鼓励人们从多样的资源中快速抽取一些信息碎片。安德鲁·基恩（Andrew Keen）（2007：15）批判了他称之为"业余爱好者崇拜"的现象，认为"社交媒体里的大众参与"对事实构成破坏，腐蚀着公众的话语，矮化专业知识、经验与才能，并且威胁着我们未来的文化制度"。杰伦·拉尼尔（Jaron Lanier）对于共同原创平台的生产力持有不同观点，认为其抹杀了个体的创造性，只是制造出了一类处于底层的知识人群。叶夫根尼·莫罗佐夫（Evgeny Morozov）（2011）对那些"网络乌托邦主义"和"互联网中心论"的论调提出了批判，认为他们对那些技术发展的负面影响视而不见是一种冒险行为，这些行为包含控制信息、操纵新媒体空间，以及透过互联网和新媒体技术的棱镜去看待政治和社会变革。

针对 Web 2.0 影响的观点呈现两极化的趋势，我们对此丝毫不感惊讶，因为这种两极化特征一直体现在那些关于新媒体的话语之中。史蒂夫·伍尔加（Steve Woolgar）（2002：9）提出"Cyberbole"[①]一词，指的是"对网络技术所具备能力的夸张描述（Hyperbole）"。现实中有很多这种现象的例子，比如电子前沿基金会(Electronic Frontier Foundation)的联合创始人约翰·佩里·巴

[①] Cyberbole 是以英文单词 hyperbole（夸张法）为原型，并将其首字母 h 替换为 cyber（网络的）的首字母 c。史蒂夫·伍尔加在其书中对 Cyberbole 一词的解释为"对网络技术所具备的能力的夸张描述"（Woolgar 2002：9）——译者注。

洛（John Perry Barlow）在 1995 年所提出的观点，他将互联网称为"自从人类能够钻木取火以来最具变革性的技术事件"（Barlow 1995：36）。不出意外，这一言过其实的说法导致另一个极端观点，指责其背后的谬误。克利福德·斯托尔（Clifford Stoll）认为"真实世界的生活远比你在计算机屏幕上发现的任何事情更有趣"（Stoll 1995：13），而柯克帕特里克·塞尔（Kirkpatrick Sale）更是在推销他新书的时候，备受鼓舞地在台上砸了电脑（例见 Sale 1995）。

在批判 Web 2.0 的伦理道德的同时，还存在政治经济学视角下对 Web 2.0 企业提出的不同观点，以及理想话语下参与协作理念之间存在矛盾的追问。亨利·詹金斯（Henry Jenkins）、山姆·福特（Sam Ford）以及乔舒亚·格林（Joshua Green）（2013：49）曾经讨论过一个巨大的障碍，障碍的一边是"Web 2.0 愉悦合作的诡辩，另一边是用户与公司合作的实际体验"。乔斯·冯·戴伊克（Jose van Dijck）和戴维·内尔博格（David Nieborg）（2009）认为，奥莱利、泰普斯科特以及威廉姆斯等人关于 Web 2.0 的各种观点，在发现大众用户与商业之间存在某种一致性的同时，常常忽略了那些促成用户内容生成的非营利主体与谷歌、脸书等公司开发的商业平台之间的差别，后者将用户参与行为看作商品，进而以此生成具有商业价值的元数据。

从政经角度批判 Web 2.0 的人们（van Dijck & Nieborg 2009；Ritzer & Jurgenson 2010；Fuchs 2011；Andrejevic 2012）指出了花言巧语鼓吹之下的"大众参与"同网络世界里的公民长久期待的"真正自由"之间存在的鸿沟，以及商业社交媒体平台上内容传播的现实：

- 用户类型与参与形式之间的界限模糊，以及所有人都被"创造力"这一潜在概念所驱动的假想；
- 被用户置于商业性开放平台上的内容，与其所有权和重复使用它们的权利存在争议；
- 内容在未经授权或未署名的情况下被他人使用，尤其是被内容主机使用；
- 蒂齐亚纳·泰拉诺瓦（Tiziana Terranova）所说的用户的"免费劳动"（Free Labour）是否能够替代雇员和专业人员的付费劳动；

- 出于营销或其他目的，用户在内容网站里的协作参与行为所创造出的元数据将会面对第三方待价而沽，而用户却对此缺乏意识。

结　语

这一章采用回顾历史的视角，梳理了新媒体的显著特征以及相关的重要观点。需要强调的是，媒介技术不能仅仅被理解成促成并延伸我们沟通能力的工具，还应被看作信息交流的行为实践和制度性安排的结果。与此同时，我认为互联网文化中的特征性元素在这一媒介早期发展中都有着重要的历史渊源。当互联网在全球范围内日益普及的今天，社交媒体和移动设备正在改变我们对于过去那个"万维网"的认识，其新的功能、价值和挑战也正在不断涌现。特别需要指出的是，数字化网络媒体技术促成了文化生活领域内更大程度的参与，并且让信息交流这一权利得以在大众之中普及，而对这些观念的讨论和评价也将贯穿本书始终。

在线资料

Internet Society <www.internetsociety.org>—Established by many of the key figures in the internet's history, this site provides an excellent history of the internet, as well as very useful non-technical discussions about internet governance structures, how the internet works and how it is evolving.

Internet World Stats—Usage and Population History <www.internetworldstats.com>—This site has the most up-to-date information on internet users worldwide.

02 新媒体的二十个关键词

新媒体 4.0

引　言

在我们思考新媒体更为广泛的社会文化影响的同时，一旦要分辨哪些是"新"的东西，就会不断地冒出一些概念。本章将对新媒体话题之下的 20 个关键的概念做一个全面的概述。这些关键词依照英文单词字母排序，并将贯穿于这本书中所有的讨论。本章中以粗体字印刷的所有名词都会在之后的各个章节中专门定义并加以讨论。

01　集体智慧（COLLECTIVE INTELIGENCE）

网络化的信息与计算机技术（ICTs）呈指数级地增加了社会知识的共同积累。皮埃尔·莱维（Pierre Lévy）和德里克·德克霍夫（Derrick de Kerckhove）（1998）将这背后的生产力称为"集体智慧"。它一方面源于传播网络所带来的人际交往范围的扩大，另一方面也得益于技术提供了更为强大的功能，使人们能够共同利用网络化的数据库来生产、编写、存储和提取知识。

这一极大拓展的功能让人们可以通过共同协作的方式来创造、分配、分享和传播知识，而这也正是为何我们今天正身处于知识经济的原因所在。相对于公司内部开发的专有系统而言，开源软件会有更为出众的成果，因为集体智慧可以有效地利用参与型用户社区中的知识群落（Raymond, 1999; Herz, 2005）。在这其中，最为关键的便是集体自发组织起来的知识网络这一概念。

詹金斯（2006a）将集体智慧看作媒体**融合**的核心元素，并认为它是"媒体权力另外的一个来源"。之所以这样说,是因为"我们当中没有人可以无所不知,但是我们每个人都各有所知。如果我们把各自的资源集中在一起,把分散于个人身上的技能结合在一起,我们对于世界的了解就会更加全面"(Jenkins 2006a:4)。集体智慧也成为 Web 2.0 的一个显著特征,Web 2.0 为它提供了工具和平台,使得这种协作能够突破地理空间的限制,在一个横向联系、实时在线的网络环境内得以大规模实现(Tapscott & Williams 2006; Musser & O'reilly 2007)。

02　融合(CONVERGENCE)

融合指的是计算机技术、信息技术、传播网络、基于互联网的媒体内容,以及数字媒体技术之间的相互连接,其结果是融合后的产品、服务和行为。媒体融合令传统媒体行业、媒体服务和实践发生转变,带来了崭新的媒体样式。它动摇了长久以来所构建起的媒体行业及其内容储备,并且逐渐将媒体内容从特定的媒介设备中剥离开来,在给媒体管理和政策提出巨大挑战的同时,也为报纸、电影、电视和音乐等传统媒体行业带来了新的困境。

媒体融合,一方面与谷歌、苹果、微软这类数字型科技企业、**数字经济**(Digital Economy)领域内的一些重要的媒体内容供应商以及大公司的崛起有关;另一方面,也同媒体之间的收购与兼并联系在一起。公司需要通过并购来实现平台间的协同效应,正如 2005 年新闻集团收购社交媒体网站 MySpace(尽管之后他们又将之转让出去),以及迪士尼公司收购了皮克斯动画工作室(Pixar Animation)。同时,与媒体融合相关的还包括**用户生成内容**(User Created Content)/用户主导创新(User Led Innovation)对媒体行业同受众和用户之间固有的层级关系构成的挑战,以及参与性媒体和 Web 2.0 对文化所带来的广泛影响。就政策而言,融合也让人们开始注意到在**知识经济**(Knowledge

Economy）背景下跨越政府部门共同发展**创意产业**（Creative Industries）的必要（比如经济政策与文化政策之间的关系），以及媒介内容与传输平台间日益加剧的分离给媒体相关法律、政策和管理所带来的挑战。

许多人只是将媒体融合看作更为宽泛的经济、社会与文化数字转型中的一个因素，因为机构活动和社交生活的各个方面——从艺术到商业，从政府到新闻、健康和教育，乃至更多——都在互动数字媒介环境下，通过大量泛滥的网络通信技术设备不断进行着。澳大利亚研究理事会（Australian Research Council, ARC）的"创意产业与创新卓越中心"（Centre of Excellence for Creative Industries and Innovation, CCI）描绘了约在2006年至2016年间媒体融合的轨迹（如图2.1所示）。

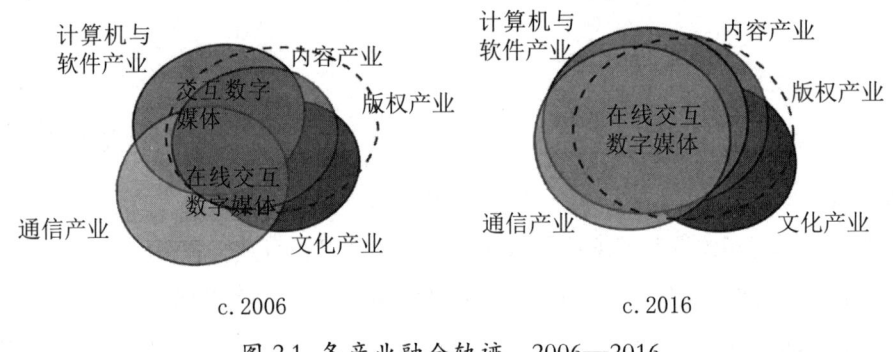

图 2.1 各产业融合轨迹，2006—2016

来源：ARC CCI 2005

03 创意产业（CREATIVE INDUSTRIES）

创意产业的概念源于英国布莱尔时期工党政府的一项政策措施，旨在将艺术、媒体和信息通信技术等不同部门之间更为明确地联系在一起，并作为其经济和出口增长战略的一部分。文化、媒体与体育部（DCMS 1998）将创意产业定义为"源于个人的创造力、技能和禀赋,并能够通过智力成果的衍生与开发创造财富和工作机会的一系列活动"。这一概念在全球范围内被广泛认可,许多国家看到这一机遇,通过制定创意产业政策将艺术、媒体、设计、遗产传承与创意服务连接在一起,而联合国贸易和发展会议(UNCTAD)等国际组织机构则大力推进这一政策,鼓励利用信息通信技术开发并散播新的产品和服务,从而提升创新能力与财富增长(UNCTAD 2010)。

约翰·哈特利(John Hartley,2005:5)对创意产业的定义如下:

> 新知识经济领域内,以新媒体技术为背景(信息通信技术,缩写为ICTs),满足以交互为特征的新型公众消费者的需求,使创造性艺术(个人才智)与文化工业(大众规模)在概念上和实践上的融合。

这一定义让我们清晰地看到,创意产业的兴起同新媒体、**全球化**(Globalisation)以及**知识经济**都密切相关,它不应当被简单地看作对创造性活动的支持,或是对传统文艺政策重塑之后所带来的结果。

尽管有很多关于"什么是(或不是)创意产业",以及"如何衡量它的规模和增长"的讨论(Flew 2012a),但"创意产业"一词本身已经体现出个体的创造力在很大程度上被看作核心的无形资产,并参与到互动数字媒介环境下新鲜有趣的内容开发。哈特利(2012)认为,创意产业早期的实现方式主要建立在既有的专业生产者群体(艺术家、设计师、媒体从业人员等)和相关产业基础之上,而今天,已演进为一种"开放创新"的方式,这一方式更加强调数字化**网络**(Networks)所扮演的角色,在"高科技型文化"(technologically-equipped culture)(Hartley 2012:52)的背景下,它为"用户生成内容"(UCC)和"用户驱动创新"(ULI)开辟出新的机遇。

04 网络空间 / 虚拟现实
（CYBERSPACE/VIRTUAL REALITY）

"**网络空间**"（又称"**赛博空间**"）和"**虚拟现实**"作为与新媒体相关的概念在 20 世纪 90 年代被广泛地运用。唐·斯莱特（Don Slater）（2002）观察发现，人们通常从模拟环境的角度定义"虚拟"，或是将其定义为一个数字社会空间，通常情况下与"真实"相对应。90 年代里的大量著述都将注意力投向在线交流的虚拟属性之上，讨论着虚拟社区（Negroponte 1995）、虚拟身份（Turkle 1995）以及网络世界里其他可能带来更新更好的生活体验的数字化方式。今天，"虚拟"更倾向于指向电脑游戏，类似模拟类游戏一样，旨在建立起一个完全浸入式的环境。

"网络空间"一词可能是 90 年代里最具影响力的新媒体概念，它指代的是"一个完全存在于计算机空间中，分布于日渐复杂且具流动性的社会环境"（Slater 2002：535）。科幻小说作家威廉·吉布森（William Gibson）在他的小说《神经漫游者》（Neuromancer）中最早使用了"网络空间"一词，用来指代"数据空间""缆线中的世界"，以及"矩阵空间"等多个意思。直到今天，"网络空间"被用来指代以下的这些含义：

- 互联网中的数据流，就有形与否而言，它们并不是真实的存在，但就实际效应来看，比如在线交易中的现金流，或是信息流，它们又显然真切地存在着；
- 以计算机为中介的交流形式（Computer-mediated communication, CMC），比如在角色扮演类游戏中，通过使用网名和游戏角色设定玩家们在线上的关系和他们的替代身份；

- 一种被修正后的文化，而这种修正与调整正是源于新媒体技术，以及发展成独立的社会空间的互联网（Slater 2002: 533）。

线上活动和行为已经深深地嵌入了我们今天日常生活中，因此"网络空间"和"虚拟现实"这些词语的使用频率已经有所减少。

在史蒂夫·伍尔加（Steve Woolgar, 2002）提出的一系列关于虚拟性的规则中，以计算机为中介的交流和虚拟性互动通常只是对真实活动的一种补充而非替代，同时，线上或是虚拟性的互动往往能够激发更多线下面对面的真实互动。

05 数字著作权／知识共享
（DIGITAL COPYRIGHT/CREATIVE COMMONS）

著作权法可以追溯到 18 世纪，其基础性原则在于任何原创作品的作者所享有的一切知识产权（IPRs）都不得为另外一部新作品的作者或是一般公众所占有，同时法律也需要对发生抵触的权利和主张做出平衡。这一原则认为，创造性语句和表达的原始形式应该属于个人，并且作为对未来新创作的激励，创作者有权从中获得物质经济利益。然而，这些权益在得到平衡的同时，也约束了公众对这些作品成果的使用，限制了从人类现有的知识和创造中生发出新的原创思想与作品的空间。为了促使新的作品被创作出来，需要将现有的知识对公众开放并加以利用，而这也同现有的一系列著作权限制相矛盾。

数字时代下的著作权触及了一个重要的悖论。一方面，新媒体技术令我们对各种媒体内容的拷贝、传播、利用以及改作他用都变得无比简单快捷，且数字化的复制接近零成本；另一方面，常常由于**创意产业**（Creative Industries）的政治游说，法律对这些媒介内容的归属、利用、获取以及费用支付等方面的规范性日益严格起来。

在著作权法中,"对原创者的合理报偿"与"公有领域内非商业目的合理使用"双方一直相互角力,但近年来随着著作权相关法律的发展,在所有权管理和知识产权的使用方面也出现了新的形式,比如"数字版权管理"(digital rights management, DRM)系统。批评者认为强大的著作权管理体制让受版权保护的作品持有者们受益过多,将那些正当使用数字化作品的行为贴上"**盗版**"(Piracy)的标签,认定为非法,有损于创新应用的出现,并且影响对现有数字内容再次创造性利用(Lessig 2001;Vaidhyanathan 2001;Perelman 2002)。

知识共享(Creative Commons,CC,亦称"创作共享")许可协议的出现,替代了利用法律并借助知识产权来确保垄断性租金这一模式。"知识共享"是一家2001年成立于美国,并且在70个国家设有分支的非营利组织(Creative Commons 2013),它致力于扩大创造性劳动成果的可利用范围,帮助他人可以合法地利用这些成果,并进一步加以创造和分享。知识共享许可协议的目的是让作者、艺术家、科学家、教育工作者和其他原创内容的创造者之间建立起更加灵活且合法可靠的共同准则,使得他们的作品在被利用或是改作他用时体现出非商业性的公益原则。

06 数字鸿沟(THE DIGITAL DIVIDE)

数字鸿沟指的是易于接触到信息通信技术和尚未被这些技术所服务到的两类人群之间的分隔。美国国家电信和信息管理局(NTIA)在一份报告中最早提出了这一概念,其报告《落空的互联网》(Falling Through the Net)分析研究了个人联网电脑的不同使用程度。莱斯(Rice)和哈森维特(Haythornthwaiter)(2005)认为数字鸿沟源于一系列交织在一起的社会经济因素(基于收入、教育、年龄、民族与种族,以及性别而体现出的新媒体使用差异),以及地理和物质条件等因素(比如农村和偏远地区的网络连通与服务要落后于中心城市)。

信息通信技术使用上的不平等这一问题之所以重要，是因为它通常与针对社会弱势群体的相关政策与措施联系在一起，同时，新媒体的受益人群也将获得非公平性的优势条件。

数字鸿沟这一概念在今天全球化的背景下更具重要性。托马斯（Thomas）（2010）观察发现，就全球规模而言，在信息通信技术使用上的不平等的现象之所以如此重要，是因为对于21世纪的人们来说，连接并融入全球知识经济已经成为衡量生活质量的一个重要指标，而被这一经济体系排斥在外已经成为造成贫困与社会弱势的一个重要根源。诺瑞斯（Norris）强调对以下两种类型的知识鸿沟加以区分：

1. 全球性鸿沟，即基于对互联网的信息通信技术基础设施接入、计算机、信息传输能力、本地网络主机等方面的比较，不同国家间在互联网接入上的差距；

2. 社会性鸿沟，即以互联网作为社会参与的手段和工具，不同国家在这一层面上接入和使用互联网的差距。

对数字鸿沟这一概念持批评态度的人认为，与新媒体相关联的不平等不仅存在于接入和使用层面，还应包括实际有效地参与网络环境的机会。默多克（Murdock）和戈尔丁（Golding）（2004）指出，由于计算机硬件、软件和所需技能的快速变化，以及这些新技术的学习机会分布不均，数字环境下的不平等也反映出造成其他方面社会不平等的原因，比如收入、职业或所在地区等。塞尔文（Selwyn）（2004）坚持认为"数字鸿沟"一词因其常常被用来指代对计算机和互联网的接入与使用，所以会造成某种误导，而关键之处却在于人们利用这些技术提升**参与**（Participation）公共生活的能力，并由此成为更大的，且具有社会影响力的**网络**中的一部分。

07 数字经济 / 数字资本主义
（DIGITAL ECONOMY/DIGITAL CAPITALISM）

在公共政策话语中，**数字经济**被定义为"信息通信技术所带来的全球化的社会经济活动网络"（ALRC 2012a：11）。有时它也被用来指代"互联网经济"（Deloitte Access Economics 2011）或是"网络化的信息经济"（Benkler 2006）。我们一直身处数字经济之中，而这一观点的首要前提在于我们相信，附着在信息与知识之上的新经济价值与互联网和数字媒体所具有的推动力之间发生互动，正是这种互动改变了经济发展的动力。尤查·本科勒（Yochai Benkler, 2006：4）认为，"现实信息生产中物理性束缚的解除，使得人的创造性和信息经济学在新的网络化信息经济中成为核心的结构性要素"。

批判政治经济学家诸如丹·席勒（Dan Schiller）（2000, 2006）、罗伯特·麦克切斯尼（Robert McChesney）（1999, 2003）和文森特·莫斯考（Vincent Mosco）认为新媒体和网络革命标志着**数字资本主义**（Digital Capitslism）的崛起，数字化网络构成了全球商业与新媒体产业的核心基础性结构，从而使其成为全球经济中发展最快的部门。他们并不认为这一变化预示着新经济的到来，反而认为正像数字版权中的知识产权一样，信息在被不断地商业化，而这种趋势只是标志着在全球范围内加剧和巩固资本主义关系。政治经济学家们同时还强调诸如新闻集团和时代华纳这类传统媒体巨擘在新媒体环境下所扮演的角色，他们认为，事实上伴随着信息贫、富两个群体间的**数字鸿沟**（Digital Divide）在全球范围的不断扩大，媒体的所有权和控制权都将会被进一步集中。

数字经济的兴起在著作权法律相关问题上给政府制造了一个新的两难局面。正如澳大利亚法律改革委员会（Australian Law Reform Commission, ALRC）所提到的那样，"著作权法律的政治经济环境正在发生改变，著作权对于类型各不相同的用户和制作者们产生了更加直接的影响,而并不仅仅局限在著作权的所有者和机构使用者之上"(ALRC 2012a:14)。对于**创意产业**中的利益,尤其是顶级娱乐传媒集团的利益而言,更为强大的著作权法律是减少内容盗版所带来的损失,以及发展数字经济的必要条件。与之相反,现有的著作权法律也被认为过于严苛,并且未能很好地照顾到数字经济,这反映出的是他们自己的损失,而这些损失多为无形却实际存在的。《哈格里夫斯报告》估计,到2020年,顺应科技和社会发展的著作权改革将会为英国的经济规模带来0.3%至0.6%的增长,合50亿到80亿英镑(Hargreaves 2011)。

08 全球化(GLOBALISATION)

全球化被定义为"在范围上日益扩大,量级上日益增加,影响上日益深刻并加速发生的洲际社会性交往的流动形态"(Held & McGrew 2002:1)。全球化一词被用来描述和阐释以下四类相互联系的发展情况:

- 经济全球化:跨国公司、国际贸易与金融系统,以及全球化生产网络的出现;
- 政治全球化:国际政府间组织与非政府组织、国际法律与协定、地区性贸易集团以及国际社会行动的发展与增长;
- 文化全球化:民族社会不断形成的多元文化属性,人们的全球化行动,文化、语言和宗教的全球性扩散所产生的影响,以及相应之下文化消费形态和身份认同的转变;
- 媒介全球化:帮助实现并强化了跨国传播与交流的技术、平台和服务在全球范围的扩张,包括互联网、有线与卫星电视,以及在全球媒介文化领域内的其他相关发展。

不同层面上都存在围绕全球化的讨论。关于全球化的最终影响对于国家和人们而言是好是坏的争论一直存在，而全球化也同时拥有拥护者（Cairncross 1998；Legrain 2002；Friedman 2005）和批评者（Mander & Goldsmith 1996；Barber 2000；Klein 2000）。同时，还存在另外一类争论：有人认为就其性质而言，全球化是一个全新的现象；但也有人认为，它只是自13世纪连接亚欧大陆的丝绸之路发展到今天的形式，或者说是自从哥伦布1492年横渡大西洋抵达美洲大陆，开创以贸易和帝国统治为基础的资本主义世界体系之后的一个新的发展阶段。特别指出的是，那些看来全新的现象也被认为实际上是全球化的资本主义的更为普遍的特征。科林·斯帕克斯（Colin Sparks）（2007：188）断言："它在总体上只能归类为资本主义近期的一个扩张阶段，而并非是全球化。"

技术令无国界的交流成为可能，伴随而来的是新媒体成为有关全球化及其影响的争论焦点。在意识到新媒体技术的重要性的同时，我们仍然需要考虑两个问题：全球化背景下的种种趋势在多大程度上体现出国家与社会之间及其内部在经济、社会、政治和文化关系形态上的质变？或者说，这些是否只是长期以来的趋势之下的某种延续？认为全球化标志着社会关系的根本性转变的这一观点，被称为激进派全球化观点(Flew & McElhinney 2005)。相比之下，那些被看作全球化怀疑论者的人们则认为，从历史角度来看，与全球化相关的许多发展变化并不是新的，同时，全球化理论也低估了今天仍然存在的单一民族国家的重要性（Hirst，Thompson & Bromley 2009）。

09　黑客行为（HACKING）

黑客行为一般指的是与软件设计和电脑编程相关的行为。通常情况下存在以下两种含义：

1. 通过共享和修改计算机程序来探究其如何工作,并尝试做出改进的黑客行为;

2. 合法或非法地进入计算机安全系统的黑客行为,一般出于良性或恶意的目的,包括窃取用户数据,或是出于政治及其他原因令系统瘫痪,即分布式拒绝服务型(DDoS)攻击。

就第一种含义而言,从更为积极的角度来看,黑客行为首先应当被看作互联网发展的核心内涵。黑客行为于20世纪60年代后期诞生于麻省理工学院和斯坦福大学等美国一流高校的计算机实验室内,那时的黑客行为"集道德伦理与审美趣味于一体,黑客们彼此间期望得到认可,通过相互改进程序代码达成合作"(Wark 2006:320)。埃里克·雷蒙德(Eric Raymond)认为黑客文化是"一种专业程序员和网络天才之间的共享文化,这个历史可以一直追溯到第一台分时迷你计算机和最早的阿帕网实验"(Raymond 1999:231)。就其积极意义而言,列维(1994)、海曼(Himanen)(2001)和卡斯特尔(Castells)等学者在描述黑客行为时认为它对信息时代而言非常重要。当今,黑客行为的这类表现形式包括开源软件运动、免费软件运动以及**知识共享**运动,并且它将"像编程工作一样,作为一种技能持续存在着"(Wark 2006:321)。

从第二种含义来看,自从20世纪初的黑客攻击事件发生后,黑客行为成为公众讨论的一个重要话题(Sterling 1993),并持续成为公众担忧**隐私**与**监视**问题的核心所在。近年来,在这一层面的含义上最为著名的黑客行为的案例便是一个名叫布拉德利·曼宁的美国士兵在2010年12月成为一名告密者,维基解密组织从他手中获得资料,并公开了美国在全球使领馆四十多万份的外交电报。对于维基解密及其创始人朱利安·阿桑奇的行为而言,这是否构成对国家安全的严重破坏,又是否为在信息控制的时代下对于透明性与民主理想的一种追求,都将成为一个持续争论下去的话题(Flew & Liu 2011;Andrejevic 2013)。

10 互动性（INTERACTIVITY）

新媒体被广为追捧的诸多特征之一就是互动性，它被定义为"在信息交易中受惠一方的主动性参与"（Levy 2001：61）。正如在媒介与文化研究传统中对于"主动型受众"的观察发现一样（Fiske 1987），传播过程中没有任何消息的接收方只是简单被动的信息接收者，而是始终存在一个连续，但程度不同的互动，程度的大小取决于个体对于收到消息的个性化解读能力、交流的相互作用，以及可以进行实时互动的范围等不同的变化因素（Levy 2001：64—67）。

显然，互动存在于不同的层次之上，而对于它们所产生的广泛社会文化影响也存在着不同的评价。克劳斯·布鲁恩·詹森（Klaus Bruhn Jensen）（2010：83—5）认为互动有着三个层次：

1. 与媒介自身的互动，比如利用超链接进入其他的网站；
2. 通过媒介与其他用户的互动，比如社交媒体网站和在线论坛；
3. 参与到社会机制中的互动，比如利用媒介来达到某种协商性的结果。

麦克米伦（McMillan）（2005：211—12）基于用户主动构建交流性互动的能力，对互动中的反馈模式和对话模式加以区别，以上三个层次呼应了他的观点。

互动性能够促进用户的参与性，因此常常作为新媒体区别于传统媒体的一个特征，相较之下，其他媒体则只能提供被动的内容消费。20世纪90年代，互动性在互联网上被开发出来的时候，蒂姆·伯纳斯李认为当时这一概念太过局限，因为它仅仅将重点放在了人们可以使用和选择别人已经发布的内容的可能之上，却忽略了他们创造和传播新内容的能力。伯纳斯李（2000：183）认为互联网应该更具"交互创造性"（intercreativity），或者说是"大家一起创造事物或者解决问题的过程。如果说'交互创造性'不是简单地面对着一块显示屏呆坐在那里的话,那么它也不该面对着那些'互动性'产品呆坐着"。

11 知识经济(THE KNOWLEDGE ECONOMY)

21世纪以知识经济的兴起为标志,这一论断道出了信息、技术和学习在今天财富创造与经济竞争中所扮演的角色日趋重要。在这一观点背后,有三个相关的趋势值得我们注意:

1. 人口就业从农业和工业向服务和信息产业的结构性转移。卡斯特尔和青山祐子(Yoku Aoyama)(1994)发现,美国自1920—1990年期间,相对于从事实际货物和商品处理的工作而言,实际从事信息处理相关工作的人口比例增加了八成。

2. 通过增强数字**网络**对现有知识加以利用,通过提升设计者、制造者和用户间的线上互动,大幅提升新知识向公有领域的扩散速度等方式,新媒体和信息通信技术极大地加速了新知识的生产效率。这些方式既促进了新知识的创造,又使得**集体智慧**在不同知识领域之间得以快速集中和扩散。

3. 强调创新,新产品与服务的开发成为今天"在竞争激烈且高度全球化的经济环境下,生存下来并获得成功的唯一途径"(David & Foray 2002:11)。

知识并不等同于信息,由此带来的问题在于如何在不同组织的内部和外部人群中提升个人的创造力并培育出知识**网络**,因为知识的创造和转移表明"无论人们如何被技术联结在一起,一起工作总有优势"(Brown & Duguid 2000:146)。数字媒介环境的互动性与网络特质不断被强化之后所带来的结果便是用户驱动创新的出现，在线产品和服务的用户将不再是单纯的消费者，其自身也将同时成为创新者。

12 移动媒介（MOBILE MEDIA）

手机可谓是全球应用范围最广的通信设备。根据国际电信联盟的估计，2011年全世界有59.81亿手机用户，约占世界总人口的86.7%。如表2.1所示，这一数字是超出了全球固定电话用户数的5倍之多。在非洲，使用手机的用户数量甚至是固定电话用户数量的近40倍。

重要的是，发展中国家中近80%的人口正使用手机，这已经成为不可忽视的现象。可以看到，单单中国和印度的手机用户就占了全球用户的30%，而2011年手机用户超过一亿的国家包括了印度尼西亚、巴西、俄罗斯、巴基斯坦和尼日利亚等发展中国家，以及美国、日本和德国等发达国家（mobiThinking 2013）。

在有的国家和地区，手机还被认为是一种主要用来通话和发送短信的无线通信工具，然而，正如杰勒德·高金（Gerard Goggin）和拉里萨·约尔特（Larissa Hjorth）（2009）观察发现，当手机发展成为智能手机，就其完整意义而言，它已经成为承载了音乐、视频、拍摄、游戏、联网以及更多功能的一种媒介。他们发现，作为媒介的手机具备了类似瑞士军刀的特点，在作为使用媒体内容的设备同时，也被用于制作**用户生成内容**，这也标志着"一个媒体大众化过程，它赋予了日常使用者成为摄影记者或是微电影创作者的能力"（Goggin & Hjorth 2009：7）。

表 2.1 世界主要电子通信方式使用情况表（2011，所有数据均为估测）

类别	全球	发达国家	发展中国家	非洲	阿拉伯地区	亚太地区	独联体	欧洲	美洲
移动蜂窝数据使用（百万）	5981	1461	4520	433	349	2897	399	741	969
每一百人中使用率（%）	86.7	117.8	78.8	53.0	96.7	73.9	143.0	119.5	103.3
固定电话（百万）	1159	494	665	12	35	511	74	242	268
每一百人中使用率（%）	16.6	39.8	11.6	1.4	9.7	13.0	26.3	39.1	28.5
移动宽带使用（百万）	1186	701	484	31	48	421	42	336	286
每一百人中使用率（%）	17.0	56.5	8.5	3.8	13.3	10.7	14.9	54.1	30.5
固定宽带使用（百万）	591	319	272	1	8	243	27	160	145
每一百人中使用率（%）	8.5	25.7	4.8	0.2	2.2	6.2	9.6	25.8	15.5

资料来源：mobiThinking 2013

苹果公司的 iPad、三星公司的 Galaxy Tab 及其他品牌的一系列平板设备的出现进一步丰富了移动媒体的样态。智能手机与 3G/4G 无线网络的应用令计算机设备和远程通信设备之间的界限变得模糊，而平板设备的出现则意味着这一界线几近消失。今天，移动性已经成为计算应用的行业标配，并且进一步加剧了媒介朝着设备、平台、内容三者融合，以及"**普适计算**"[①]方向发展的趋势（Hjorth, Burgess & Richardson 2012）。

---

① 也作"泛在计算"——译者注。

13　网络（NETWORKS）

作为新媒体的核心属性"网络"与"联网"这两个概念需要从三个层面上加以理解。

首先，互联网本身是技术性网络，或者说是所有网络在全球范围内连接而成的一个网络。就其物理结构而言，其核心是能够在一系列相互连接着的节点间传输大量信息的网线、光缆、无线传输系统。互联网已经超越了像电话网这类的早期网络通信系统，其矩阵结构使所有的信息发送者和接收者通过一个由路径系统或服务器构建起来的子网络相互连接，无论最初呈现样式如何，信息都将经过信号编码，以一系列数据包的形式被分别发送，再最终为终端用户解码。

其次，从社会网络分析的视角上理解社会化网络的重要性。它强调人或机构之间的连接关系中所具有的相互依存性与相关性，以及这些连接关系在管理资源流动、提供机遇、体现制衡，以及维持社会结构持久性等方面的重要性（Thompson 2003）。诸如脸书和谷歌+这样的平台为我们提供了当今社会化网络最为清晰的图景，然而这一概念在社会学理论中却有着更为长远的历史。社会网络分析是社会科学中一种研究方法，它利用数据统计和图解的手段描绘人际关联图谱，聚焦存在于各个社会关系主体之间的相互依存性，以及关系纽带在促进资源流转过程中所扮演的角色，及其衍生出的网络结构如何体现持久的关系（Wasserman & Faust 1994）。

最后，关乎社会技术网络。曼纽尔·卡斯特尔在他的书中特别指出，网络构建起了新的社会形态理论（Castells 1996: 469），并且发展到了网络社会成为"信息时代社会结构特征"（Castells 2000b: 5）的阶段。卡斯特尔认为，那些与互联网和网络信息通信技术相关的技术革命，本质上同基于网络的全球信息经济的社会转型是相关联的，因为伴随着新媒体相关技术的进步，网络在运行规模、速度和复杂程度等方面所形成的能量已经使其成为今天社会组织的支配性模式。特别是就媒介的使用和身份认同的形成而言，组织的网络化形态已经被看成是经济、地缘政治和文化层面上**全球化**的核心驱动力（Castells 2001）。

14　参与（PARTICIPATION）

在有关新媒体的文献中，"参与"这一概念被运用于三个方面。

首先，在**数字鸿沟**的语境下，它意味着人作为用户、员工、民众或是消费者，在接入新媒体和使用通信技术方面的机会不均等。在全球层面上，这一概念涉及发展中国家在参与**全球化**背景下通信技术发展相关决策时所面临的困难，正如信息社会世界峰会等国际性论坛上所反映出的情形一样（International Telecommunication Union 2013）。

其次，"参与"的概念也被用来标识新媒体显著的互动属性。正是得益于更加开放的对话式交流（McMillan 2005），新媒体相较于传统通信技术具有更强的**互动性**，也正因如此，蒂姆·伯纳斯李（2000）等学者对"互动即参与"的观点持反对态度。就用户层面而言，罗斯·梅菲尔德（Ross Mayfeild）（2006）进一步发展了参与性幂次法则[①]，他观察发现 Web 2.0 环境下的**集体智慧**模式未必只发生在那些潜在高端用户对不同形式的线上媒体的接触上。

"参与"一词的第三类运用则关乎新媒体所推动的参与文化（Jenkins 2006a；Jenkins 2006b；Bruns 2008）是否与更广泛的媒体接入和使用的大众化进程，尤其是**用户生成内容**在产生和传播范围上的扩大相关联。约翰·哈特利（John Hartley）认为，在当今互联网环境中，"存在于制造者和消费者之间，

---

① 幂次法则，也叫"80—20 法则"，由经济学家维尔弗雷多·帕累托在 1906 年提出，他认为：在任何一组东西中，最重要的只占其中一小部分，约 20%，其余 80% 尽管是多数，却是次要的。

专业人士与业余爱好者之间,以及作者与读者之间的不对称结构得到重新平衡。原则上(如果还尚未成为现实的话),每个人都可以在'读取'大众媒体的同时,也在自己的大众媒体发布内容"(Hartley 2012:25)。

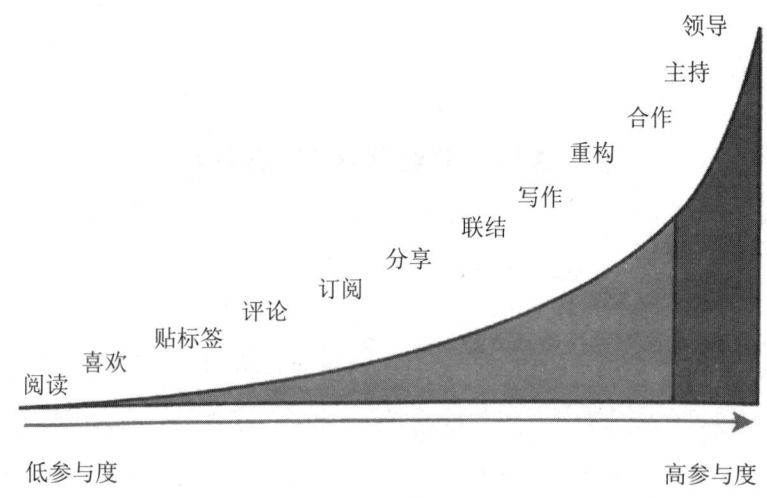

图 2.2 参与度的幂次定律

来源:Mayfield 2006

15 盗版(PIRACY)

在英文中,"海盗"与"盗版"为同一单词"Piracy"。历史上,这个词指的是强盗们劫掠海上船只货物,将财富据为己有的行为。尽管在波斯湾和非洲之角附近依然时有发生,但海盗这种持续了几百年的行为已经在绝大多数地方消失了。今天,这个词语一般用于与非法拷贝数字内容相关的情形。彼得·达沃豪斯(Peter Drahos)和约翰·布雷斯韦特(John Braithwaite)(2002)注意到,20世纪80年代到90年代,美国的软件、媒体和娱乐企业借用语言技巧将这类使用版权保护下的资料的行为称为盗版,通常用来指代那一时期在亚洲地区出现的内容拷贝行为，它们对美国当时的经济统治地位形成挑战。知识产权盗版所带来的威胁，促使了1994年《与贸易有关的知识产权协定》（TRIPS Agreement）的达成，以及知识产权法律的**全球化**推进与执行，这在一定程度上是必要的国际应对方式。

  正如字面意思所言，对智力成果的盗版通常被看作一种盗窃行为，与从商店或是别人的汽车里偷盗其他形式的财物类似。正如雷蒙·洛巴托（Ramon Lobato）观察发现，非法拷贝被看作一种社会经济中的反常行为，因此智力成果需要得到保护。这种解释与倡导通过施行法律和公众教育来有力保护知识产权的策略是一致的。然而，这只是众多有关盗版观点中的一种。

  对于一些积极的互联网活动人士而言，如全球性的海盗党运动（Pirate Party movement），对智力成果的盗版是公众用来抵制企业封锁数字内容的合理表达。一个原则性的问题在于，这些数字内容是否应当在用户社区中被分享。将盗版看作对企业控制数字内容这一行为的抵制，这个观点同**黑客**文化以及它对软件专利形式的批判相互呼应。从国际视角来看，内容盗版行为（主要表现为非法拷贝DVD）激增，并遍及多数发展中国家，但它也被一些人认为是全球市场环境下对于这类商品定价的理性经济反应——在这些发展中国家，只有以当地多数人无法企及的价格才能够合法使用这些产品（Lobato 2012：80—5）。

16 隐私与监视（PRIVACY AND SURVEILLANCE）

  互联网给个体和企业都带来了大量有关隐私和安全的新问题。这些问题包含垃圾邮件、激增的电脑病毒、网络骚扰，以及各种形式的网络诈骗与身份盗用。新法律的颁布几乎总是滞后于信息安全新问题的出现，这一现实导致了信息通信技术行业带头针对这些问题开发技术解决方案，但同时也在民主参与、企业对个人信息的使用，以及新的监控范围等方面引发了进一步的问题。

风险一般源于与网络犯罪相关的人们,官方将之形容为"越来越多的国家或非国家行为主体,危害、窃取、篡改或是销毁信息,进而可能引起严重的系统崩溃"(Commonwealth of Australia 2009:v)。但是这种顾虑和担忧却可能来自企业和政府自身的行为。如果人们充分意识到正在发生的一切的话,哪怕完全合法,这些行为也很可能被认为是对他们个人隐私的一种威胁。

米尔斯(Mills)(2018:13)认为"当今社会对个体的侵入程度比近代历史上任何时期都深入"。拜数字技术所赐,政府和企业正通过越来越多的方式侵入四种私人领域——个人做出决定的自由,个人信息的掌握,控制财产的权利,以及对个人实际空间的控制。其中,法律保护最为缺失的地方在于个人信息的掌握,也正是在这一领域,由于数字技术的应用,隐私权利正被不断侵蚀。许多电子交易,比如申请一笔个人借贷或是一张信用卡,或是完成一次网上购物,都需要公开个人信息。人们无法充分意识到这些数据将如何被聚合在一起,通过诸如数据挖掘和消费者轮廓等技术及策略,使信息"更易于收集、整理和归档,并且更易于散播"(Mills 2008:15)。

像脸书这样的 Web 2.0 平台鼓励用户自我公开他们的各种信息,在用户尚未同意的情况下,这些信息可能被用于其他目的。克里斯蒂安·富克斯(Christian Fuchs)提出"数据行为监视"(dataveillance)一词,即利用用户数据实施的监视,这里他提到:

> 定向广告宣传看中的是 Web 2.0 商业平台上的巨大用户人群,因为同意使用条款意味着他们也同意了大多数情况下对他们个人数据和使用行为的监视。这种监视经过精确调整后被用来发现和存储个体差别,并针对每一个用户实施不同的大众广告宣传。Web 2.0 上的监视是个体化大众监视的一种形式(Fuchs 2012:48)。

作家 J. D. 拉希卡(J. D. Lasica)观察到"今天,我们的过去已经如刺青一般蚀刻进我们的数字皮肤之上"(转引自 Mills 2008:21)。大卫·利昂(David Lyon)(2002)认为相关联的数字技术的组合,从网页浏览器留在个人电脑上的信息记录 Cookies 文件，到各个城市空间里的闭路监控视频，导致一个监视社会的出现。利昂（2002：5—8）为监视社会标示出了四个关键要素：

1. 对信息通信技术利用的日益增长，用以标识和确定人们在某一特定时间的位置，以此更好地协调行动；
2. 管控各种形式的风险，从社保欺诈、店铺行窃、街头犯罪等相对较低层级的风险，到与恐怖主义行为相关的风险；
3. 平衡个人隐私与各方对个人信息的使用，从政府部门到保险代理以及商家；
4. 谁有权获取这些信息和获取谁的信息的问题，或者说是由谁监看和谁被监看的问题。

如利昂所认为，就安全考虑而言，在信息通信技术的使用上存在一个重要悖论："在社会领域内，风险管理对于技术的应用本身就可以被认为是一种风险（2007：7）。"

17 再媒介化（REMEDIATION）

杰·大卫·博尔特（Jay David Bolter）和理查德·格鲁辛（Richard Grusin）（2000）提出"再媒介化"的概念，作为思考不同媒介形式之间，以及新媒介与旧媒介之间关系的一种方式。强调不同媒介形式之间的关系是一种不同从属关系构成的谱系，而不是一部线性的历史，他们提出"没有哪种媒介在今天可以独自发挥功能，并且构建起单独而纯粹的文化意义空间"（Bolter & Grusin 2000：55）。换句话说，无论新媒介怎样，它们始终在形式和内容上都基于其他业已存在的媒介。

他们的观点建立在早前马歇尔·麦克卢汉（Marshall McLuhan）（1964）的洞察基础之上，麦克卢汉认为我们对于任何一种新媒介早期经验都会受到我们熟悉的媒介的制约，就像早期的摄影术追求看起来更像绘画，早期人们会在黑暗的房间里看电视，以此营造出影院体验。而电脑生成的图片则力求达到写实，即看起来更像胶卷摄影。麦克卢汉将之称为"后视镜论"（rearviewmirrorism），约翰·哈特利（2011：224）认为其内涵之一便在于"新媒介必须以生产者和消费者已经熟悉的话语方式来获得认可。它们只能在被认可之后再去开拓属于自己的潜在机会"。

博尔特和格鲁辛发现在数字媒体的设计和新媒体的内容上存在着两个看似相互矛盾的特征。一方面，人们希望在用户和内容之间建立起一种即时直接性，削弱中间介质技术所产生的影响，同时营造出一种现场情境感，从而增强其真实性和即时直接性。另一方面，既有的媒介内容在数字网络环境下被重新组合，数字媒体的内容在一定程度上又来自组合与拼贴的既有内容。比如，在线新闻媒体的网站将报纸和电视上的新闻内容改头换面，另作他用，同时又衍生出属于自己数字化的叙事模式。

因此，不同媒介形式之间也形成相互补充的关系。网络摄像头这样的设备为我们提供了通过电脑即时直接访问他人的便利，而像《老大哥》（Big Brother）这类电视真人秀类型的节目则在电视环境下将即时直接性加以改造，让别人的即时行为能够被电视观众远程消费。所以，**融合**并不意味着一些媒体取代另一些媒体，也并不表示通过某一种媒介设备就可以获得所有的内容。更确切地说，正如博尔特和格鲁辛所认为的那样，"在我们的多元文化中，没有一种技术可能淘汰其他的技术，融合意味着在我们的文化中数字技术更具丰富的多样性"（2000：225）。

18　普适计算（UBIQUITOUS COMPUTING）

普适计算是"一种强化对计算机的利用并提升其效率的方法，它利用多部计算机在一个实体环境内以用户不可见的状态工作"（West 2011：175）。最初，普适计算源于施乐公司的帕克研究中心（Palo Alto Research Centre，PARC）马克·韦泽（Marc Weiser）领导下的一个研究项目，这一技术的目标实现"没有计算机的计算"，因为随着计算能力开始转移到不同的物体之上，这些物体逐渐成为可以感知和处理信息的场所，在这里，"计算的概念将大行其道，并逐渐与日常生活中的事物紧密交织在一起"（Greenfield 2006：11）。

数码设备的激增，网络的密度和互联程度增强，以及利用互联网的形式越来越多样化，新媒体在日常生活中已经无处不在。如何上网也早已转变，由从前联网必须通过台式电脑——那个摆在桌面上带屏幕的设备，到今天花样繁多且还在不断增加的各种**移动媒介**。这些数码设备能够让用户以最高的速率和最强的移动性来获取信息和通信服务。

移动媒介与普适计算并不相同，因为互联网驱动的便携设备自身不具备情境感知功能。普适计算的目的并不是要把计算机融入用户的环境，而是"要将用户置入由计算机构建起来的环境"（West 2011：175）。以我们熟悉的微波炉为例，实际上它已经是一部用来为我们烹饪食物的计算机，只是为了更加吸引消费者，才被设计成用来料理食物的设备，而它的计算能力只是被掩藏在不同的外壳之下了。

与普适计算相类似的观点可以在唐纳德·诺曼（Donald Norman）（1998）有关隐形计算机的书中找到，他吸引人们去关注设计和可用性在新技术对消费者的吸引力中的核心地位，以及关注物联网。物联网指的是"将包括了物品、设备和机器在内的物质世界等转变成一个信息系统。在这一系统里，所有实体物品都将很快被网络连接在一起接入互联网，从而使信息可在设备与计算机之间流动"（Ngo & Zuniga 2013）。

19 用户生成内容／用户驱动创新
（USER-CREATED CONTENT/USER-LED INNOVATION）

用户生成内容（User-created content，UCC）一词常与类似博客的网站、大众新闻等实践，以及像优兔这样的平台联系在一起。在这些地方，用户拥有了成为数字内容的制造者和传播者的能力，并且可以公开地与他人形成互动并得到反馈。用户生成内容的兴起与媒体融合和网络用户在他们的媒介环境中从被动接受者向主动参与者的身份转变有关。

与用户生成内容的出现有关的一个广泛趋势是20世纪大众传播模式向融合社交媒体的转变。前者的特征表现为大规模传播、专业人员制作的媒体内容，以及媒体生产者和消费者之间泾渭分明；而后者的特征则体现在用户借助方便易用的Web 2.0技术参与内容生产的门槛显著降低，以及随之而来在内容生产者和消费者之间界限的模糊。布伦斯（Bruns）（2008）将此看成是"产销者"的崛起，他们既是网络内容的使用者，也是创造者，而查尔斯·里德彼特（Charles Leadbeater）和保罗·米勒（Paul Miller）（2004）则将用户生成内容与"专业余者[①]革命"（Pro-am revolution）联系在一起。在这一革命中，从事内容创造的工具更加便宜，也更加简单易用，因此业余爱好者和专业行家之间的界限也逐渐变得模糊。

与用户生成内容的出现相关联的是埃里克·冯希普（Eric von Hippel）（2005）所描绘的用户驱动创新。在这一概念中，"作为产品用户和服务对象——既包括企业，也包括个人消费者——都有能力为自我不断地有所创新"（von Hippel

---

① 指对某一领域充满热忱并希望达到专业水平的业余爱好者。

2005：1）。通过**知识经济**环境下的数字**网络**，用户群落能够对这些创新加以传播、分享和改进。把线上用户理解为协同生产的参与者，源于软件开发领域内的开源运动，以及这一运动所倡导的观念——**集体智慧是实现协同创新的基石**（Leadbeater 2008）。

作为对这一趋势更广泛意义的思考，经济合作与发展组织（OECD）将用户生成内容看作一股具有颠覆性的重要力量。"数字内容的创新看起来将更加依赖于去中心化的创造力、组织化的创新，以及新的增值模式，而这些都更看中新来者，反倒对于传统的规模优势和巨额的创业投资在意较少。"（OECD 2008：11）同时，"作为创造性产品的新出口，互联网已经改变了信息生产的经济形式，并且提升了媒介生产的民主化进程。在信息、知识和娱乐内容的生产、传播、获取以及再利用的方式转变上，带来了用户在自主性、参与性和多样性等方面的提升"（OECD 2008a：12）。

20　WEB 2.0

Web 2.0 这一概念标识出的是互联网软件和平台的一系列新的发展。从前的网络应用主要基于生产者向用户的内容推销，这种形式多为静态的，且互动性非常有限；而 Web 2.0 则发展出了一种新的场景，其中内容的生产主要来自用户内部的相互融合、参与及共同合作。在众多平台中，与 Web 2.0 联系最为紧密的则是以维基百科、优兔、脸书、第二人生（Second Life）以及推特为代表的网络，当然，它们只是全球众多具有这一概念特征网站中极小的一部分。

与 Web 2.0 相一致的软件程序与网站开发的核心原则包括：

- 在连通性上的多对多；
- 在控制上的去中心化；

- 需要聚焦于用户，且令新用户易于使用；
- 在技术标准及应用程序界面（API）上的开放属性；
- 相对简单与轻量级的设计；
- 用户作为新功能的测试者参与未来产品的发展与改进（Musser & O'Reilly 2007）。

麦克纳马拉（Macnamara）（2010：34）观察认为"Web 2.0 应用的关键特征在于它允许并且积极鼓励用户有所贡献，互动性强，并对用户生成对内容加以更全面的生产和传播"。

尼古拉斯·卡尔（Nicholas Carr）将互联网称为一个"双向媒介"，"我们通过网络发送和接收信息。网络的互动性特征已经将其转变为一个世界范围的会议室，人们在各种社交网络（以及某些时候的反社交网络）上一起交谈、八卦、争论、炫耀，以及相互挑逗着"（Carr 2010：85）。除了尼古拉斯·卡尔所谓的"双向媒介"之外，互联网还可以被理解为其他任何东西，在 Web 2.0 软件已经相当普遍的今天，这样的理解似乎都显得有些多余。当回头再来审视互联网日益成为社交媒体这一属性上的转变时，蒂姆·奥莱利（Tim O'Reilly）和约翰·巴特利（John Batelle）这样评价道：

> 网络不再是那个用来描述世界上一些事情的那个 HTML 静态页面的集合。渐渐地，网络已经成为一个特别的世界——这个世界里的每一件事和每一个人都投射出一个"信息阴影"，或者说是一个数据信息场，一旦被捕获并加以智能化处理，它便能够带来巨大的机遇和超出我们理解范围的影响（O'Reilly & Battelle 2009：2）。

并非所有人都对 Web 2.0 抱有如此灿烂的乐观态度，尤其对脸书这样的网站，由于让个人信息通过自我披露的方式被第三方获取并用于定向营销，甚至作为拒绝雇佣或是针对个人实施犯罪行为的依据（Andrejevic 2012），其中所牵连到的**隐私与监视**问题也让他们遭到批评。Web 2.0 逐渐成为我们理解互联网的一种方式，作为一个媒介，我们在互联网上发表、评论和分享信息的同时，也在阅读和查看。正因如此，它也被称为可读写网络。

结　语

这一章提供了有关新媒体的 20 个关键概念，并且描绘了它们之间的相互联系。在你阅读本书后续各专门章节和话题领域时，这些内容将变得更丰满。同时，对于你可能正在修读的课程，这一章还会成为你理解一些关键词汇的必要参考。尤为重要的是，需要理解的不仅仅是这些关键概念本身，还包括它们之间的相互联系。此外，理解这些概念在各种不同的新媒体理论中如何被界定也很重要，而这正是下一章所要讨论的内容。

在线资料

Encyclopedia of New Media <http://knowledge.sagepub.com/view/newmedia/SAGE.xmL>—Online resource edited by Steve Jones and published by Sage. Some material is freely available, but other content requires subscription-based access.

Voice of the Shuttle <http://vos.ucsb.edu/index.asp>—Comprehensive database of online resources and key concepts in the humanities, first developed by Alan Liu and maintained at the University of California, Santa Barbara.

03 新媒体：方法与进路

引言：炒作之外

在新媒体研究中存在一个反复出现的特征性趋势——最初出现，然后批判，继而夸张炒作。罗布·基钦（Rob Kitchin）在20世纪90年代的观察认为"网络空间"(cyberspace)可能是20世纪后期被到处过分夸张最为严重的词汇之一（Kitchin 1998: ix）。史蒂夫·伍尔加（Steve Woolgar）发现他所谓的"cyberbole"[①]的情形，以及对于网络空间的有限质疑和不加批判的热忱在有关新媒体的讨论中反复地出现（Woolgar 2002：4）。李斯特（Lister）和他的同事（2008：11）将对新媒体的炒作与现代主义对于技术天生伴随社会发展而进步的笃信联系在一起，认为"所谓新就是那些'前沿的''先锋的'东西，以及那些思想前卫的人们所在的位置"。在公众的讨论中，新技术频繁地经历着一个炒作周期[②]（Fenn & Raskino 2008），技术创新触发正面炒作效果达到一个"预期膨胀峰值"，当这种无法实现的预期变得显著时，则会引发负面炒作效果以及"泡沫化的谷底期"。

[①] 对网络技术所具备的能力的夸张描述。
[②] hype cycle，又称"技术成熟度曲线"——译者注。

技术的社会形成

要走出炒作和反炒作的局限,我们需要懂得技术变革的过程,以及技术与社会之间更为普遍的一般性关系,尤其重要的一点在于明白这种思考通常会在多大程度上被技术决定论所影响。罗宾·威廉姆斯(Robin Williams)将技术决定论定义为"想当然地认为研究和开发都是自然而然出现的观点。新的技术在一个独立的环境下被发明出来,继而创造出新的社会或者人类生活状态"(Williams 1996:868)。雷蒙德·威廉姆斯(Raymond Williams)和大卫·埃奇(David Edge)则观察发现技术决定论的观点中存在着两个典型特征:

1. 技术的天然属性和变革的方向不存在任何问题,或者说是既定的(可能受到内在技术逻辑或是"经济上的必需"的影响);

2. 技术对人们的工作、经济生活以及整个社会都存在确定的且必然的影响:技术变革由此也带来了社会变迁和组织变革。

联系到新媒体,大卫·贝金汉姆(David Buckingham)(2000:45)观察发现,在此类观点中,"计算机被绝大多数人看成了一个在某种程度上独立于人类社会的自发性的动力,并且从外部对人类社会施加影响"。

相对技术决定论而言,另外一个重要的理论路径是技术的社会形成理论。社会形成理论的路径方法的前提是假定"技术是一种社会性产物,在创造和使用它的条件之下得以形成",并且"技术的'黑匣子'必须被打开,从而允许深植于技术内容和创新过程之中的社会经济形态得以呈现,并被加以分析"(Williams & Edge 1996:866)。社会、体制制度、经济、政治和文化等方面的因素决定了选择何种形式的技术创新被并加以发展,也决定着技术产品和实践的内容，以及技术变革给不同社会群体所带来的影响和结果。

唐纳德·麦肯齐（Donald MacKenzie）和朱迪·瓦克曼（Judy Wajcman）指出，社会形成理论需要对技术有更为宽泛的理解，而不是简单地在一般意义层面上将其看作我们用来改造自然、实现社会互动，或是延展人的能力的工具和产品。他们认为将技术看作硬件的定义需要延伸到更多的考量层面之上，包括对这些技术的运用，使用这些技术的环境和背景，以及与这些技术的发展和应用过程相伴的知识系统和社会意义。

理解技术的这三个方面在法语和德语的表述中更为明显。法语中 la technique 和德语中的 die Technik 分别传递出了技术所涵盖的工具、运用以及相关知识这三个方面的意义。同样在英文中，来源于希腊语的"technology"一词则包含了意指实际应用的技巧和技能的"techne"，以及意指系统性的理智思考、知识和论述的"logos"这两个词根（MacKenzie & Wajcman 1999：7）。与这种从三个维度上理解技术的方法相呼应的，是我们在第一章提到的列伍罗沃和利文斯通二人所提出的理解新媒体的三个维度——产品、行为实践和社会性制度安排。

兰登·维纳（Langdon Winner）（1986）、露丝·施瓦兹·考恩（Ruth Schwartz Cowan）（1997）、麦肯齐和瓦克曼（1999），以及布莱恩·亚瑟（Brian Arthur）（1999）等一些技术史的分析者们都纷纷证明了技术决定论在逻辑上的缺陷，并以示例说明这些观点在实践中如何变得不合时宜。考恩（1997）分析了那些失败的家用科技在美国的历史，例如20世纪30年代开发的气冷电冰箱，它们没能占领大众市场的原因并不是产品技术的性能，而是这些产品的制造者没有能力与像通用电气、开氏[①]以及西屋电气这样的大型电器制造商进行竞争。亚瑟（1999）将 QWERTY 键盘作为个案对技术锁定进行了研究。尽管在如何排列键盘上的字母方便打字这个问题上并没有取得广泛的一致，但雷明顿公司于19世纪后期开始大规模生产打字机，这令所有打字员学习使用 QWERTY 键盘。气冷电冰箱的失败和 QWERTY 键盘的成功可以被看作历史上在技术社会形成理论方面的研究案例，同时这些研究案例也质疑了技术决定论里"能够最

---

① 伊莱克斯旗下品牌——译者注。

好地服务于社会用途的技术总是能够得以盛行"的观点。

与此同时,另一种观点则认为,基于在技术和大范围经济利益之间所绘制出的简单关联,用单纯的社会决定论来代替技术决定论也存在着风险(Williams & Edge 1996:889)。科学哲学家布鲁诺·拉图尔(Bruno Latour)批评社会决定论将技术理解为"一面只能简单地'反射'出社会差异的'镜子'",而没有看到作为物质形态的技术是如何塑造社会环境的。我们将在这一章稍后的部分讨论拉图尔对于唯社会学论和社会决定论的批判。

经济学家罗伯特·赫尔布鲁纳(Robert Heilbroner)认为一种改良之后的技术决定论实际上体现出了资本主义社会的特征。反观卡尔·马克思的观察,"手推磨产生的是封建主为首的社会,蒸汽磨产生的是工业资本家为首的社会"(引自 Misa 2003:9),赫尔布鲁纳的观点认为,将马克思作为一个技术决定论者来看,他所指涉的是资本主义作为一种催化剂作用于技术发展的特有方式。赫尔布鲁纳注意到一些社会相较于其他社会诞生出了更多的技术进步,而技术进步又往往容易在某一特定历史时期集中出现(本章稍后部分所要讨论的长波理论也将对此有所涉及),他认为尽管"技术变革必须要与现存社会条件相适应",但绝口不提它对社会的影响也是错误的,技术变革既受到来自社会肌体的作用,同时也会作用于社会肌体之上(Heilbroner 2003:402)。

赫尔布鲁纳认为在历史上资本主义的发展对于生产技术的进步起到了催化剂的作用。市场的发展,工业资本家阶层的出现,以及用机器取代人力劳动的趋势,都激励着人们采纳新技术。于是,相对于那些可能会控制或限定其发展的因素以及变化过程而言,资本主义让技术变革的力量更加强大,从而也引发了冲突:一方是资本主义性质的发展和竞争,另一方是寻求如何最佳服务社会利益的慎重控制形式。

技术决定论中的部分合理之处在于一旦某些技术被广泛采纳和使用,它们便实现了一定程度的技术锁定,从而实现更广泛意义上对社会和文化的形塑,这一点非常重要。布莱恩·亚瑟(2009)提出要用一种进化的视角看待技术发展,认为新技术都诞生于其他技术结合的基础之上,就像一个树状结构的族谱:

early期技术的形成利用的是当时既有的原始技术作为其组成部分。这些新技术在某个时候会像建筑中的砖块一样成为更新技术的组成部分,甚至其中的一部分还有可能会继续作为"砖块"参与创造未来更新一代技术。以此方式,随着时间的慢慢推移,许多技术从最初的几项技术中形成而来,复杂的技术则以一些相对简单的技术作为其组成部分。所有的技术集合在一起实现由少到多、由简单到复杂的自我引导式发展(Arthur 2009:21)。

亚瑟提出新技术是其他一些旧技术的结合,但这些结合本身绝不是事先预设好的。科学、设计和创新在技术要素的重新结合过程中都扮演着各自特殊的角色,一如经济、政治和社会文化因素在其中所起的作用一样。不仅如此,这种结合方式更像是化学反应,而非"乐高"积木——它并不是简单地拼装组接,因为独特的结合能够以意想不到的新方式带来巨大的成功。

技术文化(Technoculture)

技术的社会形成理论对那种将技术当作工具包来对待并加以研究的方法提出质疑,这也支持了技术批判理论的一种观点,即"技术是以某种方式构建起这个世界的过程,而且我们不应当将技术和社会看成是两个割裂的领域"(Sholle 2002:6)。在新媒体领域,大卫·谢尔(David Sholle)认为"像电脑这种技术从一开始便是一个社会性过程的产物"(Sholle 2002:7)。技术哲学家安德鲁·芬博格(Andrew Feenberg)(1999,2003)认为"技术的发展受制于源自经济、意识形态、宗教和传统的文化规范"(Feenberg 2003:657),但技术也同时"跨越了同为大众常识和哲学家们所认定的那条存在于技术产品与社会关系之间的界限"(Feenberg 2003:201)。芬博格认为我们总是忽略存在一种潜在的技术理性，或者是他所谓的"技术规范"（technical code），对我们而言这已经"不仅仅是一种信念，一种意识形态，而是已经实际上融入了所有机器的结构之中"（2003：658）。

技术文化理论延伸了技术批判理论，认为技术不仅塑造了社会结构的方式，也塑造了身处社会之中的人们如何看待这些技术。黛布拉·贝妮塔·肖（Debra Benita Shaw）将技术文化描述为"对于技术和文化之间关系的探究，以及这种关系在社会生活、经济结构、政治、艺术、文学和大众文化图景中的表达"（Shaw 2008：4）。重要的是，我们已经深深地沉浸在这个技术文化的大环境之中，以至于"当我们在思考技术对文化的决定作用，以及文化又是如何构建起我们使用、制造、定义和关联那些令我们切实发生改变的技术时，这样一种思考的本身也成为实际改变我们对自身理解的一种行为"（Shaw 2008：6）。

莱利亚·格林（Lelia Green）（2002）认为传播技术是技术文化的一个非常重要的标识。格林注意到"技术文化"这类词汇在技术和文化层面上有着非常宽泛的定义，从电流到摩托车再到花样游泳，每个事物都可以具有技术文化的属性。詹姆斯·克里（James Carey）（1992）认为借用语言符号完成的传播以文化为基石。基于这一观点，格林将技术文化定义为"在技术背景下的文化内容传播，而正是这一技术背景使得文化能够跨越时间以及（或者）空间得到传播"（Green 2002：xxviii）。格林对于技术文化的定义更具体地指向了媒介技术，或者说是那些"用来创造和传播文化内容的媒介传播工具"（Green 2002：xxv-xxxi）。这更类似于之前约翰·汤普森（John Thompson）（1991，1995）的解释，他认为文化是内嵌在各种符号形式之中的意义形态，人们凭借这些符号形式相互交流并分享经验、想法以及他们所信之事（Thompson 1991：132）。

媒介理论先驱：马歇尔·麦克卢汉与雷蒙德·威廉姆斯

技术变革和新媒体之间的关系带来了一系列与媒体的社会文化影响相关的复杂问题。尽管本书很大程度上着眼于自20世纪90年代普及的数字媒体和互联网，但是长久以来，我们一直在探究"媒介技术是否有能力改造社会和文化"这一宏大命题，这一点对我们的研究十分重要。

在媒体及其社会影响研究方面的两位重要的思想家分别是加拿大的传播学者马歇尔·麦克卢汉和英国文化理论家雷蒙德·威廉姆斯。在关于"媒介技术如何与更加广泛的社会文化相联系"的问题上，两人的理论与方法形成了新媒介的研究思想中的不同的两极。麦克卢汉在其著述中探问，我们能够在多大程度上独立理解那些俨然已经被媒介化的技术文化，而威廉姆斯的分析则让人们关注那些开发和使用媒介技术的社会经济与制度背景。

对于麦克卢汉而言，媒介是技术文化的一部分，它在很大程度上形塑着人的能力以及社会环境，以至于今天人们通常无从意识到自己正身处媒介之中。由于文化内容根植于具体的技术形态之中，媒介的影响不仅仅包括我们思考的对象是什么，还包括我们思考的方式。在他的两部重要著作《理解媒介》（Understanding Media）（McLuhan 1964）和《媒介即信息》（The Medium is the Massage）（McLuhan & Fiore 1967）中，麦克卢汉探究了不同社会之间如何通过媒介技术进行相互交流，继而完成对社会整体以及其中个体的形塑。作为"人的延伸"（McLuhan 1964：11），媒介技术被用来增强我们与一些特定对象之间的信息交流，但这些技术构成了我们所处的文化环境，改变了我们知识、意识，以及我们对于时间和空间的体验。

麦克卢汉关于传播媒介理论的核心之处在于他那句广为人知的名言："媒介即信息。"其意指技术是我们人类最为首要的能力延伸："我们的任何一种延伸，或者说任何一项新技术，都会为我们的行为活动引入新的衡量标准，而任何媒介（即人的任何延伸）对个人和社会的影响都来自于这个新的衡量标准。"（McLuhan 1964：23）与此同时，任何媒介对于人所从事的行为活动所产生的影响却不够清晰和显著。

对麦克卢汉而言，理解电子文化的关键既不在于技术本身，比如机器或者电脑，也不在于对它们内容的运用或是所谓的效果，因为一种媒介的内容总是另外一种媒介："一部电影的内容是一部小说，一出戏剧，或是一部歌剧……而书写或印刷的'内容'则是口头语言"。（McLuhan 1964：26）事实上，关键的问题在于需要理解媒介技术到底如何细致巧妙地改变了人们行动和交往的环境。

他提出可以在电力发出的光线中寻找到"电子时代"的逻辑，因为电光是单纯的信息，是"一个没有信息的媒介"，它只有与另一个媒介联结在一起使用时才能具有内容。比如人们利用电光拼出了霓虹灯牌："电光作为传播媒介没能为人们所注意只是因为它没有'内容'……电光和电能与它们的用途是分离开来的，但它们却和广播、电报、电话和电视一样，排除了人际交往中时间差异和空间差异的因素，使人们深度融入自己所从事的活动之中。"（McLuhan 1964: 24—5）

相对于麦克卢汉将关注的焦点集中在媒介技术如何重塑社会与文化之上，雷蒙德·威廉姆斯的兴趣则主要在于社会、文化、政治和经济方面的作用力如何形塑技术。对于威廉姆斯而言，在特定的社会中，社会行动者们在塑造体制制度和媒介内容时所做出的政治经济选择尤为关键。他对技术决定论持强烈的批评态度，同时他也是一位我们今天所说的"技术社会形成理论"的倡导者。

作为文化研究领域的一位奠基者，威廉姆斯强调文化应被理解为"一种特殊的生活方式，它不仅通过艺术和学习，而且还通过制度惯例和日常行为来表达某种意义和价值"（Williams 1965: 57）。这就要求文化分析必须考虑传统意义上不被看作文化范畴内的一些社会因素，包括"表达和支配社会关系的生产组织、家庭结构、制度结构，以及社会成员之间进行沟通的典型样式"（Williams 1965: 58）。

《电视：科技与文化形式》（Television:Technology and Cultural Form）（Williams 1974）一书并没有将重点放在电视媒体如何塑造文化环境上，反倒更多着眼于作为媒介生产和内容分配的系统的电视组织结构之上，关注其制度、生产实践、决策层级、公共政策的作用，以及商业广告如何影响内容等方面。

以电视的发展历史作为主要的研究案例，威廉姆斯认为电视这一媒介的发展应当被理解成是一系列主要投向大众传播技术的商业投资所带来的结果，而其中大众传播形态则早已被传播的发展所塑造，并且促进了技术与广泛社会之间建立在"中央传送和个体接收"基础之上的关系（Williams 1974: 24）。

对于威廉姆斯而言，围绕电视发展的政治经济学表明，在工业资本主义社会中，电视一方面形塑了一系列广泛的社会发展，另一方面其自身也被这些社会发展所塑造。这些发展包括大规模生产、消费社会的出现、对传播技术的大规模商业投资，以及城市周边的房地产开发（这使得人们工作和居住的空间得以分离）。这一系列的发展后来被称为"福特主义"（Fordism）（Harvey 1990; Kumar 2005: 61—90）或是"组织化资本主义"（organised capitalism）（Lash & Urry 1989），是一种曾于20世纪40年代到80年代盛行全世界的大规模生产和大众消费的政治经济模式。

在新媒体背景下，威廉姆斯和麦克卢汉构建的理论框架清晰地表明了两者间重要的差异。威廉姆斯支持的技术社会形成理论引导人们去关注人们在开发和采纳新媒体技术时所做出的决定，如什么样的人和群体，以及社会机构有权做出这些决定，以及这些技术还可能有哪些方面的用途。

相较而言，麦克卢汉的理论则认为大的技术环境和那些延伸我们能力和感知的媒介样式塑造了社会和文化，我们的社会文化深陷其中："一切媒介正彻底改变着我们，如果不了解媒介所塑造环境的作用，我们便无法理解任何社会和文化的变革。"（MaLuhan & Fiore 1967: 26）

▲

信息社会理论

美国社会学家丹尼尔·贝尔（Daniel Bell）所著的《后工业时代带的到来》（The Coming of Post-Industrial Society）（Bell 1973）是系统梳理新媒介技术的社会影响的早期尝试之一。20世纪70年代到80年代，产生了一些有关计算机信息处理潜在影响的流行观点，贝尔正是提出这些观点的作者之一，其他作者还包括艾尔文·托夫勒（Alvin Toffler）（1970，1981）、巴利·琼斯（Barry Jones）（1982）、增田米二（Yoneji Masuda）（1981，1985）以及约翰·奈斯伯特（John Naisbett）（1984）。这些人的著作都与未来学研究和社会预测学联系在一起，他们致力于勾画出正在出现的社会趋势，就如何面对这些发展做出最佳应对，向政府、决策者和企业提供意见咨询。

贝尔认为，服务业经济的出现和计算机驱动的知识技术的发展是他所描述的"后工业社会"（Bell 1973）以及之后的"信息社会"（Bell 1980）的核心所在。他认为"第三次工业革命"正在发生：

> 知识和信息正在成为后工业社会的战略资源和转型的驱动介质……正如能源、资源和机械技术构成工业社会的转型驱动介质一样（Bell 1980: 531, 545）。

在贝尔（1980: 553）讨论计算机信息处理和远程通信两者融合的意义时，他认为推动信息社会转型的两个关键问题在于：

1. 美国和其他一些发达工业经济体中的劳动力岗位，从农业和制造业向服务和信息相关行业转移；
2. 在美国和其他一些后工业经济体中，知识和信息所扮演的角色不断被强化。

基于技术和就业方面的发展，以及各类资源对应价值的变化，贝尔认为：

> 一个后工业社会是建立在服务业基础之上的，其中的重点并不是简单的体力或精力，而是信息。居于中心位置的应该是专业人士，由于所接受的教育和专业训练，他能够提供的技能满足后工业社会日益增长的需求（Bell 1973: 128）。

在贝尔的理解中，信息被看作后工业社会的"轴心原则"，服务业则被认为主要提供人与人互动，而非人与抽象的机器互动的场所。这些观点令贝尔认为他所称的"劳工问题"，或者说是资本家与工人之间的斗争，已经"不再是问题的核心，在社会学和文化意义上也不能呈现出两极化的趋势"（Bell 1973: 164）。按贝尔所言，信息社会中的核心冲突将不再是资本与劳工之间的矛盾，取而代之的将会是一个新出现的知识阶层与一个正在浮现的，或将被疏远的白领劳动者群体之间的政治角力。这种紧张关系的表现就是一方面提倡专家治理、技术官僚和专业主义的价值，另一方面反对精英主义，提倡更大范围参与的社会运动。

尽管贝尔指出了后工业资本主义中持续不断的矛盾冲突，但其他一些信息社会理论学者们还是提出了更具乌托邦色彩的预测。艾尔文·托夫勒（1981）相信他提出的"第三次浪潮"将会带来一个"更为理性、健全、合理、良好且民主的"社会（Toffler 1981：2—3）以及"小众化的媒体"（Toffler 1981：165）。增田米二（1985）则预见到一个"计算机乌托邦"时代，一个"富足的大同社会"，在那里，"未来的信息社会将成为一个以支援社群为核心的无阶级社会"（Masuda 1985：625）。

信息社会这一概念引起的议论和批评非常多（Lyon 1988；May 2002；Mattelart 2003；Kumar 2005；Webster 2006a，2006b；Hassan 2008）。这些批评之中的普遍问题正如库玛尔所指出的，"对于信息技术持续增长的重要性，甚至对一场信息革命的接纳是一回事，但让人们接受它是一次新工业革命，一个新型社会，一个新的时代的想法则是另外一回事"（Kumar 2005:44）。

对于信息社会理论的批评主要是以下三点：

1. 现代资本主义社会中，被用来表明数量变化的各种当代经济统计手段，诸如更大规模地运用信息技术，以及服务业就业数量的增长，并不能构成一种质变的证据。比如，贝尔并没有考虑服务业的工作会由于电脑的应用而被工业化和机械化，他也没有考虑到被日渐摒弃的劳工和工作内容的非技能化所带来的问题，这同制造业一样。

2. 对于如何使用"知识"和"信息"这两个词也普遍存在混淆的问题（Webster 2006a，2006b；Hassan 2008：53—6）。正如马克卢普（Machlup）（1993）观察发现，作为对数据的加工和处理方式，信息管理完全不同于科学、文化、社会以及其他形式上的知识创造。这绝不是一个单纯的语义问题。信息通信技术在快速处理各种信息方面的能力凸显了"知识的独特性"——究竟什么是人类可以做到而电脑却做不到的。

3. 贝尔对"知识工人"（knowledge worker）一词的归类是模糊的，而且他提出的专家类型也不够清晰。这些专家从事理论知识的研究和解决实际应用问题的工作，完全不同于传统上对他们社会阶层的划定。正如工人阶级的范畴已经超出在工厂里工作的人群，资产阶级也包括了管理者和在政府高层工作的人，以及直接掌控生产工具的人们。不仅如此，一如库玛尔所说，通过离岸和外包等形式，信息通信技术的使用已经使得大量中层管理者和知识工人的工作岗位消失，而这一趋势也是贝尔未曾预料到的。

与信息社会理论相关的最后一个问题是这些理论能否在意识形态层面发挥作用。由于将信息社会与阶级斗争的终结联系在了一起——有些学者将之与意识形态的终结相联系（Mattelart 2003：75—9）——贝尔和其他一些学者受到了批评，社会性力量所塑造起来的技术变革被他们当作决定性的事实，以至于挑战和抗拒技术变革看起来像是一种历史的退步。罗伯特·哈桑（Robert Hassan）认为单纯地从技术进步的意义上看待信息社会，让我们"无法清晰地意识到，我们所谓的信息社会现象一定程度上是某种特殊的政治经济系统的产物，而且由一整套人为决定、制度转变和政治经济需求共同来构成其历史前提"（Hassan 2008：218）。

克里斯托弗·梅（Christopher May）注意到信息社会理论在意识形态方面的影响体现在它"强化了这一理论应顺应的社会变革力，在理论'承认'的社会关系重组过程中，人们通过对这一过程的参与贡献顺应了这一变革力。而且，这些影响也让其自身对这个社会学意义上的新'现实'的出现做出了贡献"（May 2002：8）。

新媒体的政治经济学

使用政治经济学来研究传播和媒体是这一研究领域内最为重要的研究范式。20世纪70年代,作为对大众传播研究范式的一种批判,政治经济学研究方法中的特征之一便在于坚持认为"媒体是生产和分发商品的工业和商业组织"(Murdock & Golding 1995:201)。奥利弗·博伊德—巴瑞特(Oliver Boyd-Barrett)(1995:186)认为政治经济学有着"总体上'批判'的意味",它着眼于"媒体的所有权和控制权,以及其他将媒体产业与其他产业,以及政治、经济和社会精英们集合在一起的因素"(Boyd-Barret 1995:186)。联系到新媒介,由于"权力分配受资本主义物质条件的制约",政治经济学方法坚持要深入"理解促使新媒体商品化的压力所在及其结果"(Mansell 2004:102)。

政治经济学方法一方面有别于大众传播研究的传统,后者被看作只是聚焦媒体对个人的影响而未能充分考虑社会背景;另一方面也和主流的媒介文化经济学有所不同(Hesmondhalgh 2013:38—42)。这些方法的基础是政治经济学批判方法,这一理论方法最早由卡尔·马克思提出,基于亚当·斯密(Adam Smith)和大卫·李嘉图(David Ricardo)的基础政治经济学,总体上带有社会主义或者说社会主义民主政治的观点,它批评了资本主义下的媒体设置,同时着眼于其他可以用来组织和分配文化生产的可替代手段。纵观政治经济学方法在媒体与传播领域内的运用,可以看出以下核心要素:

1. 坚持将媒体与传播研究同社会整体相联系,这个社会整体也可以理解为经济性、政治性,强制性和象征性权力系统之间的相互关联,因为这些因素同媒体与文化环境息息相关;

2. 需要采取一种历史的视角,或者说以一种"'缓慢但却可以感知的节律'

来理解徐徐展开的这段经济形态与规范体系发展历史"（Murdock & Golding 2005：64）；

3. 关注商业部门与政府部门之间的关系，以及这些关系如何反映出媒体与文化权力的分配，以及伴随时间推移"文化生活被商品化"（Murdock & Golding 2005：64）的趋势；

4. 强调道德哲学，或者说是媒体、传播和文化政策，同诸如"文化公民身份"这样更为广泛的规范性原则之间的关系（Golding & Murdock 1989），同时希望将学术研究与改变媒体政策、机制和实践的运动相互联系在一起；

5. 从全球维度思考国家间在控制和利用传播技术与资源上的不平等，并且关注这种不平等将如何影响世界不同地区的发展前景，以及那些透过媒体在全世界范围内传播的信息。

对于政治经济学者而言，和新媒介相关的挑战之一是资本主义经济向着新形式发生转变的程度究竟如何。对于一些学者来说，比如曼纽尔·卡斯特尔（1996，1998，2000a），新媒体标志着从工业资本主义到信息资本主义和网络社会的转变（关于这一点我们在后面还将更加详细地讨论）。但是，许多政治经济学家的关注点则在于这些新经济思想构建起了一种缺乏实证依据支持的观念。尽管罗伯特·麦切斯尼（2008：304）看到了"信息时代里的新技术已经显著地改变了个体和社会生活的方方面面"，但同时也认为"在资本主义之下运行的经济法仍然在起作用"，并且"尽管互联网在许多方面已经令我们的生活方式发生了革命性的变化，但对于权力者身份和性质的改变却并未纳入这场革命之中"（McChesney 1999：182）。默多克（Murdock）和戈尔丁（Golding）（2004，2005）提醒人们注意新媒体技术的接入和使用上的不平等问题，认为全面平等参与使用新媒体技术依然存在巨大的障碍，且这些障碍主要由诸如收入水平、性别和社会阶层等多种因素构成。

其他一些政治经济学者从更具转型意味的角度来看待新媒体的影响。丹·席勒认为他所谓的"数字资本主义"转变正在加速发生，这一史无前例的转变促使全球范围内的网络化资本主义得以形成，从而使得"网络以前所未有的态势直接拓展了资本主义经济的社会与文化辐射面"（Schiller 2000: xiv）。席勒认为，想要理解当今形态下的互联网，可以通过观察美国公司内部通信网络（Intranet）的演变，以及他们借助用以传输数字数据的公共网络协议来实现与美国电信基础设施一体化的整合过程。因为在当时，计算机信息处理和通信产业运作逐渐在全球范围内推行，它们推动美国政府、国际社会的政策机构，如国际电信联盟（ITU）和世界贸易组织（WTO）等，以及世界各国和地区开放国家电信系统并放松管制，并参照美国国家信息基础设施（NII）构建起一个全球一体的信息基础设施。这样的结果是在全球新自由主义政策体系基础上，"降低和取消媒介的商业开发、通信系统的境外投资，以及媒介所有权的集中等商业行为所面对的壁垒"（McChesney and Schiller 2003:iii），进而形成了跨国公司商业通信系统。

从席勒的观点来看，这一系列发展的后果是社会公共部门中的一系列信息机构，从公共广播到图书馆、学校乃至大学，获得的政府经费越来越少，而与此同时，那些私营的信息源则在规模、速度和完备成熟度方面有了极大的发展。这意味着公共机构越发依赖公司来支持它们持续开展活动，这也强化了公司对于信息供给的支配权（Schiller 2006：151）。促使公司对信息加以支配的另外一个因素在于知识产权声索范围的扩大。席勒认为，利用法律和政策想方设法营造出信息稀缺的目的在于令收益最大化，因此"一种在免费时能够带来最大利益的资源，往往会成功地被设置接入屏障，进而对其加以限制"（Schiller 2006：151）。

对于媒体政治经济学理论而言，一个反复出现的问题是在多大程度上其研究主题还仍然是经济活动和社会生活中的"媒体"或"文化"领域，或者说，媒体网络和信息通信技术不断壮大是否意味着政治经济学方法需要将资本主义社会作为一个整体来做更大范围的讨论。

在克里斯蒂安·富克斯（Christian Fuchs）（2008，2011）提出的"跨国信息资本主义"的概念里，他认为媒体、传播与文化并非只是局限在马克思主义政治经济学的意识形态之中。如福克斯所认为的那样，这三者还通过以下路径促进资本主义生产和传播，并在资本积累方面扮演着多种角色：

- 通过信息通信技术在生产中的实际应用，促进生产合理化，并提升劳动生产力；
- 像资本主义生产中的其他分支一样，集中媒体、传播和文化产业的所有权；
- 生产和销售包括知识、信息和娱乐在内的"非物质"商品；
- 利用媒体和信息通信技术来提高公司内部组织机构间的通信效率；
- 在促进资本主义全球扩张方面，媒体和信息通信技术所扮演的角色；
- 加速各种形式的信息与资讯的传播扩散；
- 通过广告促进商品的消费与销售；
- 通过将产品和服务的数字虚拟化来降低运输成本（比如MP3格式的音乐、电子图书、在线报纸和杂志等）；
- 促成服务贸易的全球化。

网络社会理论

在过去二十年里，对于新媒体而言最具影响的理论方法之一是社会学家曼纽尔·卡斯特尔提出的网络社会理论。在他的三卷本著作《信息时代》（The Information Age）中，卡斯特尔（1996，1998，2000a）提出20世纪80年代以来，我们见证了全球从工业社会向网络社会的转型。这一转型由"生产、权力和实践构成的网络所组成，而这一网络也构建起一个超越时间和空间的，并在全球范围流行的虚拟性文化"（Castells 1998：370）。基于数字网络的信息通信技术在网络社会转型过程中起着核心作用，它们作为网络兴起的原因和结果，同时也构建起了卡斯特尔所说的"我们社会中新的社会形态"（Castells 1996：469），因为在这个持续扩展着的当代社会中，政治、经济与文化实践，制度与关系正是以网络的形式而存在。

卡斯特尔指出，网络社会的崛起与经济发展由工业模式向信息模式的转变有关。他对这一转变的定义如下：

> 在工业发展模式之下，生产力的主要来源依靠引入新的能源，以及通过生产和流动过程来分散使用能源的能力。而在新的信息发展模式之下，生产力的来源在于生产知识、处理信息和传播符号的技术。对于信息发展模式而言，特别之处在于知识之于知识本身的影响和作用被当作生产力的主要来源。我称这种发展模式为信息型，它的构成来源正是基于信息技术之上新技术范式的出现（Castells 1996：17）。

由于这种信息经济具有资本主义性质，并且其特征之一在于不断地将一些国家整合进全球化的资本主义经济之中，卡斯特尔也将这种发展模式称为"信息资本主义"（Castells 1996：80—90）。

卡斯特尔提出，网络社会的经济根植于这一新的信息发展模式，或者称为信息技术范式之下的五个核心要素之上，以数字网络化信息通信技术的大规模扩散为基础：

1. 信息成为经济活动的资源，作为新技术的投入和产出而同时存在；
2. 信息通信新技术的广泛影响波及到社会活动的各个方面；
3. 网络化连接的逻辑被应用到了一切社会性过程和组织形式之中；
4. 流程、组织结构和制度形态需要变得灵活，从而使这些主体和行为活动能够在面对未知和意外发生时轻松实现相应转变；
5. 一些特定技术不断融合进入一个高度集成的系统之中，这意味着所有行业逐渐采纳了诸如思科、苹果、微软和谷歌这类基于信息通信技术的网络企业的特质，包括合伙与合作关系的可拓展性，与供应商和客户的互动性，对于灵活性的管理，不断提升的定制化产品和服务，以及基于品牌的市场价值积累。

对于卡斯特尔而言，网络社会带来一种新的网络经济，它具有三个核心特征。首先，"生产知识并对信息加以处理和管理的能力决定了各类经济单元的生产力和竞争力，无论它们是公司层面、地区层面还是国家层面"（Castells 2000b：10），从这种意义上而言，网络经济具有信息化的属性。其次，它是全球性的，因其战略性核心活动能够在全球范围内作为一个整体单位实时或在选定时间里运行。卡斯特尔将这些战略性核心活动定义为金融市场的运行、产品和服务的国际贸易、科学与技术、跨国公司的行为、传播媒介，以及高级技术型专业人才的流动。再次，由于网络经济建立在像互联网这样的信息网络基础之上，同时网络化企业成为经济组织的主导样式，网络经济中占有优势的支配性单元已不再是单独的资本主义公司，而是网络型企业——一种基于商业网络、战略联盟和伙伴关系基础之上的公司集群。

网络社会，以及基于全球化信息网络基础之上的信息经济所带来的必然结果是社会动力日益围绕着卡斯特尔所谓的"流动的空间"得以构建。在他早期有关信息城市的论述中（Castells 1989），卡斯特尔认为全球性城市——包括纽约、伦敦、东京、巴黎、洛杉矶、北京、上海，以及其他一些在影响力上具备竞争优势的城市——构成了空间节点，它们成为商业、文化和信息通信等领域的地理中心（参阅 Taylor 2004；Sassen 2006）。与这些全球性城市相邻的是一系列科技城，诸如美国加州的硅谷、印度的班加罗尔、中国的广州和深圳，以及马来西亚的"多媒体超级走廊"。这些都为全球范围内流动空间如何通过其节点和中心城市得以构建提供了范本，同时也为各国竞相在本国建设此类全球网络中心节点提供了例证。

就文化层面而言，全球流动空间的构建也依赖日益具备全球思维的管理精英的行为实践。这些精英试图将具有战略核心意义的活动定位到一些城市之上。在这些城市中，可以"很容易地接触到具有全球性特征的艺术、文化和娱乐的各种复合形态，同时，这些精英们还拥有"一种国际文化特征，这一文化的特征无关乎任何特定的社会，而是与其在全球文化范围下的信息经济管理阶层中的成员身份有关"（Castells 1996：416，417）。因此，全球人口中的相当大的一部分都将被排除在这一全球流动空间之外，尽管他们都将受到在透过全球网络所做出的种种决定的影响。"被网络排斥往往是一个不断累积的过程，而这种被排斥也意味着在全球网络社会结构中被边缘化"。（Castells 2009：25）

网络社会是一个全球性的社会，但其全球性思维逻辑却并不和谐一致，反而充满了矛盾。卡斯特尔认为虽然世界从未像今天这样被资本主义经济关系所统治，但是中国、越南这些社会主义国家今天对于全球市场经济而言已经至关重要。网络社会中，单一的民族国家面临着剧烈的冲突。他们需要继续行使一系列重要的经济、社会、法律和文化职能，但在当今环境下，"主要经济行为的全球化，以及媒体和电子通信的全球化，正毋庸置疑地瓦解着民族国家既往发挥作用的能力"（Castells 1998：244），而"国家间在权力关系上的界限问题则成为权力对抗的诸多方面之一，所有这一切都将最终影响单一民族国家"（Castells 2009：41）。民族国家的合法性也面临着持续扩大的危机，一方面是因为各种声音要求将权力向上移交给多边机构，但这些多边机构也存在问题，实力最强的民族国家在这些多边机构中以单边行动来追求国家利益；另一方面，由于越发缺乏"一种共同的语言和价值观"来促进大众接受公共政策，要求将权力下放给区域和地方政府的声音也变得越来越强（Castells 2009：41）。

在全球网络社会中，政治抗拒表现为多种形式。这种政治抗拒，即卡斯特尔所谓的"反权力"（counterpower），是一种抗拒支配的过程，它代表在网络规划和构成中被排斥和未被充分代表人群的利益、价值和方案（Castells 2009：47）。卡斯特尔对寻求改造全球网络权力的社会运动和本地化组织对抗全球性权力的运动加以区分。前者出于社会公正性的利益考量，包括环保运动、女性运动，以及像"终结贫穷"团体（Make Poverty History）和同性恋权利运动等；而后者则包括从原住民权利运动，到美国的民兵运动，以及各种形式的宗教激进主义运动等。"权力抵抗借由网络发生"（Castells 2009：49），它能够赋予这些运动一种看起来有些矛盾的特征。

在批判卡斯特尔观点的评论中（Hassan 2004；Garnham 2004；Webster 2006a；Stadler 2006），焦点在于他对待新媒体及其广义上文化含义的态度。卡斯特尔指出，在网络社会中"现实本身不断被捕捉，再被完全沉浸入一个虚拟影像环境之中。在这个环境里，各种表象不仅仅停留在用以交流体验的屏幕之上，同时也成为体验本身"（Castells 1966：373）。对于卡斯特尔而言，这是一种真实虚拟文化，因为"文化是在交流的过程中形成的，所有形式的交流都基于对符号的生产和消费之上。因此，在'现实'和符号性表象之间并不是彼此隔绝的"（1996：372）。笔者在别处（Flew 2007：139—52）曾经提到，作为生活体验的文化，与作为符号性交流的文化在这里存在着某种融合，尽管媒体以各种形式持续不断地在全球范围内散播着文化和生活体验，但两者在本体层面上依然有所区别。当所有文化都陷入对媒体影像的传播，或是对社交媒体平台的共同使用之上，就会出现一种过分夸大全球化进程对文化改造程度的趋势。尼古拉斯·加汉姆（Nicholas Garnham）（2004）认为卡斯特尔的分析存在缺陷，因其没有看到"媒体"具有千变万化的形式，从而使得通过广播、电视或电影被保存的"真实虚拟"仍然不同于来自互联网的内容。丹尼尔·米勒（Daniel Miller）和唐·斯莱特（Don Slater）（2000）认为卡斯特尔对于"网络"和"自我"的两分法是一种错误的设想，因为它既高估了新媒体技术给日常生活（作为生活经验的文化）带来的变革性影响，同时也低估了新媒体融入既有社会文化活动和关系全部内容之中的程度。

长波与技术经济范式

卡斯特尔关于网络社会的理论运用到了技术经济范式的概念。克里斯托弗·弗里曼（Christopher Freeman）对技术经济范式做出如下定义：

> 一连串相互关联的技术、组织和管理创新，它们的优势不仅仅体现在一个新的产品与系统领域之内，还体现在一切可能投入到生产中的相对成本结构所带来的动力上。在每个新的范式之下，相对成本的降低和普遍适用成为其特征，而成套或单一的某种投入都可能会被看作这个范式中的"关键因素"（Freeman 1988：10）。

卡洛塔·佩雷兹（Carlota Perez）（2010：194—5）认为新的技术经济范式在实践和认知的三个主要领域内同时发生：

- 投入生产的相对成本结构所具备的动力方面，新型低成本投入或是持续下降的成本投入最能吸引价值投资与创新；
- 在已感知的创新空间之中，新的企业机遇被认为存在于对关键性投入的利用和（或）进一步开发之上；
- 在组织标准和原则上，实践表明，新涌现出的方法和结构在驾驭新技术，并使其效率和获益最大化方面具有出众表现。

对于卡斯特尔、弗里曼、佩雷兹以及其他一些人而言，20世纪70年代微处理技术的发展具有突破性意义。这一技术同计算机、网络和远程通信等其他技术相结合，为信息的技术处理和网络媒体技术的开发提供了更快的途径。凭借这些早期技术的发展，实现了20世纪80年代个人计算机技术的转变和90年代互联网呈指数式的扩展。

技术经济范式理论利用了资本主义发展的长波概念。长波概念最早由俄罗斯经济学家尼古拉·康德拉季耶夫（Nikolai Kondratiev）提出，这些长波的周期通常为50—60年，波形上升期内伴有一系列集群式的技术发展，直接引发了新产业的出现以及一系列相关社会经济转变，诸如新的组织生产方式、消费领域内新的形态，以及新的城市出现等（Montgomery 2011：10—19）。上升期会一直持续到某一高点并在那里产生投机泡沫，金融投资同实体经济之间越发相互背离，同时，股市崩盘这类形式的金融性纠错行为则会带来经济下行，开始进入衰退期。

在试图解决为何上升期呈现这种方式的问题上，新发明的出现并不具有充分的解释力，而长波理论学者们则借鉴了奥地利经济学家约瑟夫·熊彼特（Joseph Schumpeter）的观点。相对于均衡经济学中居于统治性地位的新经典学派而言，熊彼特将资本主义历史理解为创造性破坏的历史，其中，正是新商品、新技术、新货源的竞争力成为资本主义增长的引擎，促使新的公司和产业的出现的同时，也令其他公司和产业衰退或消失（参见 Hartley 等人，2013：51—4）。对于熊彼特来说，在将新发明转化为产品和流程创新，并带来新的公司和产业的过程中，创业精神所扮演的角色至关重要，这会使"一项创新带出其他创新，就像创新集群中的技术进步。新技术渐渐被扩散到经济领域内的其他部门，带来新产品和生产力的提升，从而实现康德拉季耶夫长波周期中的上升姿态"（Göransson & Söderberg 2005：204）。

弗里曼（2007）和佩雷兹（2010）等一些学者在两个多世纪的岁月长河中梳理出了五种技术经济范式：

1. 工业革命（18世纪80年代—19世纪30年代）
2. 蒸汽与铁路时代（19世纪40年代—80年代）
3. 钢铁、电力与重型机械时代（19世纪90年代—20世纪30年代）
4. 石油、汽车与大规模生产时代（20世纪40年代—80年代）
5. 信息与电子通信时代（20世纪90年代至今）

表 3.1 1770—2000 年五次连续的技术革命

技术革命	技术革命的通俗名称	核心国家或地区	技术革命的起因	年份
第一次	工业革命	英国	阿克莱特的工厂在克伦福德开始运行	1771
第二次	蒸汽与铁路时代	英国（随后蔓延至欧洲与美国）	"火箭号"蒸汽机开始为利物浦—曼彻斯特铁路测试	1821
第三次	钢铁、电力与重型机械时代	美国与德国赶超英国	卡内基运用"贝塞麦转炉炼钢法"的钢铁厂开始在匹兹堡运行	1875
第四次	石油、汽车与大规模生产时代	美国（随后蔓延至欧洲）	首个福特T型车厂落户底特律	1908
第五次	信息与电子通信时代	美国（随后蔓延至欧洲与亚洲）	英特尔公司在圣克拉拉（美国加利福尼亚州西部城市）发布了微型处理器	1971

数据来源：Freeman 2007:39

通常情况下，从开启新范式的重大技术变革的出现，到伴随其发展和扩散的广泛的社会经济变革过程之间往往存在着一个时间差。

如果我们对比第四次和第五次技术经济范式的话，可以发现网络化的数字媒介技术是如何超越信息通信技术领域，将其影响延伸到制度性安排与组织形式、生产与消费的分布形态，以及自然资源和人力资本的利用之上的。

表3.2 第四次与第五次技术经济范式的特征

石油、汽车与大规模生产时代（20世纪30年代至20世纪80年代）
大规模生产/大众市场
规模经济：越大越好
产品的标准化
（基于石油的）能源强度
合成材料（例如：塑料）
功能专用化：组织中的层级结构
城市形式的中心化：大都市中心/郊区化
在国际架构下的国家实力/经济
信息和电子通信时代（联网的信息与通信技术）（20世纪90年代至今）
信息密集（以微电子为基础的信息通信技术）
分散整合：网络结构
市场细分化/专营市场、产品的激增
知识资本：无形价值成为创造财富的关键
范围经济：专业化产品、服务与规模相结合
全球化：全球与本地的互动
生产/地理群落与合作网络/学习
多平台/设备上的全球即时通信

来源：Perez 2010:197

长波理论和技术经济范式理论揭示了技术创新集群在很大程度上源于显而易见的历史脉络之间，也解释了这一切为何发生在资本主义经济之中。然而，我们仍然需要当心的是用技术决定论或是经济决定论解释这些变革。充其量可以说，这些新技术集群正在推动变革的发生，并非是其原因所在。佩雷兹提出了"技术与社会相互适应"的观点，认为某些特定的技术对于其他社会变革的过程具有促进作用：

> 如果没有大规模生产的出现，以及将汽车作为交通工具的转变，郊区化进程将无法实现；如果没有海底光缆、卫星和互联网，全球化也不会发生（Perez 2010：200）。

行动者网络理论

"行动者网络理论"一词源于法国社会学家和科学哲学家布鲁诺·拉图尔（Bruno Latour），他有关科学和技术的研究论述已经发展成为帮助理解技术与社会之间关系的一般框架。人们描述他的成果时，认为他发展出了科学人类学，旨在理解科学事实如何诞生，以及如何从诞生领域向外延伸的复杂路径（Blok & Jensen 2011：10）。尽管他的理论方法与技术的社会形成理论一样，都认为科学事实与别的"事实"都是被"制造"出来的，或者说，它们并不独立存在于社会现实之外——但区别在于，拉图尔并不认为这些过程反映了从属社会关系和利益，如公司对于科研基金的控制，或是国家政府的优先权利等。与之相反，需要的是依据过程中所出现的各种关系，以实证方式绘制出一系列的发展。由此种绘制可以看到，拉图尔正是通过自下而上而非自上而下的方法来理解社会关系究竟如何贯穿并体现在新技术的发展之上的。

对于拉图尔而言，网络是用于绘制行动者及其相互作用的概念，行动者之间的相互作用促使现实世界发生变化，比如创造和利用新技术。其主体"在现实世界和他们的生产网络内部这两个层面上被同时描绘"（Latour 2011：798）。就此而言，拉图尔的理论同社会化网络分析（将在第四章进行讨论）的相似之处在于，它们都对绘制出行动者之间持续存在的关系感兴趣。行动者们将精力和兴趣集中于某些特定目标之上，从而促使各种联结体出现。拉图尔认为他的理论方法是一种联合社会学（sociology of associations），注重的是"如何将工作集中并连接在一起"，尝试通过"关注行动者自身"来"重构社会"（Latour 2005：8，12）。

然而，拉图尔同其他社会学者之间的重要区别在于，他坚持行动者兼具人和非人的两种属性。他使用"行为体"（actants）一词来表明网络的特点，因为它不仅同人与人间的联结体有关，还涉及人与客体事物之间的关联。拉图尔反对将行为体分割为有生命和无生命的，人和非人的，或是主观和客观的。"每个实体都是独立的存在"（Harman 2007：36），因此，联结体便是"在一系列社会事件中人类行动者和非人类行动者之间建立起的任何联系"（Blok & Jensen 2011：167）。拉图尔认为，"通过制造差异的方式对情势做出改变的任何事物都是行动者"（Latour 2005：71），并且就此做出如下解释：

> 水壶"烧"水，刀子"切"肉，篮子"装"东西，锤子"砸"钉子，围栏"挡"着孩子不会跌落，门锁"锁"上屋子以防不速之客，肥皂"除"去污渍，课程表"列出"课程，价签"帮助"人们计算等，对于这些我们几乎从不怀疑。然而问题在于，对于任何一个施动者而言，它们是否在其他施动者起作用的过程中制造了差异？这又是否留下痕迹供他人觉察出这些差异？（Latour 2005：71）

对于过程的这种解释摒除了技术决定论的观点，并且拉图尔还用媒介化和转译的概念来表明思想和概念如何从一个领域迁移到另一个领域中。正如在第一章中所讨论的，重要的不仅在于科学家获得了一系列有关数字技术和互联网的新发现，同样还在于将这些发现传播给公众的方式。举例来说，像"信息高速公路"和"网上冲浪"这样的比喻，可以帮助人们懂得如何与联网电脑和宽带所带来的新数据流进行互动。

同时，拉图尔所指的社会决定论也被否定。在这一理论中，被开发出来的技术主体仅仅是"一面'反射'社会差异的'镜子'"，而拉图尔则将这种观点看作"对整体构成内容的草率的打包"(2005：84)。拉图尔曾经同已故英国首相玛格丽特·撒切尔(Margaret Thatcher)分享他的观点,认为"根本没有社会这回事"(Latour 2005：5)。当他再次思考这件事的时候,他作了重要的补充说明,强调他的侧重点有所不同。他关心的是"社会"一词如何被运用在社会学,以及像技术的社会形成理论这类的研究领域之中,具体来说:

1. "社会"和"权力"这类词语被拿来解释太多的东西,同时也已经从具体的实证细节层面被高度抽象化,以至于让人无法理解在实验室和其他技术开发场所究竟在发生着什么;

2. 与科技发现相关的行动者网络通常都会跨越地理上的界线,这也限制了特定的民族社会对这一网络的影响程度;

3. 被应用在主流社会学中的"社会"和"社会的"这类词语指的是人类行动者,而行动者网络理论关注的则是"人类行动者和非人类行动者:人和机器、建筑、微生物、文本等各种不同的集合。将这些都加以绘制构成了联合社会学的首要任务"(Blok & Jensen 2011：106)。

总之,行动者网络理论坚持认为"科学事实的产生都有着其实质性的、具体的且具社会性的历史,而且这一过程构成了科学论述有效性的根基"(Blok & Jensen 2011：168),就这一点而言,网络行动者理论具有建构主义性质。尽管如此,因为以下两方面的原因,依然不能称其为社会建构主义的理论方法。首先,它强调"在知识和世界的创造中物质因素和人的因素两者之间活跃的相互作用"(Blok & Jensen 2011：168)。其次,它不同于社会建构主义和政治经济学等相关的理论方法,因为它"并没有将现实当作人类技术性和符号性活动的独立存在,而认为现实是通过这些实践所构建的"(Blok & Jensen 2011：168)。联系到新媒体和数字技术方面的研究,举例来说,拉图尔认为,我们的社会性交往被映射到数字网络之中的程度越发深刻(例如我们在脸书上的朋友圈，或是通过推特对公共事务发表的意见），"数字性①范围的扩大对网络在物质层面的意义有了极大提升"，而这样的事实越显著，也就是"数字化程度越高，那么特定行为的虚拟性就会变得越低，而物质性则变得越高"（Latour 2011：802）。行动者网络理论并不像20世纪90年代一些互联网研究那样要去弄清楚虚拟社群与真实世界之间的关系，与之相反，这一理论认为数字化网络将真实世界转化为将人类和机器结合在一起的复杂社会网络，这也同时令世界变得更为清晰可见。

结　语

这一章旨在提醒诸位理解技术变革过程的重要性，从而可以跳出伴随媒体新技术的出现而存在的炒作循环。技术的社会形成理论超越了技术决定论，从历史背景的层面对技术变革加以解释，同时也提到了理解和研究新媒体的各种方法上的重要差异，以及相对于其他社会经济变革的驱动力而言，技术因素的驱动力所占的相对权重。还要特别注意的是，一如技术文化理论、信息社会理论、网络社会和长波理论，以及马歇尔·麦克卢汉的媒介理论所认为的那样，技术对于建构社会关系和日常生活有着自身的影响。这一观点同社会决定论形成了有趣的对比，后者一般会被应用于政治经济学的媒介研究方法，或是用于将信息社会理论或网络社会理论作为意识形态加以批判的理论学说。

我们在评价媒体新技术时的立足点本身就会成为影响我们理解技术发展和扩散的一个因素，这一点日益显著。梅尔文·克兰兹伯格（Melvin Kranzberg）提出的"克兰兹伯格第一定律"作为一句格言颇具暗示意味："技

---

① Digitality，用以表示数字文化下人们的生活状态，类似于"现代性""后现代性"等词——译者注。

术既无好坏，亦非中立"（引自 Castells 1996：65）。与新媒体和互联网有关的技术变革需要根据他们对社会性过程和组织形式所产生的影响来加以评估。近些年的理论方法，比如行动者网络理论，就如何理解技术与社会之间的关系提出了新的思考，坚持主张我们不能想当然地认为，在思考新技术的影响之前社会结构就已经被认识了。相反，我们需要思考在社会现实形成和被改造的复杂过程中，由相互作用的人类和非人类施动者所构成的复杂网络。就此而言，早期互联网研究里，对于虚拟事物及其与真实世界的关系的批判性思考在今天看来是封闭的，因为在复杂的技术社会型和技术文化型网络之中，人和技术同时存在并相互作用。

在线资料

Actor-network theory <www.bruno-latour.fr/taxonomy/term/22>—English-language resource site for the works of Bruno Latour, the world's leading actor-network theorist.

Manuel Castells' scientific work <www.manuelcastells.info/en>—Website for the collected works of social theorist Manuel Castells.

McLuhan Program in Culture and Technology <http://mcluhan.ischool.utoronto.ca>—Based at the Center for Culture and Technology that Marshall McLuhan was a part of at the University of Toronto, this site provides resources and contemporary applications of the work of Marshall McLuhan.

04 社交网络媒体

新媒体 4.0

引言：网络的属性

网络已经成为 21 世纪新媒体理论中的核心概念。在上一章中，我们看到曼纽尔·卡斯特尔认为"网络构建起了我们这个社会新的社会形态理论"，而"信息时代中那些主导型的活动和过程正不断围绕网络被组织起来"（Castells 1996：469），并且网络社会的"社会结构围绕着数字传播网络而构建起来"（Castells 2009：4）。同时，网络的概念也是布鲁诺·拉图尔提出的行动者网络理论的核心所在，这些也将在本章中加以详细讨论。

网络在自然科学中的核心地位也日益显著。物理学家阿尔伯特—拉斯洛·巴拉巴希（Albert-László Barabási）认为网络科学快速呈现的现象帮助我们"开启了新的视角，得以观察我们所在的这个相互交织的世界，并且指出，网络将统领新世纪到达一个多数人还尚未看到的新高度"（Barabási 2003：7）。马克·纽曼（Mark Newman）、阿尔伯特—拉斯洛·巴拉巴希，以及邓肯·沃茨都认为：

> 网络无处不在。从互联网和它的近亲万维网，到经济网络、疾病传播网络，甚至恐怖主义网络，网络的样态已遍及现代文化（Newman, Barabási & Watts 2006：1）。

互联网作为基于通信网络的技术形式，其出现作为一种催化剂，促使人们有了巴拉巴希（2003：7）所谓的"思考网络"的动力，同时也让人们留意到布鲁诺·拉图尔（2011：802）描述中网络所具有的"化隐形为可见"的能力。互联网囊括了包括电网、电话网络以及计算机网络在内的一系列技术性网络，以不同形态的基础性设施将设备与能源、资源相互连接在一起，从而使信息内容和物质在它们之间得以流动。正如我们在第一章讨论过的那样，互联网的创新之处是什么，以及为什么它拥有能够在整个社会范围内产生变革性影响的核心技术要素。这些讨论的关键在于，互联网直接以一种分散式的网络被建立起来，这使得个人计算机能够与其他许多计算机相连，并通过共通的技术语言进行交流。相较于从前的电话系统，这意味着这一网络本身并不存在中心，因此"即使一个连接断裂，仍然会有许多途径使交流得以继续"（Green 2010：24）。互联网被认为催生了去中心化，就此而言，这是其作为网络基础设施发展在纯技术层面上的特征。

伴有新型媒介的信息传播网络同时也是社交网络。社会网络分析在社会科学领域内有很长一段历史，它着眼于"人际关系如何影响人们的行为可能和行为局限，更大范围下的人和组织行为的构成样态，以及这些样态如何与社会相适应"（Rainie & Wellman 2012:42—3）。斯坦利·沃瑟曼（Stanley Wasserman）和凯瑟琳·福斯特（Katharine Faust）（1994：3）将社会网络分析的突出特点描述为"将社会环境表述为不同互动单元中各种关系所构成的形态和规则"。伯尼·霍根（Bernie Hogan）（2009）则提醒人们将焦点集中在个体之间具体的结构关系上，使其成为两类，一类研究关注个人性格这样的内在动力，另一类研究侧重于阶层、性别或是种族这类显著差异。拉图尔（2011：802）认为"网络是一个研究的中间点，来消灭诸如自然、社会、权力等虚幻概念的好方法，这类概念从前几乎可以不清不楚地随意用在各种地方"。

社交媒体的发展给社会网络分析带来了新动力，一方面是因为出现了可以绘制线上关系的新工具，另一方面是因为诸如脸书、推特和LinkedIn这些平台为其自身构建社交网络关系奠定了基础，无论这些关系是发生在朋友之间（脸书）、追随者之间（推特）还是有影响力的人们之间（LinkedIn）。事实上，让"社交网络"一词名声大噪的是以此作为片名的那部讲述马克·扎克伯格（Mark Zuckerberg）创立脸书的传记电影（2011，David Fincher执导）。

互联网之所以被认为是最好的，是因为将其看成一种社会技术性网络。许多社会性应用的出现都依赖互联网技术的进步，如开放式架构的网络环境及其在网络连接上的分散属性，而互联网的内容则永远都是由用户在社交活动的过程中生成上传的。基于哈洛德·英尼斯（Harold Innis）、马歇尔·麦克卢汉等媒体技术论学者的观点，我们可以看到互联网在去中心化、多对多的传播形态、用户互动性以及大众参与等方面的促进作用。相比之下，传统的广播电视媒体则更加强化中心化的生产制作和内容分配（一对多传播），而对印刷媒体而言，阅读和写作的这两项工作则是从关系结构上被切割分开（Hartley 2012：18—19）。

网络理论的一个核心前提在于社交网络和科学技术层面上的网络拥有共同的特性（Burt 1980;Buchanan 2002）。巴拉巴希（2003：7）认为"网络无处不在，我们只需对它持续保持关注"。尽管任何一个网络乍看起来都像是一系列随机的连接，然而网络理论认为两者有着如下这些共性特征：

- 小世界（Small World）的存在。尽管一个网络中的个体之间存在大量的关系连接，但是这些关系并非同等重要。大部分的交互连接都发生在一个大群体的小群落之内，小群落之间的关系越发紧密连接，或集中在一起，而大群体之间的连接则愈显不足（Shirky 2008：214—17）。

- 弱连接的强度理论。一如社会学家马克·格兰诺维特（Mark Granovetter）（1973）最早指出的那样，或许看起来有些矛盾，但网络中的"弱连接"或许比那些强连接关系的价值更大。因为网络中的个体最可能与那些同自己保持着强连接关系的人们有着更为密切的关系（比如相似的背景、政治环境以及其他方面），所以通过弱连接关系，不同类型的信息才会相继出现。

- 信息中心与关键连结点。在任何网络中都会出现一些关键节点，大量信息通过这些节点得以扩散传播。比如在航空业中，一些机场成为连接航班的重要中转站；在美国航运系统中，芝加哥、丹佛、达拉斯、亚特兰大和纽约等城市都扮演着这类角色；而在其他地区，像新加坡、香港、伦敦、法兰克福和迪拜也都在国际航旅业中扮演着类似的角色。与互联网上信息的交通相类似，面对网络空间机会均等的乌托邦式观点，最有力的反驳（Barabási 2003：58）就是尽管任何人都能在线发布内容，但在每个领域中大多数流量最终都去了非常小的一部分站点之上，并且在其他站点中，指向这些站点的链接数量也是最多的。

- 幂律分布。承袭20世纪早期西班牙社会学家维尔弗雷多·帕累托（Vilfredo Pareto）的观察发现，对于任何一个复杂网络而言，它的一些属性被认为是固有的，无论网络规模的大小如何，总是由20%的用户带动80%的信息流量。

网络经济

今天，对于网络的概念分析已经延展到了经济领域。在包括经济社会学在内的经济学分析中，网络在以下三个方面呈现出自身的特征：

1. 网络的外部效应；
2. 组织机构的网络化形态；
3. 市场与非市场生产之间的关系。

网络受到积极的网络外部效应的支配，卡尔·沙皮罗（Carl Shapiro）和哈尔·瓦里安（Hal Varian）（1999：183）发现，"对用户来说大的网络比小的网络更具吸引力"。在经济学理论中，外部效应可以呈现为积极或是消极的。"当市场中的一个参与者影响其他人，却没有因此支付相应补偿时"（Shapiro & Varian 1999：183），这一效应便产生了。当前生态的恶化就是消极的外部效应的例子，其首先影响的并不是问题商品的生产者或是消费者，而是除此之外的第三方，比如生活在制造工厂附近的人们。而教育则常常被人们看作积极的外部效应，因为一个社会中的人群在得到更好教育时，所带来的好处超出了学习者和教育机构本身的获益。

新媒体受到了这种积极的网络外部效应的强大驱动。用以太网的发明者鲍勃·梅特卡夫（Bob Metcalfe）名字命名的"梅特卡夫法则"指出：用户作为一个网络中的成员，其价值体现在网络所拥有的其他用户数量的倍率，用数学公式来表达便是：$n \times (n-1) = n^2 - n$。这说明，如果一个网络在规模上增长了十倍的话，它对于其中个体用户的价值则增长了百倍（Shapiro & Varian 1999：184）。由于互联网最初是在 TCP/IP 标准协议基础上发展而来，并且与其后续的商业化发展相互独立，所以今天所有用户都能从互联网这一免费的公共产品中获益。相比之下，软件行业的标准则必须要服从于某种技术锁定以及经济学意义上的"赢家通吃"原则。如同微软公司一样，从历史的维度来看，他们从早期人们广泛采用其办公软件（Word、Excel、PowerPoint 等）中获得了收益，但这也意味着人们如果打算选择使用其他办公软件的话则需要付出转换的花销和成本。

网络经济中的另外一个关键点在于研究网络化的组织机构。新制度主义经济学着眼于市场相对的优越性、内部分层的组织结构（官僚体制）以及用来作为维护公司内部和公司间关系的网络（Thompson 2003；Chavance 2008）。

罗纳德·科斯（Ronald Coase）（1937）提出了"为什么存在公司"的问题，并且认为合约与内部组织关系提供了用来降低常规经济行为交易成本的手段，而新制度主义经济学正是以此作为自身研究的出发点。

在不断地意识到交易成本的重要性之后，奥利弗·威廉姆斯（Oliver Williams）（1985，2000）提出现代公司可以被理解成一系列合约的集合，或是一种在市场失效、信息不完整以及不确定性风险盛行的环境下用来管控交易成本和合作能力的制度性工具。所以，像公司这样的经济组织同其他主体（比如供应商、劳动力资源、顾客、商会）之间的关系便转由其他特性所决定。这些特性包括有限理性的程度（在完全知情的条件下做决定时所需要获得各类知识的难度）、资产专属的特性（从他人手中获得的资源、资产与技能的复杂组合所具有的专门属性），以及潜在的不确定性，如基于在知识和资源接入方面的不平等所造成的投机、欺诈和剥削的可能性。在这一背景之下，网络构成了一种新形式，可以用来替代那种既存在市场失效，又"包括政府在内的一切可行的组织形式也都存在着缺陷的经济治理"（Williamson 2000：601）。

社会学家乔·波多尼（Joel Polodny）和凯伦·佩奇（Karen Page）认为"任何一种形式的组织都是一个网络"（Podolny & Page 1998：59），因为组织自身的性质决定了交换的过程需要持续发生在两个以上的社会性角色之间。与此同时，网络的另一个突出特点还在于一系列人的行为道德取向，比如信任、互惠、善意以及相互间的义务。这既不同于建立在合约基础上纯粹的市场性交易，也不同于建立在既定权力基础上，并以组织层级为特征的职权。由于信息沟通是各方间相互联系不可或缺的一个要素，所以相对于纯粹的市场性关系，或是组织内部建立在威权之下的关系而言，网络化的组织能够以更高质量运转，而这在波多尼和佩奇看来正是网络化组织的优势之一。此外，以网络形式构建起来的组织能够带来的好处还包括：

- 能够实现整个网络内部的所有个体共同学习；
- 个体作为巨大网络中的一部分而存在，其合理性得以累积；
- 可以更好地适应在更大的社会环境中发生的意外；
- 最大限度降低了由于依赖外部资源所造成的脆弱性（Podolny & Page 1998：62—6）。

至于为何组织行为对于网络的基础性依赖会有所不同，波多尼和佩奇（1998：67—8）认为存在着三个关键原因：

- 组织间的相互交往中权力关系的重要影响——有越多的权力被用于达成这个组织的目标，那么网络在其中所能发挥的作用就会越少；
- 组织的历史——拥有长久历史的组织机构比年轻的组织更难被网络文化影响；
- 各国在文化和法律方面的差异——以网络形态构建起来的组织具有更多的集体主义，而非个人主义的文化倾向。比如，相对英美等国而言，亚洲国家，尤其是有着某些儒家文化传统的国家，更具集体性特征。

经济学视角之下，对于网络的第三个关键之处在于"市场性生产"和"非市场性生产"两者之间关系的转变。在《网络的财富》（The Wealth of Networks）一书中，尤查·本科勒（Yochai Benkler）（2006）认为，伴随着非市场性生产，或曰社会化生产的重要性不断提升，信息、知识和文化成为经济关系中的核心要素。不同用户对信息的消费并不存在竞争性，因为一个人对信息的利用并不会削减别人利用这些信息的机会。就此而言，信息在今天已经被看作一种具有公益性的资产。本科勒认为，信息生产的一个必要条件是能够接入并使用他人在其他时间里制造出的信息。人们期望分享信息的意愿和需求恰好同互联网去中心化结构下的数字信息通信技术的发展完美对接。在全球范围内共同传播信息，是互联网为人们提供一种史无前例的独特手段。简而言之，它为我们带来一种分享的文化。

网络与社会化生产

在《网络的财富》（2006）一书中，尤查·本科勒认为，网络的影响比起它对经济或组织机构的影响更为深刻。他指出21世纪初期早已出现了网络信息经济，其核心特征在于：

> 去中心化的个人行动——尤其是那些经过随机分配，并且通过非专属权体系制约的非市场机制来实现的一类重要的新型协同合作行动——在工业化信息经济领域里扮演着比从前更为重要的角色。

对于本科勒来说，这些发展中的关键性驱动在于互联网的出现和网络化的个人信息处理。伴随着信息通信技术的使用成本持续下降，每台联网计算机生成、检索和存储各类数据的性能都在不断增强，网络环境下个人信息处理的互联互通水平也不断得以提升。这意味着在实现"去除高效率信息生产的物理障碍之后，人的创造性和信息经济成为新型网络信息经济的核心构建要素"（2006：4）。然而，互联网和网络信息通信技术的发展只是为网络信息经济的出现提供了必要而非充分的解释。本科勒在他的书中提出了三个补充条件。第一，信息、知识和创意产业自身的发展，即使是在 20 世纪后半叶这一领域的工业化程度最高的时期，这些产业相对于传统工业而言也都需要更加灵活多变，并且更加依赖非市场性因素去推动和激发出创造性。第二，互联网的存在，使大量个体行为在一起产生协同效应，极大丰富了网络信息环境，也大大推动了所有非市场性的信息、知识和文化产品的制造和传播。当我们通过一个像谷歌这样的搜索引擎来观察互联网上数十亿的网页时，我们便能看到一个被本科勒（2006：5）称为"信息商品"的东西。无数人和组织出于各种各样的动机和原因，让所有未经协调的行动产生了协同效应，共同制造出了"信息商品"，它们有的是市场性的，有的则是非市场性的；有的具有官方政府的性质，有的则是非政府性的。第三，信息、知识和文化产品的同侪生产通过大范围的共同努力逐渐显现出来。这一概念及其实践缘于软件开源免费运动以及黑客文化，而 Web 2.0 技术和社交软件令其影响力广为散播。

这一切都说明了社会化生产，以及信息、知识和文化产品的生产模式的合作形式松散，无须由市场性标准来驱动，也同谁占有并控制着最终产品的专属使用权限没有直接关系。人们因为各种行为动机，制造出被他人使用的信息，并且同他人展开合作。在看到这一点之后，本科勒（2006：99）认为，网络信息经济环境下，社会化生产得以兴盛的原因来自两个要素所形成的合力：一方面，作为生产过程中独特的价值投入，知识永远是被个体以其特有的方式掌握着；而另一方面，如今"这些个体中的大多数也已经有了用来探索所他们所处信息环境的基本物质条件（比如个人电脑），在从中获取信息的同时，也为这个信息环境做出自己的贡献"。

在任何一个社会中，富于价值的知识和创造性投入总是超出实际所需，而对于那些可以将必要人力资源高效利用在社会化生产之上的最佳工作任务而言，本科勒认为他们应该具有两大特征。第一个是生产的模块化程度，或者说就这项工作任务的特点而言，它"在多大程度上能够被分解成为小的单元或模块，从而在被整体组装之前可以各自相互独立地加工生产"（2006：100）。与之相对的极端情形是建设和管理一座核电站，将这类工作进行模块化分割是极其困难的，因为控制中心不仅需要确保各项工作的质量（以避免核事故的发生），同时也要确保所有员工对于工作的忠诚和投入（因为存在与第三方非法交易核产品的危险）。相比之下，维基百科则非常成功地利用了这一特征，极大程度地聚集独立个体的海量信息输入，从而形成一部在线百科全书。第二个特征是生产的粒度大小，或者说个体在完成一个生产模块时所需要投入的时间和精力的大小。这决定了"个人在参与完成这项工作时可能所需的最小投入"（2006：101）。维基百科还是一个很好的例子，因为个体在这上面一次贡献所需要投入的时间和资源是相对较小的，或者用本科勒的话来说，"如同细小颗粒一般"。

本科勒相信，互联网技术与网络化形态组织结构的普及这两者的结合，标志着21世纪社会经济秩序的颠覆性的转变。在《网络的财富》一书中，他暗指了与市场经济的奠基性著作——亚当·斯密的《国富论》（The Wealth of Nations）（1991[1776]）不同的观点。斯密和其他一些古典经济学家认为市场和贸易的扩张是新型财富价值创造的核心，但在他们的分析中，从19世纪后期直到20世纪，竞争性的资本主义在某种程度上因为巨型企业的出现而被改变。詹姆斯·贝尼格（James Beniger）（1986）所谓的"控制权革命"，和阿尔弗雷特·钱德勒（Alfred Chandler）（1977）提出的"看得见的手"，都与这些巨型企业在极大的规模和范围上实现对资源的掌控有关。他们利用计划的产能来控制外部环境，并通过奖惩措施组合来保持个体员工对企业的忠诚和认同，从而将企业打造成为一个有着优越形态的经济组织。

本科勒的观点并不是通过网络实现的社会化生产将快速取代市场或是企业等级制度，从而成为其他形式的经济组织。事实上，他也承认"社会化生产的兴起不会让以市场为基础的生产变得衰落"（Benkler 2006：122）。对于许多企业来说，最重要的变化在于"公司与其外部个体之间关系上的改变，因为消费者们正在向用户转变，他们变得比从前工业信息经济时代下的消费者更加主动且富有生产力"（Benkler 2006：126）。需要指出的是，社会化生产将对经济生活领域中的最易于结合其核心特质的行业带来最大的影响，诸如与信息、知识、传播和文化创意有关的产业。同时，由于这些行业的规模和显著性日益增长，尤其是在发达资本主义经济体中，社会化生产的影响将会随着时间的推进产生极其广泛的共振效应。

就一般性原则而言，经济关系中非合同性因素比重越大，比如礼赠、互惠和信任，社会化生产的模式则越显著。这也给网络信息经济核心部门的关键位置带来了矛盾和冲突，因为"一般性的社会化生产，尤其是同侪生产，引发了他们与既存的信息商品生产者之间的竞争。对于后者的商品而言，它们的替代品已经在社会化条件下被生产了出来"（Benkler 2006：122）。

案例分析：维基百科

2001年，吉米·威尔士（Jimmy Wales）和拉里·桑格（Larry Sanger）创建了维基百科。威尔士和桑格最初开发的是一个更为传统的在线百科全书，叫作"Nupedia"（新百科全书），它依赖广告收入支撑运营成本，其中的词条文章都由专家所撰写，并且需要经过同行评阅。但他们发现，同行评阅过程拖累了新的内容生成速度。相比之下，维基百科则采用了开放发表和开放编辑的模式，让所有用户都可以对网站上几乎全部的文章做出他们自己的贡献，并且依靠由独立志愿者组成的网络来管理新内容的编纂过程，而且让网站的所有用户都能够看到他们所完成的编辑操作。

今天，维基百科已经成为世界上最大的一部通用型参考书，其中包括2600万篇词条文章（其中420万条为英语版本），拥有全世界范围内约3.65亿的读者和286种不同语言的版本（此处引用的所有数据信息均来自Wikipedia 2013b & 2013c）。在表4.1和表4.2中，可以看到用户在维基百科网站上所做贡献的惊人增长。

这些表格不仅表明维基百科的显著增长，还显示出其全球化的程度。英语文章尽管在2003年1月占到所有文章数量的64.8%，但一年之后就下降到了22.5%，而到2013年1月，这一比例则只剩16.6%。维基百科的全球化已经成为互联网整体全球化的象征。

维基百科在世纪之初这些年里惊人的发展并非没有争议。主要的问题在于，对维基百科这样一个协同生产和编辑的网站来说，因为其中大部分内容的提供者并非某一知识领域内的专业人士，它是否能够有那些更加传统的百科全书一样的内容精准性和知识能力方面的权威性？因为对于传统百科全书来说，词条都是由专门知识领域内的专家撰写，而且编辑工作也都主要由该领域内少数几个权威人士完成。《大英百科全书》（Encyclopedia Britannica）的一位前任编辑罗伯特·麦克亨利（Robert McHenry）将维基百科描述为就像"一个公共厕所，你不知道上一个用过那些洁具的人是谁"，并且就维基百科的词条文章生成方式来看，"任何人都可以无视专业性的存在，提交并发表一篇文章"，而且"任何人也都可以无视专业性的存在，对文章进行编辑"（转引自 Bruns 2008：127，128）。

表4.1 不同语言维基百科的内容贡献者总人数（2001年1月至2013年1月）

时间	内容贡献者人数（至少拥有十次贡献）	活跃的维基百科人（一个月内访问、贡献至少五次）	非常活跃的维基百科人（一个月内至少访问一百次）	文章数量	每日新增文章数量
2001年1月	6	15	1	150	4
2002年1月	485	206	43	30000	332
2003年1月	2202	860	203	168000	647
2004年1月	9804	3928	905	495000	1855
2005年1月	41885	12156	2285	1400000	2995
2006年1月	136011	45098	7035	3500000	6938
2007年1月	363454	85047	10867	6400000	9450
2008年1月	612467	85535	11144	9600000	8411
2009年1月	841649	80953	10647	12400000	7928
2010年1月	1063095	79301	10875	15000000	7287
2011年1月	1266517	78012	10540	18000000	8111
2012年1月	1462655	75798	10520	21300000	7330
2013年1月	1643063	73049	10089	25200000	22198

数据来源：维基百科 2013c

表 4.2 英语维基百科内容贡献者总人数（2001 年 1 月至 2013 年 1 月）

时间	内容贡献者人数（至少拥有十次贡献）	活跃的维基百科人（一个月内访问、贡献至少五次）	非常活跃的维基百科人（一个月内至少访问一百次）	文章数量	每日新增文章数量
2001 年 1 月	6	6	0	150	4
2002 年 1 月	378	146	32	25000	273
2003 年 1 月	1326	530	104	109000	177
2004 年 1 月	4797	1989	386	211000	526
2005 年 1 月	17858	5606	803	464000	719
2006 年 1 月	65429	25085	2947	933000	1577
2007 年 1 月	194137	48282	4544	1600000	1719
2008 年 1 月	326537	42929	4124	2200000	1999
2009 年 1 月	440848	39565	3804	2700000	1502
2010 年 1 月	546165	37274	3673	3200000	1116
2011 年 1 月	640544	35840	3346	3600000	975
2012 年 1 月	731324	33380	3234	3900000	937
2013 年 1 月	809389	31313	3078	4200000	843

数据来源：维基百科 2013c

有人认为相比更为传统的百科全书而言，维基百科缺乏确凿的准确性，而这一观点迄今也没有实际的依据可以证明。《自然》（Nature）杂志 2005 年发表的一篇文章中，研究发现维基百科的词条文章的准确性可与《大英百科全书》相提并论（Giles 2005）。无论如何，维基百科确实需要用机制来维持它的内容贡献者们在一定程度上的中立、客观和他们对事实精确度的追求，从而保证其作为一个研究工具的可信度。它要求内容贡献者们统一并接受以百科全书模式来撰写和编辑，这"意味着要用简洁的词语来传达事物实际的情形，包括人们对它所持有的不同观点，但并不包括作者的观点"（Benkler 2006：73）。维持这一中立观点往往很难，尤其是在一些存在争议的事情上，比如有关政治，或是诸如堕胎、气候变化等话题，这就需要维基百科这个线上社区里的那些核心作者们和编辑们持续工作，来处置争议、管控编辑，以及对付那些蓄意破坏的行为。

关于维基百科更为广泛的重要意义，布伦斯（Bruns）（2008：107—12）

指出了它的四个特征。这些特征说明了维基百科作为一个参与性的、协同生产的媒体样式，其背后所谓的"产用"（produsage）逻辑：

1. 在内容的创造以及共同评价方面的开放式参与；
2. 围绕共同的社会规范基础上的公共治理；
3. 维基百科词条始终处于未完成状态，并将一直被完善下去；
4. 维基百科的内容没有知识专利且属于公共财产。

本科勒（2006：74）将维基百科作为一个研究分散社区形态的个案，在他的描述中，这样一个地理分散，且在其他方面没有任何联系的庞大群体，却能够在共同的社会规范之下为相同的目标一起工作，并且同时还能让如此大规模直接对话交流的强大平台得以发展。至于为何人们会花时间向维基百科贡献内容，克莱·舍基（Clay Shirky）（2010）提出了认知盈余（cognitive surplus）的概念，它指的是人们重新安排他们花在看电视等被动行为上的时间，转到使用更具参与性的社交媒体上去。

▲

社交网络媒体和社会资本

互联网的发展过程中，一个不断被提出的问题是互联网能否成为提升公共利益的推动力。这一问题占据了20世纪90年代互联网研究领域的中心位置，到了21世纪初，社交媒体被誉为更具参与性与协作性特征的在线媒体平台（例见 Leadbeater 2008；Bruns 2008；Shirky 2008，2010），伴随其发展，这个问题再一次被人们提出来。有关参与性媒体的争论我们将在本书第五章有所涉及，但在这里我们可以先来分析一下这类问题的两个方面：

1. 社交媒体是否对社会资本的建立有所贡献，或者说，是否对社会个体中形成强烈的社区意识、相互信任和共性认知有所帮助；

2. 作为个人能够平等地就思想和信仰展开争论的协商空间，社交媒体是否扩展了这一公有领域，而这也构成了一个民主政治有效运行的核心所在。

首先需要被承认的一点是，对于"公共利益或者说良性社会到底由什么构成"这一问题的答案并不存在共识。同样，我们也不能期望互联网和新媒体能够让整个社会在达成共识这件事上有什么作为。对于持自由主义观点的人来说，互联网的重要特征在于它对个人主义的促进。正因如此，戴森（Dyson）和他的同事们（1994）认为互联网真正实现了创业的价值和像美国梦一般顽强的个人主义，并为此而欢呼；而乔治·吉尔德（George Gilder）也将互联网看作对自由和个性的鼓励并加以欢迎（Gilder 1994：49）。这些持有这类政治立场的人对互联网带来的信息共享形式持欢迎态度。克里斯蒂安·富克斯（Christian Fuchs）（2011，2013）将维基百科和维基解密这样的工程看成"基于平民百姓的互联网中闪耀的灯塔和一个网络化的政治公有领域"，他还认为这些网站"在某种程度上对抗了资本主义的存在"（Fuchs 2013：221，222）。

罗伯特·帕特南（Robert Putnam）将社会资本定义为"社会生活的特征——网络、规范和信任——它们使得参与者们为了追求共同利益而更为高效地一起行动……简单来说，社会资本指的是社会性联系以及与之相伴的规范和信任"。皮埃尔·布尔迪厄（Pierre Bourdieu）和吕克·华康德（Luc Wacquant）（1992：119）对社会资本的定义是"一个人或群体所获得的有形或无形的资源总和，这些资源来自他们长期拥有的一张网络，而这一网络建立在或多或少已经被制度化的相互熟识和认可的关系基础之上"。帕特南（1995）、里德比特（Leadbeater）（2000）、伍尔科克（Woolcock）（2001）和世界银行（2003）很多学者和机构都认为，社会资本形式的推动、培育和保持对于整体经济表现、避免负面社会影响（犯罪、药物滥用、对公共健康的负面影响等），以及社会创业新形式的出现都非常重要。在他们的讨论中，一般存在三种类型社会资本：

1. 结合型社会资本,以个人之间紧密的社会关联为特征,比如家庭成员之间,本地社区或是族群社区内部等;

2. 桥接型社会资本,以相对较弱且略微松散,但却更具交叉性的关系为特征,比如生意伙伴之间,以及跨越族群、家庭和社区之间的关系等;

3. 联结型社会资本,以在权力或社会地位上存在差别的人们之间的联系为特征,比如政治精英和一般公众之间,政策制定者和本地社区之间,以及处于不同社会阶层的个人之间。

威廉·戴维斯(William Davies)(2003)认为,博客以及其他形式的社交软件的开发,对于社会资本的增加,尤其是无形社会资本这类社会资本新形式的增加有积极作用。他将博客、维基百科和其他以协同方式生成的 Web 2.0 平台都看作社交软件,并且认为这类软件天然地在推动群体的互动与合作的同时,模糊了公共与私人、线上与线下之间的界限:

> 社交软件的本质在于打破了我们在线上以电脑为中介的交流经验和线下面对面交流经验的分隔。它是一种试图将互联网和我们的日常生活进一步相互结合在一起的软件。它的目的是彻底消弥这两大割裂的社会化网络之间的鸿沟(Davies 2003:7)。

丹娜·博伊德(Danah Boyd)和尼克尔·埃里森(Nicole Ellison)(2008)提醒人们关注社交网络媒体促使发展出新型桥接资本的可能性,这一新的发展并不是简单地让人们去认识更多的人,而是"让用户能够清楚地看到他们的社交网络能够引发新的人际关系,而这一点是其他社交方式无法做到的"(Boyd & Ellison 2008:211)。本科勒(2006)认为社交软件在以新方式巩固既有关系(结合型资本)的同时,也"给更为松散且流动,但更为有意义的社交网络带来了新的功能",即桥接型社会资本(Benkler 2006:257)。他认为社交媒体强化了社区意识,并进而强化了社会资本。我们不应该把它看作"一个远方的田园村落的翻版",而应该将它理解为:

一个新的机遇,用它来建立起没有太多目的性且可持续的关系。这种关系的强度一般偏弱,它的重要性体现在帮助构建起我们的社会背景和我们身份中的某些部分,成为获取支持的潜在来源,以及为我们带来人际陪伴(Benkler 2006:377)。

这种观点让人回想起一些有关网络与社会资本关系的早期评论,他们认为互联网的去中心化和包容性特征,与借助霍华德·莱茵戈德(Howard Rheingold)所谓的"虚拟社区"而得以回归的公民参与之间存在着正向的关联。然而,对于互联网用户的公民参与度将会更高这一观点,帕特南(2000)的看法相对冷静,他表示出了对于新技术在使用上的不平等和"网络巴尔干化"的担忧,而且总的看来,他认为媒体参与取代了地理空间上与现实社区中人与人的实际互动。与之相关,正如凯斯·桑斯坦(Cass Sunstein)在《网络共和国2.0》(Republic.com 2.0)(Sunstein 2007)一书中所认为的那样,另外一个担忧在于互联网的使用给家庭生活和其他线下活动的参与所带来的负面影响(Nie & Erbring 2000),以及加剧了观点相左的人们在互动更为活跃的环境中社群分极化和政治冲突。

有关社交网站(SNS)及其对于社会资本影响的学术文献有很多,且内容层次丰富,无法一概而论。皮特·贝·布兰德茨格(Petter Bae Brandtzaeg)(2012)在挪威展开了一项针对社交网站用户和非用户的研究,他发现,总体上社交网站在三个维度上对社会资本起到了促进作用:

1. 社交网站的积极使用都伴随着比线下与亲密朋友之间更多的面对面交往;
2. 社交网站用户比非用户拥有更多的线下熟人;
3. 对于拓展和维持用户的桥接型社会资本,或是他们的"社交多元性,或是所能利用的弱连接关系"而言,社交网站起到了积极的作用(Brandtzaeg 2012:473)。

布兰德茨格发现的一个悖论是,非常积极的社交网站用户,或者说社交高手们，会比那些非用户拥有更大的孤独感，而这一点或许与雪莉·特克尔（Sherry Turkle）提出的群体性孤独理论相一致。这一理论认为，相对于面对面打交道的情境而言，人们更加钟意通过技术手段进行互动。总而言之，布兰德茨格的研究结论与这一话题领域内的大多数研究结论是一致的，他发现用户对于社交网站的使用与他们社会资本的形成之间存在着一种正向关联：

> 基于当下媒体争论的结果来看，对于"反社交网络"或是社会性参与程度低下这类问题的焦虑是站不住脚的。社交网站中的交流并不会取代人与人之间的亲密性或是面对面的交流。事实上，和那些非用户相比，社交网站的用户更有可能去面对面地与人社交，并且拥有更多的社会资本（Brandtzaeg 2012：483）。

从一个更具批判性的角度出发，尤利西斯·梅耶尔（Ulises Meijer）（2010）和马克·安德烈耶维奇（Mark Andrejevic）（2011）等一些学者认为，这些社交网站在被看作大量用户在线交流空间的同时，也需要看到其作为营利性商业主体的这一面。安德烈耶维奇认为，"表面上看，商业性的社交网站是一种协作性的生产，然而，一旦当它们开始与用户达成使用协议，然后顺其自然地分配所带来的利益时，背后的性质就发生了改变"（Andrejevic 2011：97）。梅耶尔发现，尽管在方式上与传统媒体有所不同，但是像脸书和推特这样的营利性商业公司还是会把受众出卖给广告商。不仅如此，网络自身的体系架构和设定的运行方式也都在隔绝其他网络的同时，促成各种形式的互动。比如，社交网站所推动的"小世界"网络就改变了广告业，促使中央式的信息传播向病毒式营销转变，"运用网络科学,通过利用社交关系的方式来传播营销内容"（Meijer 2010：611）。

网络化的公有领域

长期以来,人们一直在争论互联网和新媒体是否能够赋予公有领域、公民权利和公共生活新的活力。在霍华德·莱茵戈德1994年出版的《虚拟社区》(The Virtual Community)一书中,他认为新媒体具有民主的潜能,这一潜能存在于它所带来的网络化传播的去中心化特性之上。莱茵戈德认为,网络化的数字媒介"使得各种不同的网络都有可能被加载到基础网络通信设施之上",因此,"那些使得虚拟社区成为可能的技术则有望为普通百姓提供一个几乎零成本重要手段"(Rheingold 1994:4—5)。近些年,尤查·本科勒则提出,数字网络"让全民大众有机会改变自己与公有领域之间的关系,有机会从消费者和被动的旁观者,变成创造者和最主要的对象"(2006:272)。本科勒指出:

> 网络化的公有领域并非由各种工具所组成,而是由这些工具的促使实现的各种社会实践的共同构成。在信息和话语上的各种社会实践,令许多行动者们将自己看作公共话语的潜在贡献者和政治环境下的潜在行动者,而不只是偶尔能为自己的喜好投票,却在大多数情况下身处被动的媒体信息接收者(Benkler 2006:220)。

布伦斯和他的同事们(2011)认为,像推特这样的社交媒体工具促使着网络公有领域的出现,并且他还提供了一条途径使得当代公共传播理论能够与社交媒体所表现出的活力相互匹配(Bruns et al. 2011:285)。

公有领域的概念源于德国哲学家和社会理论家尤尔根·哈贝马斯(Jürgen Habermas)(1974,1989)的著作。哈贝马斯将公有领域定义为:

我们社会生活中的一个领域，在这个领域中参与意见的通道保证向全体民众开放并能形成接近公众意见的观点。个体集合在一起组成的公共机构里的每一场对话形成了公有领域的一个个部分。在这里，个人既不像商人或是职业人群一般从事自己的事情，也不像宪法秩序那般受到国家机构的法律束缚。作为公共机构，民众就普遍性利益的问题展开商讨，这种讨论不受约束，即他们在集会、结社，以及表达和发表他们观点的自由都将得到保障（Habermas 197：49）。

哈贝马斯在有关中产阶级公有领域在近代早期欧洲出现的论述颇具历史性典范意义，他发现来自三个方面的原因打开了这个空间，在这个空间中"个人能够就重要的公共性事务达成一致，并不是简单地出于对传统权力的服从，而是通过理性对话后的相互妥协与让步来实现的"（Johnson 2012：20）：

1. 商业和私营企业的兴起，以及"经济生活从传统政治管控的钳制中不断被解放出来"（Johnson 2012：21）；

2. 教会和贵族等封建势力的回头和现代国家的出现，现代国家以法律限制的权力管控更广泛的社会环境，并继而推行代议制的自由民主体系；

3. 包括新闻和文学艺术在内的文化素养层面的公有领域的崛起，这得益于"报纸与杂志的'新闻'出版推动了由个人所构成的这一新型公众的觉醒，使他们意识到公共事务的重要性，并且在很大的地理空间内与他人传递和分担他们的关切"（Johnson 2012：21）。

带着国家和法律所赋予的极为重要的自主权，在公共与私人、国家与公民社会，以及用来治理国家的正式法律制度与日常生活习俗之间所出现的一系列新的关系可以通过表4.3来加以呈现。

表 4.3 哈贝马斯公有领域

类型	公共的	私人的
正规法律机构（受国家监管）	1.政治公有领域（国家机构、法律和司法、代议制民主和政党）	2.商业领域（民营企业与商业活动）
非正式机构（不受国家监管）	3.文化素养领域，包括艺术、媒体与新闻	4.私人领域（亲密关系，共同家庭）

阴影区域 = 公有领域

资料来源：改编自 Habermas 1974; Thompson 1991; Jensen 2010

由于19世纪至20世纪的社会发展动摇了民主功能得以发挥的结构性条件，哈贝马斯关于公有领域的论述有时会被认为具有悲剧色彩（Dahlgren 1995：5）。如尼古拉斯·加纳姆（Nicolas Garnham）所言，公有领域，不同于经济和国家的概念，作为一个理性和普遍性政治的空间，摧毁它的正是当初制造它的那些力量（1990：107）。哈贝马斯认为，"尽管公有领域的自由模式在今天仍然具有启发意义，但它并不适用于以社会福利国家形式组织起来的现代工业化大众民主政治的现实状况"（1974：54）。驱使着自由中产阶级的公有领域发生转变的因素包括：

- 工人阶级的壮大要求进行改革并发出自己的声音，这意味着公共话语在形式上呈现出更多的冲突性特征，因此一致性变得更少；
- 大型企业对媒体、文化和政治的影响力不断增长；
- 通过现代福利国家制度，国家在对文化和私人生活的管理中扮演着更为重要的角色；
- 通过广告、公共关系等行业来对公共舆论进行管理的程度不断加深，从而混淆了人为操控的宣传和公众观点的真实表达。

无论是强势商业利益的集中式控制，还是其传播样式，电影和广播这类大众媒体的出现都被看成是个问题。达尔格伦（Dahlgren）（1995：155）发现，就哈贝马斯的观点而言,"对于绝大部分人来说极为重要的媒体制度,却在很大程度上是公众的社会实践和干预无法企及的"。哈贝马斯发现,当今媒体之所以无法成为更加民主的实践的工具,其原因在于:

> 在做出共同决定的集体实践过程中,当前的参与者缺乏面对面的交流,呼吁者和听众之间在就观点和主张进行意见交换时缺乏双向的互惠,而且媒体拥有选择并左右信息表达的权力,并有策略地利用社会和政治权力影响公共议程、开启公共话题、引导公共事务(Habermas 2006:414—15)。

哈贝马斯认为,公有领域"不能被想象成一种制度,当然也不能被当成一个组织",而是由一张用来交流信息和观点网络所构成的(1996:360)。因此,这也提出了一个新的问题,即伴随着互联网和网络数字媒体对于多元观点和不同层级交流的促进和推动,是否能够为哈贝马斯的公有领域构想带来新的活力。达尔格伦(2005)认为,与资本主义现代性特征下的单一集中的公有领域相比,互联网使更大范围内的民众能够发掘出丰富多样的交流空间和实践,由此也为他们开启了大众话语和公民文化之门:

> 网络公有领域中,在议会权力无法涉及的政治语境下,互联网在倡导和激发观点方面所起的作用更为显著。这些政治讨论努力达成某种共同身份,实现政治动员。那些针对政治经济领域内的掌权者所作的政治演说,不是为了达成共识,而是要去影响政策。对于整个社会政治而言,他们旨在激发民意(Dahlgren 2005:157)。

对于互联网和新媒体,哈贝马斯的态度则更为悲观。尽管他对互联网让交流不再受到政治审查表示认可和欢迎,但哈贝马斯对于互联网给协商民主所带来的更大贡献表示不屑一顾,因为他相信互联网带来了碎片化的大众,制造出了数量巨大的彼此隔绝的问题公众群体(2006:423)。依托理性的公众群体实现更具代表性的公有领域。这正好同桑斯坦对于互联网的批判相呼应，他认为互联网令公有领域沦落成许多具有竞争性和冲突性的"公共球体"（public sphericles）（Rasmussen 2009）。

布伦斯和他的同事（2011）认为对网络公有领域的范围和局限性做出一个更为公正的评价，需要一个超越过去"标准哈氏公共传播模型的框架，成为一个可以看透社交媒体真实使用情形的工具"（Bruns et al. 2011：285）。对哈贝马斯的批判，还包括女性学者认为他从结构上割裂了公共和私人领域，他们认为：

> 在公共话语中，必须打破有关于媒体在维护公有领域方面的作用的相关假设，包括将非常具体的媒体参与样式所起作用的假设（有关政治问题的新闻或是理性辩论）。同样，也需要提出一个更加多元且更具适应性的公众概念，以此深入理解在线上社交网络中，日常的创造性与信息交流可能在其中所扮演的角色（Bruns et al. 2011：285）。

这样的论断转移了问题的焦点，从之前哈贝马斯提出的问题，即传播工具、技术和机制的某种特别的设定，是否能够实现"一个让知情公众通过批判性的理性辩论参与政治进程的普遍开放空间"，转向一个更加开放和实际的问题，即人们或各种群体与社交媒体发生着怎样的故事，以及"各种具体类型的公众到底是如何构成的"（Bruns et al. 2011：285）。如此一来，有关网络公有领域的辩论也发生了转变，从过去寻找一个理想的话语情境，到今天面对公众透过新媒体实现的新的参与方式，并探究这一新方式所承载的功能及其局限性。

结 语

在这一章里，面对网络的显著性不断增强，我们看到了社会科学和自然科学领域里不同观点的交汇融合。这一兴趣在网络科学领域内被人们再次提起来的一部分原因正是在于互联网本身，它可以被理解为由网络基础设施所构成的社交网络平台，以及一个有着其自身独特参与形式架构的社会技术性网络。社会化网络分析提醒我们应该重视网络形态中的一些核心特质，比如小世界、弱连接、信息中心与关键联结点，以及对于分析网络和新媒体活力非常重要的幂律分布。同样，在经济学领域，尤其是在关乎公司的新制度主义理论和实现网络外部效应的手段方面，网络也成为越发重要的一个话题。

我们也充分讨论了网络是否成为21世纪的社会和经济区别于20世纪的核心要素。围绕网络信息经济，以及下一章将要讨论的参与式媒体文化之中兴起的社会化生产，尤查·本科勒在他的论述中进行了探究。在这些讨论中，基于去中心化网络、自愿合作和分散型社区形态而出现的维基百科，有时会作为新的信息形态的先行者被提出来。这一章还讨论了脸书和推特这类社交网站对于社会资本形态所做出的贡献，而这同罗伯特·帕特南等社会理论家相对悲观的看法恰恰相反。要回答网络公有领域是否正在出现这个问题，需要我们超越尤尔根·哈贝马斯悲剧性理论中"公有领域"这一概念的本源，再对它加以重新思考。至于社交媒体正在如何改变政治和政治运动，我们将留到第十二章进行讨论。

在线资料

Institute for Network Cultures <http://networkcultures.org/wpmu/portal>——Amsterdam-based internet research centre, established by critical media researcher Geert Lovink, that produces an extensive array of research and publications dealing with networked social media and its impact on society and culture.

Social Capital Research <www.socialcapitalresearch.com>——Clearinghouse for social capital research developed by University of Queensland researcher Tristan Claridge.

# 05 参与式媒体文化

引言：从大众传播到融合社交媒体

富有更多参与性特征的媒体文化是新媒体最为重要的希望所在。早期研究互联网的学者们，比如霍华德·莱茵戈德（1994），就已经预见到一个虚拟公有领域的崛起，而雪莉·特克尔（1995）则预计在网络世界的虚拟空间里，人们的身份具有更多的流动性和可变性。对于更具参与性的媒体而言，其发展的机遇在于新媒体与传统的大众传播形态在结构上的差异。后者曾经一度占据了整个 20 世纪的人类社会生活，并且为大量的媒体传播理论和研究提供了研究背景。相比之下，媒体内容跨越了多个平台被分发和使用从而形成媒体融合，它与更具互动性的社交媒体相互结合，大大降低了媒体参与的门槛，继而从根本上改变了媒体内容的生产、传播和接收方式。有观点认为，社交媒体融合与更具参与性和潜在民主性特征的媒体文化相伴而生，这也成为媒体传播和文化研究领域内异常活跃的争论话题，而这一章我们也将对此加以考量。

20 世纪上半叶，大众传播的概念伴随着传播学研究的兴起而诞生。在哈罗德·拉斯韦尔（Harold Lasswell）的经典论述中，传播关乎的是：

- 谁（传者）
- 说了什么（信息）
- 通过什么渠道（传播媒介）
- 对谁说（受者）
- 带来什么效果

大众传播的研究从社会层面进行，这一点明显区别于人际传播。同时，它还关注媒体生产和分发的大规模工业化实践。因此，大众传播范式还停留在信息传送的模式之上，它允许信息的反馈、噪音和信号故障等情况的存在，并且基本上将传播看作从传者（极少数）到受者（多数）的信息单向流动。而与之相关的还包括大众社会和大众文化的概念，以及一个基本假设，即"构成传播过程接收端的受众会被当作一般大众来看待，而信息的生产和传播的工作，无论它可能已经有了怎样的定义，都被当作精英们手上的某种投资"（Bennett 1982：30）。

约翰·汤普森（John Thompson）（1995）和丹尼斯·麦奎尔（Denis McQuail）（2005）总结出了统治了 20 世纪的大众传播的一些重要特征，包括：

1. 对媒体技术的利用实现了信息和符号内容的大规模生产与传播，并且由此到达最广泛的受众，这些受众为了接收这些内容，开始拥有那些技术设备。

2. 由于制作和传播技术耗费成本，以及各类媒体看门人在决定何为专业性媒体内容方面所扮演的角色，媒体内容的制作者和传播者与内容接收者之间存在着制度性隔绝。

3. 媒体内容的制造者和传播者与媒体内容的接收者之间存在着权力关系上的不对等，并且面对这种极大程度上单向式的传播，接收者几乎没有可以发出自己声音的空间。

4. 媒体内容的制作者、传播者和接收者之间的关系很大程度上没有人情色彩，也不具备个性化特征，而且多数情况下，由于大规模商业化的媒体产业对广告收入的依赖，这种关系也具有了商业色彩（换言之，将受众看作一个目标市场）。

5. 以受众的总体数量（市场份额）最大化这一目标为动力，促使媒体内容具备最广泛的吸引力（换言之，通过产品差异化对市场加以细分的可能性更小），从而使内容标准化成为一种趋势。

相比之下，在 21 世纪出现的融合社交媒体则具有以下特征：

1. 进入门槛急剧下降。数字技术成本的降低和操作简单的 Web 2.0 平台共同促使人们能够更大程度地使用媒体内容生产工具，同时，所有用户也都可以对现成的数字网络加以利用；

2.媒体内容的制作者和消费者之间的界限变得模糊。与之相伴的是专业型的业余创作者所制作的媒体内容的出现，以及个人和小型团队逐渐有机会成为媒体内容的制作者、编辑和传播者；

3.媒体用户，曾被杰·罗森（Jay Rosen）（2012）称为"从前被当作受众来认识的那些人们"，现在被赋予了更多的权力，这得益于更强的互动性和更多的双向交流（比如对线上内容加以评论），以及网络媒体内容的大量涌现。

4.媒体环境将变得更具个性化，线上社交网络和对用户生成内容（UCC）的分享，都将促使人们围绕媒体展开集体互动；

5.媒体内容变得更加多样化和分众化，在克里斯·安德森（Chris Anderson）（2006）提出的"长尾"经济理论下，更为广泛的媒体内容都能够以比过去更低廉的成本，甚至免费发布在网上，并带来收益。

如果将20世纪的大众传播范式和21世纪融合社交媒体范式作为相应的典型来看的话，我们可以用表5.1的方式来描绘媒体环境中的这些转变。

表5.1 从大众传播媒体到融合式社交媒体

类别	大众传播媒体（20世纪）	融合式社交媒体（21世纪）
媒体发行	大规模发行；对未来新进入者有较高的门槛	互联网大大降低准入门槛
媒体生产	分工复杂；专业媒体从业者的角色非常重要	Web 2.0技术使得个人、小团队也可以成为媒体内容的生产者、编辑以及发布者
媒体力量	不对称的权力关系；单向信息流动	互动性使得用户、受众的权力更大（信息的双向流动），以及对媒体市场更多的选择
生产者与消费者的关系	大多不带个人色彩，匿名化且商品化（受众作为目标市场）	通过受众群体以及用户生产内容的驱动，媒体可能会更加个性化
媒体内容	趋向标准化，做受众喜欢的内容从而使受众数量最大化	长尾经济使得更大范围的媒体内容具有可营利性；媒体内容市场更加分众化

资料来源：改编自 Flew 2011b

马克·迪耶兹（Mark Deuze）发现这些发展变化所带来的结果是媒体用户如今期待自己有权参与媒体实践："他们已经不断地找出了各种途径，通过自身使用和制作媒体内容的方式参与到媒体中来，互联网则被认为放大了这一趋势"。（Deuze 2006：68）曼纽尔·卡斯特尔（2009：65）的"横向互动交流网络"观点认为这一网络"在既定的时间里连接起本地和全球"，故而认为这是一次由大众传播到大众自我传播的转变。约翰·哈特利（John Hartley）将其看作媒体环境中的系统性变革，"从公共事务和流行表述中的'只读'式参与，到社会化网络环境下，一种基于大众数字素养之上的'读写'参与模式。在这一参与模式中，信息、新闻和观点的表达既由大众自主生成，又是社会性调节的结果"（Hartley 2012：92—3）。

参与性媒体

参与性媒体的概念早于互联网和网络信息通信技术而出现。1942年创立于美国的报刊自由委员会（Hutchins commission on freedom of the press，又称"哈钦斯委员会"）在1947年他们解散前的最终报告（即《一个自由而负责的新闻界》——译者注）中提出，一家负责任的报刊需要的不仅仅是对于事件全面、真实而深入的报道，还应"成为一个交流评论和批评意见的论坛"，并给出"一幅社会组成群体的典型画面"（引自McQuail 2005：171）。报刊自由委员会的这份报告是构建起媒体社会责任论的重要文献，同后来的媒体公民理论相呼应。彼得·戈尔丁（Peter Golding）和格雷姆·默多克（Graham Murdock）（1989）认为，对于媒体系统而言，能够充分服务所有公民媒体的一个条件在于，它不仅要使民众能够在已有的各种表达中"看到自身和他们的愿望，而且还应该让他们能够对这些表达做出进一步的贡献"（Golding & Murdock 1989：183—4）。就概念而言，汉斯—马格努斯·恩岑斯贝格尔（Hans-Magnus Enzenberger）的文章《媒介理论的构成》(Constituents of a Theory of the Media)有着重要的影响。这篇文章反对悲观论者将媒体看作操控大众的工具，认为使用这些文化生产的技术性工具，只是出于更强调社会导向性的目的（Enzenberger 1974）。

参与性媒体的概念一般具有两个不同的要素。首先，它们有着不同的形态，被冠以各种称谓，"激进的""社区的"或是"替代性的"等。在人们的意识中，它们作为一种区别于主流形态的媒体被构建起来。其次，媒体和文化研究文献围绕主流媒体讨论参与文化的发展，正如我们在有关粉丝文化和主动性受众的研究中所看到那样。

主流商业媒体在让受众参与媒体、进入并利用媒体以及多元化方面都不能满足受众，这刺激了各种形态的社区媒体的出现和发展。在广播电视媒体背景下，社区媒体常常被认为是区别于营利性的商业广播电视和国有公共广播电视系统之外的第三类构成。

国际媒介与传播研究学会（IAMCR）社区传播分会将他们的研究兴趣领域界定为"从公民社会领域生发，传播并产生共鸣的媒体。广义而言，这是一个存在于国家和市场之外的传播领域（一般指非政府性和非市场性的传播），但它又可能同时和前两者有所互动"（IAMCR 2013）。伦尼（Rennie）（2006）认为社区媒体的行动典型地代表着"非专业的媒介内容制造者被鼓励加入进来（参与），它为个人和社区提供了一个可以发表他们观点的平台（进入和利用）"（Rennie 2006: 3—4）。让社区媒体与众不同的不仅是其动机和抱负，同样还有它们的运行方式和结构。澳大利亚社区广播基金（Community Broadcasting Foundation，CBF）在定义社区媒体时指出，社区媒体"在运行、管理和生产过程中积极促进受众进入、利用并参与媒体，并以此和其他媒体区别开来。社区广播依赖志愿者的帮助，以此实现一个'民治民享'的媒体"（CBF 2013）。

克里斯·阿顿（Chris Atton）（2002）注意到，对于主流媒体而言，社区媒体并不一定必须是另类媒体。他没有因为社区媒体在受众的利用和参与方面的特点，或是因为自我意识中与主流媒体的差异，就将其简单地定义为另类媒体。在阿顿看来，将这类媒体看作主流媒体的对立面的假设对于我们理解它的作用和重要性都是一种很大的局限：在媒体系统内部，创新不见得只发生在内容层面，也可以是另类媒体出现的基础（参见 Couldry 2003）。在阿顿（2002：25）的定义中，另类媒体通常具有如下特征：

1. 去职业化：人们能够撰写、发表和传播新闻、思想并做出评论，他们已经不再需要经过一系列专业技能、价值和规范上的认证来获得传播这些内容的资格。

2. 去制度化：人们能够让完全不同的媒体内容（从不同视角来看待新闻事件、调查报告和另类音乐等）进入公有领域，传统规范和等级制度形态的约束对他们的决定已经不再起作用，而前者却是那些大型商业或公共媒体制度实践的特征所在。

3. 去资本化：这种媒体仅需少量的前期投入和低水平的日常开支来维持运行，并自发地以各种形式传播媒体内容。对它们而言，过去所必需的那种强大的市场销售系统已经不再阻碍他们在媒体内容分发和传播上的能力。

这些学者们看到，互联网和社交媒体的参与性特质有一个重要作用，它促使基于社区层面之上的另类媒体得以出现。社区广播长期面临的困难之一不是来自它们打算在更大范围上改变媒体所有权和控制权的结构的远大抱负，而在于它们生来就处于一个与自身天然逻辑恰恰相反的整体制度安排之中（Rennie 2006：167）。在看到这一点后，伦尼看到了开放式网络和传播公地所带来的新机遇。

与之类似，阿顿认为得益于"没有实体产品需要流通"（Atton 2002：139），互联网环境帮助克服了传统另类印刷媒体的局限性，比如印刷数量太少，以及难以进入主流发行渠道。但是，由于任何人都可以做到在线出版，那么这种环境下什么才是另类媒体呢？阿顿和詹姆斯·哈密尔顿（James Hamilton）（2008）认为他们的特征中应该包括：愿意尝试以更加平等和兼容并蓄的形式来管理媒体，准备为通常在主流媒体中无从表达的群体和观点发声，以及"促进边缘群体内部和这些群体之间的横向沟通与交流"（Atton & Hamilton 2008：125）。

理解参与式媒体的另外一种方法来自文化研究领域以及积极受众理论传统。前面所讨论的大众传播不会停止其循环过程，但同时也一直存在争议。因为对于流行文化中广泛传播的内容产品而言，受众在上面所投入和赋予的个人的、政治的和情感的含义往往与产品制造者们所加载的含义并不一致。有人认为大众媒体在产品中所呈现出的主导性含义必须要反映媒体制度掌控者的利益、重心和当务之急，以及职业媒体人对如何适当介入媒介内容的假设，文化研究理论的学者们（比如 Hall 1986；Fiske 1987；Turner 1990）提出了他们的质疑。哈特利（2011：19）指出，电视的符号学分析常常把"对媒体内容的'解码'理解为其自身的一种具有生产性和创造性的过程"。从事粉丝文化研究的理论家们，比如霍尔（Hall）（2002）和詹金斯（Jenkins）（2006b），则提醒人们注意一些特定媒体形态（比如"星球大战""星际迷航"系列影视作品和漫画）的粉丝与这些文本积极主动且富于生产性的互动，互动方式已不仅仅是消费这些文本，他们还围绕这些媒体产品建立起社区，不断拓展着他们对内容的解读和意义的延伸。

通过媒体融合的发展，个人和集体也有了媒体实践的新形式，亨利·詹金斯（Henry Jenkins）认为这些新形式出现源于他所描述的融合文化的兴起。在《融合文化：新媒体和旧媒体的冲突地带》（2006a）一书中，詹金斯指出，媒体融合源于三种因素发展的汇合：媒体融合、参与文化和集体智慧。他认为，尽管媒体融合具有"内容的跨平台流动"（Jenkins 2006：2）的含义，但如果认为它仅仅与技术本身有关则是错误的。同样重要是，正是这些技术，或者说是詹金斯所谓的"参与文化"，促成用户对媒体的参与度达到一个新的高度。

参与文化标志着媒体传播从 20 世纪信息传输的"一对多"模式向着 21 世纪另外一种模式的转变。在后一种模式中，媒体内容的生产者和消费者都是"按照一套新规则相互作用、相互影响的参与者"（Jenkins 2006a：3）。詹金斯同时还提到了一种由网络化媒体的参与文化促成的集体智慧形式，凭借于此，经由网络相互连接的社区能够拓展它们的知识系统，其优越性不仅超出了个体之间简单相加之和，而且还能够通过持续不断的互动来实现共同学习并不断发展壮大。维基百科就是这样一个例子，其媒体内容由集体写作来完成，用户可以参与创建新的词条，或是参与修改已有内容。另一个例子是优兔，哈特利（2011：19）将其形容为"积极主动的受众最终得到了属于自己的'大众媒体'"。

各种形式的媒体参与文化已经存在多年，基于这一背景，詹金斯看出了当今与社交媒体相关的各种社会实践的特征所在。继早期文化研究的观察发现之后,詹金斯指出,融合就其本质而言,既是一种文化现象,也是一种技术现象,所以融合既是一个由媒体企业主导的自上而下的过程,也是由媒体文化中的消费者和参与者自下而上推动的过程:

> 媒体公司正在学习如何加快媒体内容跨越承载渠道的流动,以扩大赢利机会、拓展市场并增强观众忠诚度。消费者也在不断学习如何利用各种媒体技术,从而更加全面地掌控媒体内容的流动,并以此与其他消费者进行互动。这一媒体新环境所带来的希望让人们期待思想和内容能够更加自由地流动。在这种理想的鼓舞下,消费者为了更充分地参与他们的文化而争取自己的权利。有些时候,媒体企业与草根之间的融合强化了彼此,同时在媒体生产者和消费者之间建立起更加紧密和更为有益的关系;而有的时候,两种力量会形成斗争态势,而这些斗争也将对流行文化的面貌重新加以定义(Jenkins 2006a:18)。

案例分析:跨媒介叙事

跨媒介叙事是职业媒体人参与媒介融合的一个途径。跨媒介叙事,指的是"故事在不同媒介平台之上得以展现,每种媒介对于我们理解这个世界都起到了自身独特的作用"(Jenkins 2006a:293)。亨利·詹金斯将跨媒介叙事描述为"随着媒体融合应运而生的一种的新的审美意境——它对消费者提出新的要求,并且依赖知识社区内部的积极参与"(Jenkins 2006a:21)。

就像在品牌的跨媒介传播(《星球大战》《汽车总动员》《歌舞青春》和《爱探险的朵拉》等影视作品)中的应用一样,跨媒介叙事表面上看起来类似于连锁加盟,或是媒体的产品从一个平台向其他平台的拓展延伸。影视行业为玩具、漫画和动画等行业提供产品基础的做法由来已久,而且更多时候这些都被看作大型媒体集团追求产品协同效应的体现,这其中最著名的公司当数迪士尼公司(Wasko 2001;Doyle 2002)。

但是,正如斯科拉里(Scolari)(2009)所观察到的那样,跨媒介叙事并不仅仅是品牌的延伸，它更是"通过各种形式的语言（口头的、图形图像的及其他）和媒介（电影、动画、电视、游戏及其他）来扩展某一叙事的结构……不同的媒介和语言参与到跨媒介叙事世界的构建中来，并对其有所贡献"（Scolari 2009：587）。

在这里，有两个要素相当关键。第一个要素在是故事本身足够丰富，能够"提供给消费者足以用来构建起他们自身幻想的资源"（Jenkins 2006a：97）。在翁贝托·埃科（Umberto Eco）看来，这一丰富性构成了《卡萨布兰卡》这类异典电影（cult films）的特征所在，詹金斯由此认为像《黑客帝国》这样的电影正是"融合文化背景下邪典电影"的例证（Jenkins 2006a：98）。这就好比一个世界，或是一个"纷繁精彩的环境，已经难以通过单一的作品或是媒介来加以充分感知"（Jenkins 2006a：114）。

第二个要素是粉丝自身对作品的投入和发挥的能量，发掘一部电影、一档电视节目或是一款游戏的相关知识的愿望，还有他们的"知识热忱（epistemaphilia）——一种不仅在于知晓，还在于交换知识所拥有的快乐"（Jenkin 2006b：139）。尽管媒体融合极大拓展了跨媒介叙事的潜性，但跨媒介叙事并非是媒体融合的环境所特有的。尼尔·佩里曼（Neil Perryman）（2008）指出，《神秘博士》（Doctor Who）早在20世纪60年代就已经是各种形式上松散的品牌延展对象，粉丝在那时早已相互配合着展开了他们对科幻世界的打造。直到2005年英国广播公司明确地以跨媒介叙事的方式恢复制作播出《神秘博士》之前，这种粉丝参与的叙事模式已经持续了将近三十年。同时，到目前还并没有出现一部完全以跨媒介形式为导向的媒体产品，现阶段都还在继续以某一种媒介为主要叙事途径，比如电影、电视节目或是书籍等。

然而，媒体融合的确在以下四个方面促进了跨媒介叙事的发展：

1. 带来了诸如优兔、脸书和Reddit的平台，促使内容更加便于分享。

2. 刺激媒体公司促进产品内容的跨平台流动，而不是简单地通过强化版权管理来限制其使用。

3. 鼓励媒体内容制造者去思考如何开发出更好的产品，拓展媒体系统各个组成部分之间的协作效应,并且通过细分不同用户实现"接触面积最大化"(Jenkins 2012: 948)。

4. 促进了社交网络的发展,使得人们能够发现同好、分享知识、讨论媒介特性,以及交换媒介内容。

在《延展型媒介》(Spreadable Media)一书中,亨利·詹金斯、山姆·福特(Sam Ford)以及乔舒亚·格林(Joshua Green)(2013)认为跨媒介叙事和参与性媒体文化相伴发生。必须指出的是,多数在公司推动下的跨媒体产品制作并不能真正奏效:游戏苍白地复制电影,电影蹩脚地再现游戏,广告搭着电视节目,如此种种已经再明白不过。但是,他们也明确指出,媒体制作者和消费者之间的新型关系正在浮现,因为在网络环境下,媒体内容用户在情感上的投入和他们的文本生产正变得越发清晰可见:

> 媒体内容从被分发到被流转,标志着更具参与特征的文化模式的发展。在这一模式下,公众不再被简单地看作是既有信息的消费者,而被认为是一群正在以从前意想不到的方式,塑造、分享、重构和重新合成媒体内容的人们。他们不是以一个个单独的个体从事着这一切,而是作为一个更大的社区和网络中的成员,令他们所传播的内容足以超越现实地域空间的约束(Jenkins, Ford & Green 2013: 2)。

新媒体 4.0

"专业余"群体、文化制造与日常创造力

从我们目前对社交媒体和 Web 2.0 技术平台的讨论来看,基于莱茵戈德（2008）的观点,我们可以发现三个相互关联着的趋势:

1. 在多对多的媒体传播时代下,内容制造者和消费者之间的层级关系呈现出扁平化的趋势;

2. 人们拥有新的参与机会,志趣相投的人们相互联系的能力不断得到加强;

3. 网络不断被放大,其中的"社交网络令人们行动间的协作更加广泛、迅速且成本更低"（Rheingold 2008: 25）。

这些发展也带来了问题,即它们是否赋予了人们更多机会去创造和传播他们的创造性成果,以及人们是否能够向更广泛的社区人群展示他们的创造性。劳伦斯·莱斯格（Lawrence Lessig）（2004）用了一个摄影的例子来说明新媒体技术是如何通过自身不同的形式来提升数字内容记录和分享。就某些方面而言,摄影从过去到今天一直存在着某种延续性。

莱斯格提出了他所谓的"柯达模式",即通过生产价格相对低廉且便于使用的照相机,从而使得拍照成为一种大众行为。但这一模式中存在着两个重要的局限。其一,相对那些有着高端器材、受过专业训练,并以其摄影作品来谋生的人来说,一个拿着标准相机进行业余拍摄的人该如何定位？其二,至少对于那些没机会让自己的摄影作品被展览或出版的人来说,他们的照片被传播出去的机会是有限的。相比之下,在莱斯格看来:

数字化的"记录和分享"一定程度上拓展了人类"记录和分享"

的这种行为，它们一直是我们文化中必不可少的部分。但是对于那些与世隔绝的小族群里的人们来说，从前可能只属于他们的文化却因为这些技术而拥有了新的机会。试想一下，过去，小镇里的一位长者只能给他的邻居们讲故事，而在今天，同样的故事则有机会传遍全球（Lessig 2004：184—5）。

莱斯格关于摄影的例子提醒人们关注一种模式上的转变。从前的柯达模式之下，尽管对所有人来说拍照变得容易了，但加工处理照片依然需要专业人士来完成，而让这些照片流传开来则更多取决于拍摄者能否有机会在面对面的环境下向人们展示这些照片（比如通过影集、幻灯、展览等方式）；而今天，这一切已经转变为 Flickr 或 Instagram 这类网站所带来的新模式。数码相机让水平各异的拍摄者们可以拍摄并上传他们的照片到自己的个人电脑。社交网站则让这些内容得到不同程度的扩散，而且它们还为每个人，而不只是专业人士，提供了诸如滤镜这样的应用插件。最终，拍照这件事渐渐从相机转移到了手机之上。

尽管 2007 年以来，全世界范围内的相机销量仍然维持在每年 1.2 亿到 1.3 亿部左右（Eriksen 2013），但今天，已经有超过 10 亿人，或者说占全世界 17% 的人口，都在使用着移动宽带（mobiThinking 2013）。伊斯曼柯达公司，这家在 1976 年还占有着全球 90% 胶片市场份额的公司，最终在 2012 年提出破产保护申请，并从此不再生产相机和摄影胶片，或许这是一个最为明确的标志，意味着柯达模式的最终完结。

吉恩·伯吉斯（Jean Burgess）（2006）将这一跨越专业和业余之间鸿沟的大众文化参与的扩张，与新媒体技术借由"民间创造性"（vanacular creativity）所形成的大众化参与潜能联系在一起。她将"民间创造力"这一概念定义为一种"具有启发性质的理想工具，用以描绘和说明在非精英化的具体社会环境和交流对话中诞生的那些创造性实践"（Burgess 2006：206）。"民间"的概念被用来"将'日常的'语言同制度性的，或是正式的表达样式区别开来"，"创造性"则被伯吉斯定义为"以新的方式重新整合可利用的文化资源（包括作为内容而存在的'有形'资源，以及作为风格流派和共有知识而存在的'无形'资源）的过程，通过这种方式，它们既能够因为那些为人熟知的元素而被识别，也可以通过重新整合这一创造性过程产生新的情绪性影响"（Burgess 2006：206）。伯吉斯对于"民间创造性"的定义是，"富于建设性地将消费者的知识与行动实践同过去传统的大众传播实践结合在了一起"（2006：207），这在一定程度上得益于阿顿（2002）和寇德瑞（Couldry）（2003）关于媒体民主化观点的启发，他们认识到"媒体生产与消费糅合在一起的形式挑战了传统劳动生产之间固有的分隔，而后者正是媒体权力的本质所在"（Couldry 2003：45）。

查尔斯·里德比特和保罗·米勒将这一发展变化称为"专业余者革命"（Pro-Am Revolution）。他们将专业余人群定义为一群"由网络连接在一起具有创新性的非职业人群，他们全情投入，并且以专业化标准展开工作"（2004：9）。他们的活动表现多种多样，如饶舌音乐和音乐取样、开发Linux开源程序软件、"终结贫穷"运动、用户对在线游戏《模拟人生》的各种修改，以及穆罕默德·尤努斯（Muhammad Yunus）所开创的小额信贷计划，这些例子都说明了"当专业余人群被网络连接在一起时，他们能够对政治、文化、经济和发展产生巨大的影响"（Leadbeater & Miller 2004：12）。里德比特和米勒看到，20世纪的：

> 外在特征之一在于大多数行业专业化分工的出现，从教育、科学和医药，到银行、商贸和体育，从前的那些非职业性的活动变得越发有组织性，相关知识和作业流程被系统地整理和规范起来。随着专业主义的扩张，学识认证通常由层级组织之下正规的系统来完成，而业余爱好者则逐渐被人低看一等。"业余"成为被嘲笑的对象，而专业主义则成为严肃性和高水准的标志（Leadbeater & Miller 2004：12）。

相较之下，他们看到了"业余专家"力量的崛起，这股力量也可以被理解为"一群业余的人们，他们以专业化标准从事工作，并创造出新型分散式的组织形态,这一组织形态具有创新性、适应性和低成本等特点"(Leadbeater & Miller 2004:12),当然,它的出现更是拜数字网络和新媒体技术所赐。里德比特和米勒(2004:23)强调,"专业余人群在业余时间里所从事的生产创造,是将消费当成了一种生产性活动,并且以专业标准来评判自己的业余付出",他们认为专业余人群和那些随性的爱好者以及经过资质认证的专业人士是有所区别的,并且用图 5.1 的形式将这些区别加以呈现。

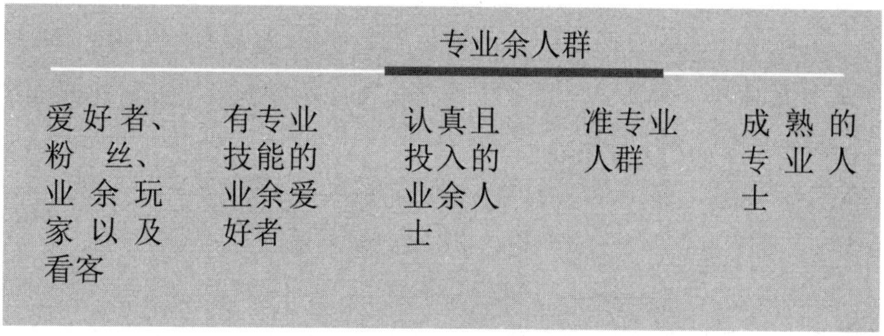

		专业余人群		
爱好者、粉丝、业余玩家以及看客	有专业技能的业余爱好者	认真且投入的业余人士	准专业人群	成熟的专业人士

图 5.1 专业余人群在广泛的参与社群中的分布

来源:Leadbeater & Miller 2004:23

大卫·冈特利特(David Gauntlett)在他的《制造即连接》(Making is Connecting)(2008)一书中同样对数字技术和文化形成的关系进行了探究。冈特利特将人们从"坐以待听"到"生产行动"的文化转换与互联网,尤其是 Web 2.0 的兴起联系在一起。他并不认为互联网引发了一次突然的创造力"雪崩",而是认为"网络已然令每个人都可以更加轻松地与他人分享自己的创造性成果,并且共同制造出富有趣味且信息量巨大的娱乐文化空间"(Gauntlett 2008:8)。

冈特利特对 DIY(Do It Yourself 的缩写)文化的兴起以及他所谓的"朋克 DIY"进行了探究,认为 DIY 的萌芽早在 19 世纪英国社会活动家约翰·拉斯金(John Ruskin)和威廉·莫里斯(William Morris)发起的工艺美术运动中便已经出现。他将这些概念同激进的教育学家提出的"陶然自得的工具"(tools of conviviality)联系在一起,并且写道:

陶然自得的快乐关乎的是充满活力地融入某种关系，是对于意义和价值的认知，关乎的是你所拥有的直接表达自我的能力，以及创造出属于自身世界的能力（Gauntlett 2008：167）。

像优兔这样的社交媒体平台，以及像博客写作（Rettberg 2008）和数字化叙事（Hartley & McWilliam 2009）这类的社会文化实践，成为一种人们可以在其中"自我创造出属于自身世界"的空间，同时，它还为人们提供了一个用互联网联在一起的同侪社区。伯吉斯和格林认为，优兔既不是一个单纯的传统媒体内容平台，也不是一个业余创作产品的杂合体——尽管这上面最热络的还是猫咪的滑稽视频。在他们看来，优兔是：

一些专业和半专业的、业余和专业余的参与者们所贡献出的大量视频集合，其中有些内容既难归入"传统"媒体内容的分类之中，也无法与一般意义上的"业余"创作内容形式相匹配（Burgess & Green 2009：55）。

所以，作为生产和传播跨类型视频节目内容的催化剂，优兔正在潜移默化地改变着我们对于"后广播"时代（Turner & Tay 2009）下视听内容的期待。

对于专业余人群和文化形成的讨论不可避免地让我们考虑创造力这一重要但却往往难以把握的概念。在第八章对于创意产业的讨论中，我还会将创造性作为一种理念和驱动力来展开详细论述。值得注意的是，冈特利特和伯吉斯等学者在运用这一概念时，或许并不如学术文献中普遍提及它的时候那么夸张。在这其中，最著名的论述之一是米哈里·齐克森米哈里（Mihaly Csikszentmihalyi）（1996）提出的创造力模型系统，他认为创造性来源于三种因素的相互作用：

1. 一个属于创造力的专门知识领域（domain），由独立的一整套符号法则和规律所构成（比如数学、音乐和认知科学有着各自不同的范畴，但人文学科、文化和生态系统则不被视为一个专门领域）。

2. 一个新思想能够被接受的社会界别（field），其中囊括了这一专门知识领域内的所有看门人，他们可能是艺术领域内的学者、批评家和艺术品管理者，商业领域内的经理人、投资人和风投资本，或是信息技术领域内的设计师、节目制作人和产品开发者。

3. 作为个体的人，当新事物被合理纳入相应知识领域中的时候，他能够利用既有知识领域内的符号获得新思想或发现事物新形态（Csikszentmihalyi 1996：28）。

在此基础上，齐克森米哈里将创造力定义为"任意一种可以改变现有知识领域，或是将其改造成一个新领域的活动、想法或是产品"，对于"有创造力的人"，他的定义则是"他们的想法或是行动能够改变或是建立一个新的知识领域"（Csikszentmihalyi 1996：28）。冈特利特强调，他的理论的不同之处不仅在于更加关注普通人的日常成就，而且在于他更看轻他人的评判，尤其是齐克森米哈里所指的社会界别里那些看门人的评判，他更加关注人们在多大程度上能够实现自我，并能够"去一个地方做你未曾做过的事"（Gauntlett 2008：17）。按照伊里奇的说法，这里关乎的是如何利用工具（此处指的是数字化手段）来"激发个体的创造性，促使人们塑造出属于自己的个性化生活"（Gauntlett 2008：169）。

案例分析：媒介研究2.0

"媒介研究2.0"的说法为传媒学者大卫·冈特利特（2009, 2011）和威廉·梅林（William Merrin）（2009）所使用，英国的传媒教育者们则对这一概念做了延伸性的探讨。冈特利特为媒介研究2.0界定了三个关键要素：

- 媒体产业、平台和内容的融合，以及互联网在各个层面上改造媒介的方式；
- 媒体生产者和受众之间界限的模糊，越来越多的人转变成为数字媒体内容的创造者、管理者，或是对内容进行重新编配和混合的人（Gauntlett 2009：149）；
- "相对于传统媒介研究所关注的专业性媒体而言，出现了对人们日常参与创造媒体内容可能性"的研究兴趣,这也包括了学者们对"这一现象负面影响的关注,即人们有意无意地成为互联网企业监视系统的一部分,并且这些数据往往为后者所利用"(Gauntlett 2009:149)。

梅林提出,媒介研究 1.0 是"广播时代的产物,反映的是这一时代下支配性的媒介形态和传播过程",而媒介研究 2.0 则是"唤起媒介研究领域内的每个部门都认识到数字媒体所带来的变化,并且拥抱这些变化"(Merrin 2009:27)。

将传统媒介研究与更有意义的媒介研究 2.0 进行比较,毫无意外地将招致批评。乔恩·达维(Jon Dovey)和马丁·李斯特(Martin Lister)(2009:130)反对构建一个比传统媒介研究更加均质化的"稻草人",或是想当然地认为更为传统的媒介研究方法对于新媒体而言毫无价值可言。安迪·鲁多克(Andy Ruddock)(2008)也认为传统媒介研究中的受众研究方法持续,或者说起码在一定程度上依然反映着人们自己获得媒体内容的个人体验,同时,他也同意冈特利特和梅林的观点,认为媒介研究中的受众研究方法存在问题,即被困在了"一个热衷于将大众从媒体统治的束缚中解放出来的智力游戏之中"(Ruddock 2008:4)。

关于媒介研究 2.0 的争论并不止于新媒体所带来的影响。比如,冈特利特在他的著作中一向反对他所谓的"冗长佶屈的'文本分析'"(Guantlett 2009:149),同时和詹金斯(2006a)一样,他认为最成功的媒体生产者能够意识到自己所生产的内容如何在媒体和文化研究话语中传播,这些观点往往会招来批评的声音。或许,这些争论所引发的关键问题在于媒介研究与媒介实践之间的关系之上。

媒介与传播领域的历史发展走在两条不同的道路之上。就电影生产、新闻和专业化的大众传播而言,通常强调的是以口传心授的方式让未来的从业者掌握入门技巧与技能,而媒介研究则更多在于拓展我们对于整体环境的认识,理解媒介生产和消费所赖以存在的产业、文化以及文本性框架。两者间无法相互给予和补充,而学习理论课程或实践课程的学生在很大程度上被分隔开来,这种分割性意识也因为媒介与文化研究中的批判性导向而被强化。受到来自社会学、文学与文化理论、精神分析学、政治经济学,以及马克思主义等学术领域内一些争论的影响,媒体从业者们往往会被那些学院派培养体系下的人们所质疑,这也让他们担心这些批判性视角会让学生们对进入传媒产业不再感兴趣。但是,即使在实践型课程中,也存在着这样一种观点,即学生们所制造的内容产品,比如作品展上的电影短片或者学生报纸上的文章等,只不过是为了进入媒体产业之前见习的一部分,因为人们并不期待在有问题的大学课程教育背景下能够完成具备专业水准的工作。

从以上这点来看,伴随着低成本数码制作工具变得触手可及,Web 2.0环境的发展所带来的结果之一便是,学生们可以在他们职业生涯相当早的时期就开始制作作品,并且向更大范围的社区进行传播,一如里德比特和米勒所提到的专业余制作人群那样展开实践。与此同时,我们可以预期的是,每个从事媒介研究的人也都将参与生产和创作,同时也在更广阔的社会环境下形成了对媒体的批判性认识:将自身单纯看作评论者的这种观点具有显而易见的局限性。

所以,就此而言,媒介素养已经不再是简单的解读能力和情境感知能力,还包括一系列数字化制作的能力,或者是约翰·哈特利(2009)所指的"数字素养",既需要创造的能力,也需要批判的能力。正如哈特利所说,因为"互联网并不会区分人们的媒介素养以及他们所发表的内容",同时也因为创造性的内容可以不经"制度性筛选"便得以传播,所以今天对于媒介的研究学习可以被想象成一张课程表,在这其中,"每个人都能够在拥有消费能力的同时有所贡献"(Hartley 2009:106—7)。

这些发展变化同教育学领域中对于复合型素养的要求一致,也符合我们对文本、声音、图片和视频这些媒介如何共同衍生出含义的认识,以及这些认识经过分析、批判之后对它们的应用和设计得以发展的过程(Kress 1997)。对于数字素养和媒介研究 2.0 的倡导者们来说,这一着眼于创意设计的新焦点,作为数字媒介素养的一个关键要素,还向人们指出了发展出学术培养新体系的重要性,而这一新的体系应该并且能够消除存在于学术知识和实践培养之间的矛盾(Hartley 2012:26)。

是数字对话,还是融合质疑?

在这一章中,一直讨论参与性媒体文化究竟是积极正面的还是消极负面的。有人对伴随融合社交媒体而出现的这些发展持欢迎态度,对他们而言,积极主动参与媒体生活的新时机已经出现了,与之相伴的还有参与、合作、分享,以及行动起来共同影响公共机构的新机遇。而批评者则质疑媒体的转变到底在多大程度上给予媒体用户以新的权力。他们一方面指出了 Web 2.0 环境下的一些负面问题,比如监控的可能性和人们难以掌控商业网络平台上自身的信息数据等;另一方面,他们还指出,Web 2.0 平台及服务被巨大的商业性机构所驱使,后者为了榨取用户价值不断寻找新的方式,比如在用户生成内容的媒体上用户们所付出的免费劳动(Terranova 2013)。换言之,尽管融合社交媒体以及更具参与性的媒体文化为我们标识出了杰里米·里夫金(Jeremy Rifkin)(2000)所谓的"文化资本主义"中的一次转型,也尽管在各种有关数字化的推论中我们看到的可能是一种资本主义新形式的出现(Ritzer & Jurgenson 2010:31),但它仍然只不过是一种数字化的文化资本主义,政治经济的重要手段也依然适用其中。

回到这一章中我们所讨论的那个问题,大众传播媒体到融合社交媒体的转变是否正在发生(如表 5.1 所示),寻找答案的重点在于,我们不能掉进"媒体新旧"讨论的陷阱之中。格雷姆·特纳(Graeme Turner)就新媒体与旧媒体之间二元对立关系作了如下归纳:

> 旧的媒体属于公司机构,带有以强欺弱的、剥削的、精英主义色彩,并且它是反民主的;而新媒体则属于草根民众,具有合作的、独立的、个性化定制的色彩,而且它是民主的,并能赋予大众权力(Turner 2010:128)。

正如特纳准确地发现到，这一二元对立的关系存在着一些问题。第一个问题在于新媒体的出现并不意味着传统媒体的消失。尽管在 21 世纪最初的几年里，像谷歌、脸书和 NetFlex 这样的公司要么还没出现，要么还在从事着各种不同的业务，但大多数从事传统媒体经营（报纸、广播、电视、电影、广告、音乐）的主流公司依然继续存在着，而且在整个媒介系统中扮演着重要角色，即便在多数情况下它们或许不再拥有从前一样的优势地位。

从英国广播公司（BBC）、日本放送协会（NHK）、澳大利亚广播公司（ABC）、德国之声（DW）以及全世界其他公共服务性广播（PSBs）转型成公共服务型媒介组织的过程中我们可以看到这样的例证（Flew 2011a；Brugger & Burns 2011；Cunningham 2013：89—118）。历史上，公共服务广播曾经是公共广播和电视节目的提供者，但今天它们需要跨越多种媒体平台，根据不同的媒体环境重新定制内容（比如作为广播节目在线上的补充性内容而存在的播客），并且不再将大众视为观众或听众，而是融入社交媒体环境下，与他们一起共同完成内容生产。尽管面临着诸多挑战，尤其是新想法和新项目往往缺乏财政上的新增投入与支持，但公共服务媒体也在这样一个充满变化的 21 世纪媒介生态中获得了新的机会，让大众再次回归传统媒体的使用，再次拥有公众权利。

第二个需要注意的是，有人全盘否定传统大众媒体中的经验，或是想当然地认为受众乐见大众媒体的消亡，我们对此也应当持有谨慎的态度。尽管影视作品传播的整体格局在互联网新机遇下已经有了极大的转变（Cunningham & Silver 2013），但那些特定的媒体形态和媒体事件，诸如电影《阿凡达》、重大体育赛事直播、重要的全球新闻事件、最为火爆的电视节目等，依然吸引着非常多的受众，而且这些受众也都同时利用推特等社交媒体在网上构建起社区，并在其中就这些内容彼此交流意见。就这一点而言，詹姆斯·凯里（James Carey）所谓"交流的仪式化功能"依然很重要，正是在这一功能之中，媒介"描绘出了一个充满戏剧性力量和行为的舞台，并且邀请人们带着自己在其中所感受到的假定性社会角色参与进来"（1992：21）。大众传播到大众自我传播的转变（Castells 2009），或者说，从为了获取信息和娱乐到为了自我表达，人们在媒介使用目的上的这一转变，显然已经被夸大了。

在约翰·哈特利的《媒体与文化研究的数字未来》（Digital Futures for Media and Cultural Studies）一书中，我们可以看到他有力地阐述了融合社交媒体和参与媒体文化兴起所带来的积极影响。基于过去三十多年在媒体和文化研究方面的大量成果（例如 Hartley 1996，1999，2003，2005，2009a；并参见 Fiske & Hartley 1978），哈特利认为媒介与文化研究的数字未来需要转变方式，由对传播的线性理解，转变为用对话的方式来看待传播，这一方式：

> 意味着话语角色的轮换、内容上的共同生产和特定情境化的使用，而'内容消费者'则在其中彻底消失。取而代之的是"意义的丰富性""社交网络"和"关系"作为过程中的关键要素浮现出来（Hartley 2012: 2）。

哈特利看到了数字媒介研究的其他要点还包括：

- 对于"受众"和"消费者"的类别划分在社交媒介环境下面临挑战。在这一环境下，每个人都有可能成为生产者，并且可以在"阅读"大众媒介内容的同时"发表"自己的内容（Hartley 2012: 3, 25）。
- 在学者、记者和政客等职业精英主导之下，作为商议讨论空间的公有领域开始让位于一个网络化的新空间，在这里，借助更大范围的各种社交途径形成并传播公众意志。
- 在政治、媒体、艺术、文学和知识生产领域中，专业人士的代表性逐渐让位于用户生产所发挥的作用。人们在专业性水准上的竞相宣示，看的不再是从前的职业身份、声望或地位，而是他们在哈特利所谓的"社交网络市场"中所获得的相互认可（Hartley 2012: 47—8）。

像亨利·詹金斯关于融合问题的观点一样，基于人类素养的数字化转向，哈特利对未来媒介与文化研究所提出的观点也遇到了来自文化研究自身的强大阻力。由詹姆斯·海伊（James Hay）和尼克·寇德瑞（Nick Couldry）主编的《文化研究》期刊的一本特辑中刊登了十篇文章，都对詹金斯所阐述的融合文化概念提出了质疑。在格雷姆·特纳近期的著述中我们可以看到他对于批评声音中一些主要方面的罗列和阐述（2010，2012）。对于他眼中对社交媒介影响过于乐观的分析，即他所谓的"数字乐观主义"（digital optimism），特纳提出了三个质疑：

- 对比人们阅读的内容量而言，社交媒体平台传播原创内容的程度常常被夸大；
- 在优兔这类社交媒体上，相当一部分的内容仍是传统媒体的内容，而且这些内容被观看的次数最多；伯吉斯和格林（2009：42—6）发现，尽管传统的媒体内容提供者占全部上传者的8%，但他们所上传的内容占比则高达40%，同时在浏览量最高的内容里有75%也都来自他们；
- 网络媒介发出了新的声音，但这正如那些人发表政论博客一样，它更倾向打造"一个新的意见贵族"（Turner 2010：139），而非吹响了民主之声的号角。

结　语

从大众媒体到融合社交媒体的转变，究竟是否让更大范围的人群参与其中，这一问题成为构建起21世纪媒体、传播和文化研究的核心所在。新的途径已然出现，凭借互联网的开放架构，以及更多观点与更大声量，更具参与性和社区形态的媒体得以崛起。Web 2.0技术在操作利用上的便利性促使专业余文化兴起，更大程度上实现了人们的在线自我表达和卡斯特尔所谓的大众自我传播，同时促进了文化制造和在线参与文化。

然而，参与媒介文化背后更大的机遇是否正让媒体的主流朝着更加民主的文化方向发展，这个问题还依然存在争论。融合社交媒体标志着整个媒体生态向着更具对话特征的传播形态的一个决定性转变，针对这一观点，支持和反对的人们各自提出的证据也逐一呈现。在接下来的章节中，我们将联系具体的产业、行业和部门，勾勒出这些变化和发展，现在要对参与性媒体文化更加广阔的社会影响做出评价还为时尚早。

在线资料

Confessions of an Aca-Fan <http://henryjenkins.org>——Blog of Henry Jenkins, with extensive commentaries and resources on all aspects of participatory media culture.

Theory.org.uk <www.theory.org.uk>——Website developed by David Gauntlett that has a range of media studies resources, as well as material on Web 2.0 and creativity.

06 游戏：技术、产业、文化

引 言

全球游戏产业规模庞大、持续发展，而且长期走在新媒体领域内诸多重要创新的最前沿。虽然对这一产业规模的测算各不相同，但2011年的全球游戏产业收益在740亿美元左右，这一数字在2015年将增长到1120亿（Banks & Cunningham 2014）。根据市场研究公司Newzoo最新发布的《2018全球游戏市场报告》，2018年全球的23亿玩家将在游戏上花费1379亿美元，同时2018年也将是移动游戏收入在全球游戏产业总收入中占比超过一半的第一个年头。游戏产业已经成为世界范围内传媒产业中增长最为迅速的一部分，其在美国的收益已经超过了电影和唱片工业的收益总和。

谈及游戏，我们一般指的是电脑游戏、视频游戏、在线游戏、互动游戏和娱乐软件。杰斯珀·尤尔（Jesper Juul）（2005：36）将游戏定义为具有以下六个方面的特征：

1. 规则：游戏需要基于规则之上；

2. 存在变数并可量化的结果：游戏的结果多变且能够被量化；

3. 游戏结果的价值判定：游戏可能出现的不同结果具有不同的价值，无论积极还是消极；

4. 玩家的精力投入：玩家投入的精力将影响结果，换言之，游戏对玩家而言具有挑战性；

5. 玩家对结果的依附：玩家在情绪上对游戏结果有所依附，获得积极结果他们将成为赢家并感到高兴，反之将成为输家并感到不悦；

6. 游戏结果的可议性：同一个游戏可能会给实际生活带来影响，也可能不会，比如，游戏的结果能够像赌资一样变现，或者玩家游戏的兴趣仅仅在于游戏本身。

在多种不同的平台上都提供游戏的接入和使用,我们将在下一节从历史发展的角度来加以讨论。游戏以及游戏平台的类型主要包括:

1. 街机游戏:在公共场所设置的投币游戏;

2. 单机电视游戏:在专门的主机控制设备上通过手柄装置操作的游戏,比如索尼的PlayStation,微软的Xbox以及任天堂(Nintendo)公司的Wii,通常主机控制设备需要连接到其他设备之上,一般多为电视,且具备联网功能;

3. 电脑游戏:在个人电脑上操作的游戏,游戏内容来自于电脑光盘或直接存储于互联网上;

4. 掌上游戏:通过专门的移动手持设备操作的游戏,比如任天堂公司生产的DS掌上游戏机;

5. 手机游戏:在智能手机和平板电脑等常规移动设备上操作的游戏,这类游戏通常无须通过游戏经销商专门购买,而是直接从iTunes或是谷歌Play等应用商店下载;

6. 社交媒体平台游戏:有时也被称为"社交游戏",包括像Zynga公司通过脸书、谷歌+和腾讯等平台推出的开心农场(Farmville)、德州扑克(Texas Hold'em Poker)以及厨师城市(Chefville)等。

这些游戏与新媒体发展之间的关系实际上已经超越了它们在经济层面上所扮演的角色。游戏化(Gamification)的概念已经被用来描述在教育、公司培训和金融管理这类非游戏情境下对游戏机制和游戏开发技术的使用行为(Escribano 2012)。史蒂芬·克莱恩(Stephen Kline)、尼克·戴尔—韦泽福特(Nick Dyer-Witheford)和格雷格·本特(Greig de Peuter)将互动式游戏描述成"兼具后福特主义、后现代性和促销色彩的资本主义'理想商品'——一种汇集了一个时期内最重要的一系列生产技术、市场策略和文化实践的产品"(2003:24)。《经济学人》(The Economist)(2005)杂志也就这一话题,从另一个角度加以看待:

游戏作为教育工具被广泛使用，不仅用于培养飞行员、士兵和外科医生方面，还被用于学校教育和商业领域。学会玩几种游戏之后，一个人便基本弄明白如何去操作几乎任意一种高科技设备。游戏要求玩家们先建立起假设，然后解决问题、想出策略，并且从实验和错误中学习掌握游戏世界里的规则。游戏玩家必须要能够同时执行多个任务，评估风险并且快速做出决定。因此，就像一些具有前瞻性思维的公司开始意识到的那样，玩游戏是21世纪人们入职准备的一种理想形式。

就其自身特征而言，游戏产业的直接衍生品服务于计算机处理、宽带服务需求、移动通信以及数字化内容等多个领域内的技术创新和客户需求，而其间接衍生品和相关技术则转移到了多个行业部门之中，包括房地产、旅游、军事训练、卫生保健、智力测验以及公司培训等领域（Crandall & Sidak 2006）。班克斯（Banks）和康宁汉姆（Cunningham）认为，"相对于电影、电视和出版业更加宏伟的技术发展史而言"，游戏产业"有着更加快速的创新周期，这正是其自身特征"（Banks & Cunningham 2014：416）。技术的不断创新、企业活跃的市场营销和品牌实践，以及游戏中沉浸与互动体验的强度结合在一起，将游戏产业推到了新的媒体创新，以及有关数字化内容、性别认同、童年经历、知识产权制度的文化适应性争论的最前沿。

不仅如此，游戏与游戏文化已经兴起，游戏产品占据了移动应用市场中的核心位置，大型多人在线游戏（MMOGs）也在不断发展。在这里玩家逐渐成为游戏内容的创造者，并且不断将自身融入线上虚拟社区，用户逐渐成为他们自己媒体的创造者，而不再是单纯的消费者，这一切都使得一系列有关参与媒体文化和用户主导型创新的争论变得更加引人注目。来自克莱恩、戴尔—韦泽福特和本特（2003，2009）、麦克斯韦尔（Maxwell）和米勒（Miller）（2012）、泰拉诺瓦（Terranova）（2013）等人的批判性观点则指出了游戏产业内在的矛盾与冲突，这些问题包括在有版权归属的线上游戏中用户生成内容的归属权和控制权的争论，从事游戏生产的人们糟糕的工作条件与精力枯竭，以及伴随游戏设备不断升级随处可见的资源浪费给生态环境造成的影响。同时，对于游戏和游戏文化所造成的广泛影响也存在着争议,包括社会中普遍的暴力行为是否与游戏中的暴力有关等问题。在这一章的稍后部分,我们还将就相关政策的意义展开更多的讨论。

游戏的历史

早期电脑游戏的开发具有来自军方、业界和学术界的共同背景,也正是在这一背景下互联网得以出现。早期游戏的开发者中包括了参与美国核计划的麻省理工学院计算机科学实验室的研究者,他们在业余时间开发出了由手柄操控的游戏,比如《星际飞行》(Spacewar)(1962)和《双人网球》(Tennis for Two)[①]。这些早期游戏成为20世纪70年代在市场上大获成功的一系列游戏的原型,其中就包括雅达利公司(Atari)在1972年推出的游戏《乒乓》(Pong),以及美德威(Midway)公司在1978年推出的游戏《太空入侵者》(Space Invaders)。包括后来的《摩纳哥赛车》(Monaco GP)和《吃豆人》(Pac-Man)在内的游戏都是在公共场所的投币游戏机上玩的街机游戏,尽管其中有一些也可以接在电视机上通过游戏手柄来使用操作。这一时期被看作街机游戏的黄金时代。1982年,全世界范围内的电子游戏销售额约为30亿美元,而街机游戏所带来的毛利润则达到了80亿美元。相比之下,同时期流行音乐在全球范围内的销售额仅为40亿美元(Kline, Dyer-Witherford & de Peuter 2003:103—4)。

游戏产业在20世纪80年代中期是一次严重的萧条期,导致这一情况的一部分原因在于劣质游戏的大量出现,当时的产业巨擘雅达利公司也为其母公司时代华纳造成了严重的亏损。同时,电子游戏开始朝着家庭娱乐方向转型,其标志性事件是任天堂公司于1985年推出的"红白机"(Nintendo Entertainment

---

[①] 该游戏最早出现于1958年,但后来由拉尔夫·贝尔(Ralph Bere)于1968年申请了专利。

System, NES）及其游戏《超级马里奥兄弟》（Super Mario Bros.）大获成功，截至1990年创下了5000亿美元销售总额。他们汲取了雅达利公司的经验教训，认识到游戏产品成功的关键不仅在于数量，更在于游戏的品质，大大提升了游戏的节奏、视觉效果、音效和动感作，并以此为标准从而极大增强了游戏体验。任天堂构建起了一种深谋远虑的市场文化，他们通过向游戏玩家提供信息和支持来培育游戏亚文化，并且以此作为基础来获取玩家对于游戏的反馈。同时，以马里奥为蓝本，这款游戏还向其他媒介输出了一系列周边产品，包括与游戏同名并大获成功的儿童电视动画片、一部反响略逊一筹的好莱坞电影，以及大量的T恤衫、漫画、皮肤贴纸、饭盒等周边产品。

20世纪90年代以世嘉公司进军游戏领域为标志，他们推出了十六位游戏机世嘉五代[①]，利用其超级微型计算能力生成更为精细的动画人物角色、更好看的背景、更快的速度以及更好的音效。在经济学家卡尔·夏皮罗（Carl Shapiro）和哈尔·瓦里安（Hal Varian）（1999：196）看来，世嘉公司的理念是如果要开发出新的市场，"你的表现需要比现有技术'好十倍'"，唯此才能打消现有用户在替换设备成本上的顾虑。《刺猬索尼克》（Sonic the Hedgehog）是世嘉公司在1991年推出的一款旗舰游戏产品。世嘉公司还开发出了像《街霸》（Street Fighter）和《真人快打》（Mortal Kombat）等更具冒险性内容的游戏产品，主打青少年市场，不过在当时由于存在过度暴力色彩而招致批评（Kline, Dyer-Witherford & de Peuter 2003：132—5）。尽管世嘉公司进入游戏市场，尤其在欧洲市场来势汹汹，任天堂公司也开发出了一款小巧便携的掌上游戏机Gameboy作为应对，相对其他类型游戏机而言，它从根本上改变了一代用户对于大拇指的使用（这也为手机的运用打下了基础）。

1994年，生产商们在控制主机上的竞争态势又一次发生了转变。借助品牌广泛的知名度，以及游戏存储设备从软盘升级为制造和流通成本更低的光盘，传媒产业的巨型集团索尼公司的游戏机PlayStation投放市场。伴随着《德军总部：黑曜阴谋》（Wolfenstein）（1991）、《神秘岛》（Myst）（1993）、《毁

---

① Sega Genesis，又称世嘉MD，在不同国家，市场名称有所不同——译者注。

灭战士》（Doom）（1994）和《雷神之锤》（Quake）（1995）等游戏的开发，沉睡已久的电脑游戏也在这一时期崛起。相对一般游戏而言，这些游戏在很大程度上更具倾向于成年玩家，更为重要的是，在互联网环境下，这些游戏还带来了玩家生成内容的出现机会。《毁灭战士》的开发者 id Software 公司在线开放了他们的源代码，促使游戏玩家帮助他们提升游戏水平，并对游戏本身进行修改和扩展。

到 21 世纪初，在后福特主义的商业范式下，基于主机操作的游戏产业被分割成了三部分：大量游戏制造商、一小部分游戏发行商或出版商，以及数量更少的游戏硬件生产商。游戏硬件产业被索尼公司所统治，他们在 1999 年发布了 PlayStation 2，而微软公司也在 2001 年底高调推出了 Xbox 游戏机。对于索尼和微软这样的企业而言，在当时日益浮现的宽带互联网环境下，他们需要在未来用户的各种信息使用和娱乐活动的关键位置上，努力打造自己的媒介内容平台，而参与游戏产业的发展则成为这一努力方向上最为重要的任务之一。

在游戏发行，或者说游戏出版领域内，一些重要的参与者包括有 Acclaim 娱乐公司（Acclaim Entertainment）、雅达利（Atari）、卡普空（Capcom）、Eidos、艺电公司（Electronic Arts，EA）、卢卡斯艺术公司（Lucas Arts）、美德威（Midway）、南梦宫（Namco）和 Take-Two Interactive 等公司。同时，索尼、世嘉、任天堂和微软也是非常重要的游戏发行商和平台发行商。游戏的开发环境由一堆令人眼花缭乱且不断变化着的数字软件开发商所组成，他们和游戏出版商之间存在着一系列分包、授权和付费服务的关系。在所有成功的游戏中，有 80%—95% 的产品都无法实现盈亏平衡，实际上它们依赖着的是其余 5%—20% 的产品的转移补贴。作为一个存在着与生俱来风险的产业，游戏行业呈现出创意产业典型的风险特征，即失败的风险要远远大于成功的可能（Cutler & Company 2002；Dymek 2012）。尽管如此，游戏发行商们还是要发掘出许多游戏产品，确保各种不同的产品创意组合能够出现在市场上，或是进入开发阶段。游戏开发者们需要学会适应长期缺乏安全感和高昂的前期成本投入，同时还需要懂得在市场上同游戏出版商和发行商打交道的诀窍。

网络游戏，或者说大型多人在线游戏（MMOG）的发展统治了 20 世纪最初十年的游戏行业。《网络创世纪》(Ultima Online)于1997年10月被推出，而到了2001年初这款游戏则拥有了大约25万的玩家用户，而它的成功继而被另一款游戏所超越。1999年7月，索尼在线娱乐旗下的Verant Interactive推出的角色扮演类的在线游戏《无尽的任务》(Ever Quest)来袭。在游戏《无尽的任务》中，或者说在卡斯特罗诺瓦（Castronova）（2005）所说的"大规模人口密集型的永恒世界"（massively populated persistent world，MPPW）中，玩家使用自己在诺瑞斯（Norrath）这个奇幻世界里的化身（线上角色）从事一系列活动，比如交易、探险、生产以及加入战斗等。在这之后，《亚瑟王的暗黑时代》（Dark Age of Camelot）、《模拟人生网络版》（The Sims Online）以及《星球大战：星系》（Star Wars：Galaxies）等游戏的出现又进一步刺激了大型多人在线游戏（MMOG）的发展。在亚洲，截至2002年，《天堂》（Lineage）吸引了超过400万的玩家用户，仅在韩国的游戏网吧里，就约有170万的活跃玩家。除此之外，还有高达170万从事电子竞技的选手，尤其像《星际争霸》（Star Craft）这类游戏的玩家（Herz 2002；Jin 2010）。然而，对于MMOG市场的实际影响还来自暴雪公司（Blizzard）2004年出品的游戏《魔兽世界》（World of Craft），仅到2007年1月就在全世界范围内拥有了800万的游戏用户。这款游戏在拥有超过200万美国用户的同时，还成功地打入亚洲市场，拥有了超过350万的中国用户。

　　游戏主机开始转而从网络环境下来发掘利润。无论是微软公司的Xbox Live，还是索尼公司的PlayStation 3，都加载了网络连接和联网游戏的功能。同时，语音聊天功能也在游戏产品中出现，这意味着不同地方的玩家可以直接对话，而无须再通过敲击键盘来交流。后来，索尼公司的PSP（PlayStation Portable）和任天堂公司的Wii又让玩家们摆脱键盘向前迈进了一步。Wii引入了游戏控制器，这一设备将运动传感器融入其中，并且将玩家的动作与屏幕里的动作合二为一，而这款机器本身的目标人群则是那些新的游戏玩家。这款主机上的游戏具有更强的参与性和家庭性，但在核心玩家人群中却没有那么流行。

　　近些年来，手机游戏逐渐扮演起了越发重要的角色。从Apple iTunes和谷歌 Play 这些应用商店下载，或是从脸书这样的社交媒体平台上接入使用，手机游戏不仅不断扩大着在游戏产业里的份额，更是让游戏文化向着所谓的"随手玩"的方向转变，而这些游戏无须长时间连续投入，更无须专门的技能。通常情况下，手机游戏的制作和发行成本都远低于传统的视频游戏，这也改变并分化了游戏产业。2010年，在全世界最大的应用平台苹果的 iOS 系统上，用户所使用的付费应用中有超过50%是游戏应用（Dilger 2011）。

表 6.1 显示的是在每一个主流游戏平台上最火的五款游戏。有些游戏有着不同版本，比如《超级马里奥兄弟》、《使命召唤》（Call for Duty）以及《侠盗猎车手》（Grand Theft Auto），则将其作为同一款游戏被统计。

表 6.1 不同游戏平台上最受欢迎的游戏，2013

游戏平台	第1名	第2名	第3名	第4名	第5名	自2013年1月起累计游戏销量
微软 Xbox / Xbox 360	《使命召唤》	《光环》	《我的世界》	《战争机器》	《麦登橄榄球》	数据不可用
任天堂 Entertainment System	《超级马里奥兄弟》	《塞尔达传说》	《街头霸王》	《勇者斗恶龙》	《忍者神龟》	880 百万
任天堂 Wii	《Wii Sports》	《马里奥赛车 Wii》	《Wii Fit》	《Wii Play》	《舞力全开》	870 百万
任天堂 DS / 3DS	《超级马里奥兄弟》	《任天狗》	《马里奥赛车 DS》	《大人的 DS 脑力锻炼》	《精灵宝可梦》	10.2 亿
索尼 Playstation / PS2 / PS3	《GT 赛车》	《侠盗猎车手》	《合金装备》	《最终幻想》	《古墓丽影》	18 亿
PC 端游戏	《模拟人生》	《暗黑破坏神》	《半条命》	《战地》	《星际争霸》	数据未知
手机游戏	《俄罗斯方块》	《吃豆人》	《愤怒的小鸟》	《水果忍者》	《刺猬索尼克》	数据未知

资料来源：维基百科 2013a

需要注意到的还有游戏平台和游戏类型之间存在的关系。第一人称射击游戏（FPS）更多出现在微软的 Xbox 和索尼的 PlayStation 平台上，针对年轻游戏玩家开发的游戏则更多投放于任天堂的平台，而模拟类和角色扮演类游戏的开发则主要针对个人电脑的操作平台。表 6.2 列出了不同游戏类型和游戏平台之间的关联组合。

表 6.2 受欢迎游戏的类型与平台

游戏名称	游戏类型	游戏平台
《使命召唤》	第一人称射击	微软 Xbox
《超级马里奥兄弟》	竞速游戏	任天堂
《GT 赛车》	模拟游戏（简单）	索尼 PlayStation
《侠盗猎车手》	动作冒险	索尼 PlayStation
《模拟人生》	模拟游戏（复杂）	PC 端
《光环》	第一人称射击	微软 Xbox
《暗黑破坏神》	动作角色扮演	PC 端
《塞尔达传说》	动作冒险	任天堂
《我的世界》	动作角色扮演	微软 Xbox
《街头霸王》	格斗	任天堂

资料来源：维基百科 2013a

游戏产业

基于历史性的回顾，我们可以看到视频游戏产业已经成为一个成熟产业。正如奥唐纳（O'Donnell）（2012：99）所认为的那样，在美国和日本这些国家，游戏产业的发展已经"进入了中年期"。纵观其发展过程，这个产业形成了丰富的层次结构，游戏的开发、发行、平台和用户都在这一互相关联且不断变化的体系架构中找到了自己的位置。各种游戏平台此消彼长：在20世纪70年代地位不可撼动的街机游戏到了80年代快速衰落，基于个人电脑的PC游戏在一定程度上对于主机游戏模式构成挑战，而对于未来的掌上游戏机，甚至可能还包括不久之后的游戏主机，手机游戏都将对它们构成威胁。大多数的游戏产品无法赢利，它们依靠那10%—20%成功赢利的产品来获得资金支持。

这就使得游戏开发过程中出现了创新与守旧之间的矛盾。尽管开发出多种形式的游戏会吸引不同的人群，但这个行业却存在着一个悖论：在面对不确定的需求时，最好还是集中精力在那些"发烧玩家的游戏类型"上，比如动作类、体育类、赛车类、第一人称射击类和角色扮演类等，因为这些类型的游戏能够吸引那些"被投资者看重且有利可图的目标受众用户"（Dymek 2012：43）。

在商业经济中，人们常常从价值链的角度来讨论一个产业的结构（Porter 1985）。在传统的游戏产业中，其价值链上存在五个重要的角色：

- 游戏开发商
- 游戏出版商
- 游戏发行商
- 游戏零售商
- 游戏用户

游戏开发商在游戏产业中从事内容创作，包括设计、原型制作、试产、生产以及游戏测试等工作。游戏开发的工作既可以由独立的第三方开发商来承担，也可以由出版公司内部的制作团队来完成。需要注意的是，游戏主机生产商也会开发他们自己的游戏，比如2009年，全球最大的游戏开发商任天堂公司（De Prato, Lindmark & Simon 2012：226）。其他一些重要的国际游戏开发商还包括：开发了《魔兽争霸》《暗黑破坏神》和《星际争霸》的暴雪公司，开发了《使命召唤》和《吉他英雄》（Guitar Hero）的动视公司（Activision），开发了《刺客信条》（Assassin's Creed）和《舞力全开》（Just Dance）的育碧软件公司（Unisoft），开发了《侠盗猎车手》和《英雄本色》（Max Payne）的Rockstar Games，开发了

《FIFA 足球系列游戏》《麦登橄榄球》（Madden NFL）、《哈利波特》（Harry Potter）和《模拟人生》的艺电公司（EA），开发了《合金装备》（Metal Gear）的科乐美（Konami）公司，以及开发了《半条命》（Half-life）、《反恐精英》（Counter-Strike）和《求生之路》（Life 4 Dead）的维尔福公司（Valve）。

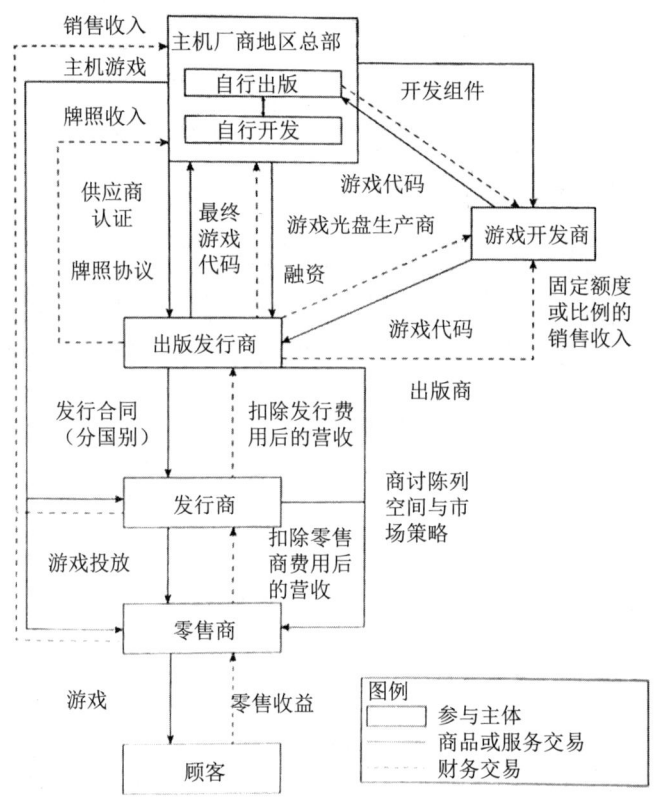

图 6.1 视频游戏产业供应链

来源：De Prato et al. 2010: 46

游戏出版商负责挖掘开发游戏主题，提供开发资金成本，拥有新游戏的知识产权并向用户提供版权许可，以及向发行商、零售商和终端用户推销游戏产品。最大的出版商皆为跨国公司，且通常他们都为多个平台制作和生产游戏产品。游戏开发和游戏出版两个领域有所重叠。2010 年全球最大的游戏出版商主要有任天堂、艺电公司（EA）、合并后的动视暴雪和《侠盗猎车手》和《生化奇兵》（BiOShock）的出版商 Take-Two Interactive，以及索尼娱乐和微软公司（De Prato, Lindmark & Simon 2012：228）。一些大型游戏出版商，比如艺电公司（EA）既是游戏发行商，也是游戏零售商，但大多数游戏还是通过沃尔玛和家乐福这样的百货超市和电商进行销售。值得注意的是，比起其他的数字创意产业部门而言，传统游戏产业中数字发行的发展速度已经有所放慢（Dymek 2012：48）。

最后的一个角色是游戏用户，但定义着游戏产业的重要一点在于，制造者与消费者的关系长期以来一直处于频繁交替循环之中。索耶（Sawyer）（2002）发现，自从 20 世纪 90 年代中期以来，线上用户社区对于游戏内容的修改已经成为电脑游戏的一大特征，现有的游戏在经过核心用户的修改之后成为全新的游戏。比如《反恐精英》便是最早来源于玩家用户对早前电脑游戏《半条命》的修改，它同时也是一个在其他游戏特征基础上彻底改造，或者说全新创造出新游戏的例子。因为这通常都会侵犯到原作开发者的版权，所以这种情况并不常见。相比之下，更常见的是人们熟知的局部修改，或游戏玩家自己加载进去的新的物件、武器、角色、敌人、模型、操作方式、画面图案的纹理质地、玩家水平、故事线索以及游戏模式等。一些流行的游戏，比如《魔兽世界》、《星球大战》、《毁灭战士》系列、《命令与征服》（Command & Conquer），以及《战地 1942》（Battlefield 1942），都鼓励和支持用户对游戏的修改，并且还有一些非常活跃的在线用户社区也都协助提供用来修改游戏的工具和软件。

正如米克拉伊·迪梅克（Mikolaj Dymek）（2012）、朱迪塔·普拉托（Guiditta De Prato）、斯文·林德马克（Sven Lindmark）和让保罗·西蒙（Jean-Paul Simon）（2012）所认为的那样，对于游戏产业的价值链分析低估了那些游戏主机厂商（索尼、微软、任天堂）对于游戏发展进程的影响。游戏售卖的是玩家的游戏体验，产业利润通常来自软件（即游戏本身），所以主机一般会以最低的成本价格进行销售，并且常常亏本。主流的主机厂商利用介于游戏软件和硬件之间所谓的"中间件"（Middleware）的重要性来影响游戏的开发。中间件与游戏引擎的发展有关，包括可以在不同游戏中被重复利用的物理引擎、3D 引擎 RenderWare，以及其他帮助游戏软件开发的软件工具。这些中间件工具降

🔑 新媒体 4.0

低了开发者在每款游戏上所需耗费的编程时间,也代表着游戏产业内的一部分标准化的趋势。而在中间件的开发过程中,关键问题在于它们同主流游戏平台的兼容性。普遍而言,游戏主机对于发烧玩家的吸引推动着主机的销售,同时,发烧玩家也驾驭着对下一代游戏的样貌和主要玩家人群特征的期待。

案例分析:游戏产业与劳动剥削

对游戏产业持批评态度的人们提出了这一产业中普遍存在的严重的劳动剥削问题。其中既包括对雇佣工人的劳动剥削,也包括对游戏玩家在日常使用中付出无偿劳动的剥削。

围绕游戏产业中的生产性劳动,著名博客"EA Spouse"在 2004 年发表的文章中提醒人们留意电艺公司(EA)的做法,他们在新游戏发布前的一段时间里,会利用"关键时刻"(crunch time)这一概念促使员工每周工作 80 小时以上(de Peuter & Dyer-Witheford 2009:59—64;参见 Miller 2008)。这也进而带来了一系列问题,比如睡眠不足、生产力低下、员工流动性高、游戏产品的漏洞与缺陷、雇员倦怠,以及对他们和其配偶与家庭所造成的负面影响等。在游戏艺术设计师和程序员们所提起的集体诉讼中,电艺公司被控未给予员工加班及其他利益的相应报偿,并最终支付了 3000 万美元。

游戏产业中依靠"关键时刻"来剥削压榨员工劳动的情况引发了大量的批评,批评指出只有更加人性化的工作环境才能为这一产业留住优秀的创造性人才。同时,游戏公司之所以能够以这种方式剥削员工,一方面是因为从事游戏产业的多数人认为自己所从事的并非传统意义上的工作,另一方面是因为最初吸引他们参与进来的行业特征所在,即带着游戏文化中年轻的桀骜不驯,向着共同的目标,为了更具创造性而做出改变(de Peuter & Dyer-Witheford 2009:55—8)。

游戏产业中值得注意的工作现象是男性在其中居于统治地位,以及这一缺乏多样性方面。奥唐纳(2010:109—10)发现,在美国从事游戏产业的人群中,白人男性的比例占到 85%,全行业的平均年龄为 31 岁,而在这一行业中的工作时长平均为五年。女性在这一行业中数量比例不足的原因众所周知,那就是女性排斥在"关键时刻"机制之下工作,以及大众印象中游戏文化本身所具有的男性色彩。一直以来并没有人尝试对这一人口比例结构做出调整和改变。

关于游戏的批判性文献还指出，这一产业中的另一种剥削还体现在对免费劳动的依赖。在一篇极具影响力的分析文章中，蒂奇亚纳·泰拉诺瓦（Tiziana Terranova）指出，免费劳动"同时具有自愿付出、无偿的、享受的，以及被剥削利用"等特点，认为文化与技术劳动力凭借着无偿的在线生产，并且"通过网络社会整体流动中内在价值的持续生产，赋予了互联网全新的活力"（Terranova 2013：34）。基于来自迈克尔·哈特（Michael Hardt）与安东尼奥·内格里（Antonio Negri）（2000，2004）、拉扎雷托（Lazzarato）（2009）以及其他学者的自治主义马克思主义（autonomist Marxist）的批判，这种无偿工作被看作非物质性劳动形式的典型案例，它维系着一种新形式的认知资本主义，"一种主要以知识作为对象的积累方式，它成为价值的基本来源，从而产生价值和增值过程"（Moulier Boutang 2011：57）。

格雷格·本特和尼克·戴尔—韦泽福特（2009：23）将"玩家劳动"（Playbor[①]）描述为"将玩家自身作为非物质性劳动力来加以调动"，并且指出了这一情形在游戏产业中的四种方式：

1. 新游戏的"微开发"（microdevelopment），在某些情况下，它会带来新的成功商业模式，比如艾迪公司开发出的《毁灭战士》和《雷神之锤》以及 Cyan 公司开发的《神秘岛》，许多成功的车库发明家随即都将他们的游戏以授权方式卖给了主流的游戏出版商。
2. 修补或修改程序代码而创造出了新的游戏角色、武器、场景等都能够在整个互联网上共享，并且形成一个"志愿制造人才库"（de Peuter & Dyer-Witheford 2009：25），他们会出于各种目的与开发者一起合作，或是为了谋求一份工作，或是为了赢取一份奖金。
3. 游戏玩家在角色扮演类的大型多人线上游戏（MMORPG）中承担了工作，比如在游戏《无尽的任务》中玩家参与共同生成游戏内容。正如

---

① 英文单词"play"（玩）与"labor"（劳动）的合成词——译者注。

汉弗莱斯（Humphreys）（2009）所认为的那样，这类游戏的活力是以玩家在游戏环境中情感性劳动作为前提条件的，但是想判定到底谁拥有这些内容，则在所有用户都必须同意的最终用户许可协议（End User License Agreements，EULAs）面前碰到了问题，因为这一协议将归属权指定给了游戏制造者。

4. 引擎电影（Machinima[①]），或是根据游戏中的内容制作而成的短电影，比如影片《Red versus Blue》（红与蓝）就是在为微软公司 Xbox 开发的游戏《光晕》（Halo）中生成的（Hjorth 2011: 38—9）。

然而，游戏环境下的无偿贡献是否就等同于剥削压榨呢？至少在我们这里所描述的一些情形之中，贡献者们最后还是因为他们对游戏最初的自愿贡献而在经济上有所收益。

然而从詹森·波茨（Jason Potts）所谓的"信号行为"（signalling behaviour）角度而言，还存在着另外一种看法。对于以上的某些情况而言，人们多出于自愿，积极主动地融入各种线上环境之中是为了获得一些技能，在人群中获得声望，并树立起自身形象，这种行为上就好比大学生在攻读学位期间会选择在各种非营利性组织中从事志愿工作一样（Quiggin & Potts 2009）。约翰·班克斯（John Banks）和马克·迪耶兹（Mark Deuze）（2009）则对于将有偿雇佣条件下形成的政治经济学传统范畴简单套用在共同创造型的劳动之上有所顾虑。比如，他们认为，免费劳动是否取代了有偿工作还并不确定，而且可以明显看到，个人选择参与线上环境的动机是多种多样的。他们并没有将共同创造型的劳动简单地看作以参与的形式伪装起来的资本主义剥削，而是认为：

职业媒体人和具有创造性的公民消费者们各自拥有不同形式的专

[①] 英文单词"Mechanical"（机械）和"Cinema"（电影）的合成词，指游戏自身引擎帮助实时生成的动画视频短片——译者注。

业知识，而媒体生产的成功与否将越发依赖这两部分人群各自技能的有效结合与协作，而非彼此取代。这就要求媒体公司在共同创造型的互利关系环境之下，能够认识并且尊重媒体消费者们的专业知识及其贡献，而不是把这当成一个在参与型的消费者和职业型的创造者之间有你没我的零和游戏。

游戏文化

无论是共同创造，还是劳动剥削，之所以很难对玩家在游戏中的投入做出明确的评价，是因为它与媒体在文化层面上的关联形式是与众不同的。用户的互动性、对虚拟环境的沉浸，以及玩家能够在游戏中直接叙事并生成内容和含义，这些特性都既不同于广播这样的传统媒体，也不同于我们通常对于互联网偏向工具性的使用。

在早期游戏研究中，大量争论围绕着到底应该如何以区别于传统电影、媒体或文化研究的方式来分析游戏。一些研究提醒人们关注游戏中独特的故事讲述方式，以及如何随着时间推移而发展成更宏大的复杂叙事。从事这些研究的学者们（比如 Murray 1997；Bolter & Grusin 2000）后来作为叙事学家为人们所熟知。他们认为叙事是将游戏组织起来的关键性原则，而且游戏在叙事上的复杂性足以令其与电影和文学等其他媒体一样接受评判。相比之下，阿尔塞斯（Aarseth）（2001）和尤尔（Juul）（2005）等一些游戏学家们则认为玩家与游戏之间的关系从根本上有别于观众或读者与其他媒体之间的关系。游戏的目标驱动属性意味着玩家对文本的情感性关联并非像传统叙事那样来源于人们同角色和事件之间有距离感的连接，因为游戏玩家自身就是行动的主角，他们浸泡其中，并且主动影响并构建着游戏环境。因此，这种关联得以出现的原因就是玩家本身成为表演者,而游戏在配合其表现的同时,也对他的表现做出评价。所以,这些游戏学家们认为有必要将游戏理论(play theory)的诸多要素吸收进游戏研究中来(Hjorth 2011:24—30)。

游戏文化的利益,部分来源于玩家在游戏上花费的时间、投入的精力与社会生活其他方面的关联程度。例如爱德华·卡斯特罗诺瓦(Edward Castronova)(2005)就对角色扮演类的大型多人线上游戏《无尽的任务》中这类虚拟世界里的经济价值进行了研究,他发现游戏中玩家之间的交易人均值相当于罗马尼亚与保加利亚两国间的人均经济来往水平。人们如何玩不同类型的游戏,以及不同地方的人们如何玩游戏,这两者之间也存在着重要的文化差异。比如在韩国和日本,电脑游戏长期占据统治性地位,他们有着在一起玩游戏的浓烈文化氛围,他们会在线上一起互动,也会聚集在网吧里集体游戏(Jin 2010;Hjorth 2011)。而在美国,相比之下居于统治地位的则是在家中使用的主机游戏(O'Donnell 2012)。这也带来了一个问题,游戏玩家们是否形成了独特的亚文化,或者说,游戏是否正在成为一种大众媒体并成为主流文化的一部分?

产业组织机构也投入了大量的资源来了解游戏玩家以及他们所玩的游戏(Entertainment Software Association 2012;Brand 2012)。这些研究背后的动机是着手解决人们对游戏玩家的刻板印象——书呆子一样的年轻人整日沉浸在虚幻且多为暴力的世界之中,对更广阔的世界漠不关心。2012年,娱乐软件协会(ESA)对美国游戏玩家进行了研究之后获得了如下发现:

- 平均而言,玩家年龄为30岁,具有12年的玩家历史。其中68%的游戏玩家的年龄在18岁以上。
- 玩家中的47%为女性,并且18岁以上的女性玩家已经成为游戏领域内的快速增长人群。
- 如今,成年女性玩家在总体游戏人群中所占比例(30%)已经超过了17岁及以下年龄段的男性玩家比例(18%)。
- 有62%的游戏玩家选择和其他人在线上或是实际空间中一起玩游戏,这其中78%的人每周会和其他玩家一起玩至少一个小时的游戏。

- 有 33% 玩家玩的是社交类游戏。
- 有 33% 的玩家在他们的智能手机上玩游戏，而有 25% 的人使用的是掌上游戏机。

显然，从总体上对游戏玩家加以描述的困难之一在于不同群体花在玩游戏上的时间有多有少，而且在许多游戏中，玩家投入时间越多，便会得到越多的奖励和挑战体验（Humphreys 2004）。米克拉伊·迪梅克认为发烧级游戏玩家中男性依然占据着绝对优势的比例，起码对于美国的主机游戏玩家群体而言是这样。这类游戏玩家一般也都是"'技术行家'，愿意把钱花在游戏软件和硬件之上，他们的游戏时间和场次都很多。他们构成了线上及线下游戏社区的一部分，同时也对来自视频游戏产业的最新消息感兴趣"（Dymek 2012：38—39）。这类玩家对游戏主机销售有着远超其人数规模占比的巨大影响，而主机厂商又影响着整个行业的游戏开发，所以迪梅克认为这些玩家们驱使着游戏开发在某些特定方向上的发展，比如专注于第一人称射击类、动作冒险类、体育类和角色扮演类游戏等。同时他还认为，即使这类玩家仅占整个游戏市场 10% 到 20% 的份额，但是从游戏的销售到有关游戏的线上讨论，这一人群都在诸多方面对游戏文化有着巨大的影响。更为重要的一点还在于，在这个年轻白人男性从业者数量已经多到失衡的游戏行业中，这类发烧级玩家还占据了其中过多的一部分。

迪梅克认为，视频游戏产业所面临的威胁不仅仅来自新技术。越来越多的人使用个人电脑和手机来玩游戏，而传统游戏产业着眼于发烧级游戏玩家，他们所忽略的其他人群则被新开发出来的游戏类型所吸引，这些也对视频游戏产业构成了威胁。

智能手机上的休闲游戏，脸书等社交网站上的社交游戏，以及任天堂 Wii 开发的家庭游戏，它们都吸引了传统游戏文化中没能被很好照顾的人群，并且将他们的诉求不断反馈到游戏开发之中，而这一人群中包括了女性、儿童、老人，以及那些不愿耗费大把时间去掌握复杂游戏的人们。

案例分析：视频游戏与暴力

一个在视频游戏发展历史中挥之不去的问题是，游戏中大量的暴力情节是否与现实社会中的暴力行为存在关联？当一些残忍的暴行发生之后，比如1996年澳大利亚阿瑟港枪击案、1996年哥伦拜恩中学枪击案，以及2013年桑迪胡克小学枪击案，人们关注的焦点会转向到底什么东西激发了这些施暴者，而他们所接触到的媒体内容是不是其中的一个因素。众所周知，连续制造了奥斯陆政府办公大楼爆炸案和造成69人死亡的于特岛青年营枪击案的安德斯·布雷维克（Anders Breivik），就曾经是一个痴迷于《魔兽世界》和《使命召唤》的游戏玩家，而哥伦拜恩枪击案的凶手埃里克·哈里斯（Eric Harris）和迪伦·克莱伯德（Dylan Klebold）经常玩的游戏是《毁灭战士》和《德军总部3D》。

人们对于媒体暴力和社会暴力之间可能有所关联的担忧由来已久。媒体暴力和社会暴力之间的关系或许是在媒介传播领域内被研究最多的话题，而对于电影中的暴力是否会导致暴力行为的研究甚至可以追溯到20世纪30年代。在经过1952年和1955年美国国会的两次听证之后，关于电视与暴力之间关系的研究则由20世纪50年代中期以来一直备受关注，包括1965年洛杉矶黑人骚乱（Watts riots）以及后来一系列枪击案在内的暴力行动都作为催化剂，促使了政治人物们和政府委托开展了针对这一问题的研究。

围绕视频游戏和暴力行为真正的研究开始于20世纪90年代。许多研究者认定两者之间存在着某种关联。约翰·穆雷（John Murray）（2008）认为对暴力媒体内容的持续接触对儿童的影响是显著的，并指出了这些影响的三个层级：

1. 攻击：观看暴力内容会导致攻击行为的增加，并且致使儿童对利用攻击行为解决冲突的态度和价值取向发生改变。
2. 麻木：观看大量的暴力内容可能会使儿童对暴力的敏感性下降，并增加他们对社会暴力的容忍度。
3. 恐惧：大量接触电视上的暴力内容可能会带来"邪恶世界综合征"（mean world syndrome）效果，使得他们过分夸张了自己受迫害的风险。

克雷格·安德森（Craig Anderson）（2004）认为，对暴力视频游戏的研究证明了接触暴力视频游戏会增加攻击性的想法、情绪和行为，增强刺激程度，减少助人行为。道格拉斯·金泰尔（Douglas Gentile）和罗伯特·金泰尔（Robert Gentile）（2008）认为，在一段时间内，相对那些不玩或少玩的学生而言，暴力视频游戏玩得越频繁，越有可能形成攻击性的认知和行为。在所有这些研究中，人们担心的并非是一般性的游戏玩家，而是那些被称为重度用户或是发烧玩家的人们。

无须赘述，可以看到这些研究都是基于所谓的媒介效果研究范式之上。这类研究的前提基础在于，他们认为现实社会中的攻击行为是由文化性学习（cultural learning）所引发的，诸如电影、电视和视频游戏等娱乐性媒体已经成为实现这类文化性学习的主要途径（von Feilitzen 1998）。而就方法论来看，基于在受控环境下采集来的量化数据所作的实证性研究能够证明那些显著可测的媒体内容接触行为与攻击性行为之间的关联，而且这种控制性试验放在真实世界里也是有效的（Gunter 2008）。

对于暴力视频游戏和暴力行为之间存在明确关联的说法，在半个多世纪以来有关媒体效果的大量研究中，可以看到人们分别从以下方面提出了质疑。第一，大多数研究都是在试验环境下完成的实验室型的研究，这令人们猜疑无法复制还原出真实世界里的媒体消费实践（Comstock 2008）。试验参与者们往往多是利益诱导之下参与试验的大学生，所以这些参与者们尤其会被质疑是否会带着对研究者所期待结果的预先猜测参与到试验中来。

第二，如果媒体中暴力内容确实会对行为产生影响的话，利用试验方法来尝试发现两者间的因果关系也在很大程度上忽视了这种关系更有可能是一个长期积累的过程，而非立竿见影。同试验性研究相比，现有的长期数据中关乎此类问题的则少之又少，而利用元分析的方法进行的研究（将大量既有研究发现集中并加以分析的研究）也只是发现两者间存在着微弱的相关性（Gunter 2008）。

第三，就两者之间存在的关联而言，一般也都与那些社会经济条件较差的人群，特别是那些激进的少数族群有关。比如在这一问题上从事长期研究的学者乔治·康斯托克（George Comstock）（2008：1222）就发现，构成这一人群的"个体也都长期面临着每日生计的巨大压力",极可能与权力机构和法律发生冲突。由于这些关系背后存在着多种因素,于是带来了一个问题,那就是一味紧盯着媒体的效果研究是否让人忽略了对其他相关社会文化和社会经济因素的考量。批评者们认为,那些长期以来与高犯罪率相关的其他文化变量一直被轻视(比如贫困的经历、家庭暴力史、社区功能失效等),从而把媒体当成替罪羊和灵丹妙药,用以回答和解决那些具有深刻复杂性的社会问题(van Feilitzen 1998:91—4)。

第四,在现有文献中,绝大多数都在研究各种形式的媒介接触可能造成的伤害效果,但却鲜有研究对媒介接触所带来的中性甚至是积极效果加以考虑。正如亨利·詹金斯所认为的那样,含有暴力内容的故事已成为所有文化和所有历史时期的特征之一,并且"讲述一个关于暴力的故事能够帮助我们理解打破我们日常价值参照系的行为"(Jenkins 2006b:216)。不止如此,在缺乏背景的情况下,对一个暴力场面囫囵吞枣式的定义无助于人们理解这类场面描写是如何同一个宏大的叙事背景相匹配的。比如,曾经为《侠盗猎车手3》在美国国会做证的詹金斯就认为,玩家在游戏里使用不同程度的暴力,随之而来的是要面对不同数量的警力,它"并非只是单纯展示暴力枪击的画廊"(Jenkins 2006b:204)。

第五,媒体内容的一般消费者,尤其是儿童,能否区分媒体中的暴力内容和真实暴力往往也在试验性研究中被忽略。康宁汉姆(1992)则指出,有证据表明,相对于电影和电视剧中虚构的暴力场面而言,年轻人更有可能因为他们在电视新闻上看到的暴力场面而产生情绪波动,而视频游戏显然应该被当作虚构性质的表现内容来加以看待。

第六,对于媒体暴力内容与社会暴力之间确实存在关联的假设而言,研究者们也注意到这其中存在的风险。它使得这一草率的观点从政治层面上扭曲了媒体效果,并对媒体的内容、编排以及传播提出了收紧控制的不合理要求(Gunter 2008:1112)。换言之,对于需要着手解决的问题来说,缺乏充分根据的学术研究有可能会让解决这些问题的公共政策误入歧途,甚至带来负面结果。

以上呈现的这些观点并非意味着媒体对个人行为毫无影响。甘特(Gunter)

推论"媒体暴力内容的某些形式会在某些时候对一些媒体消费者造成某种影响"（Gunter 2008：1113），而鲁多克（Ruddock）（2013）则发现一些特定的媒体消费者会积极地利用媒体来达到某种效果。当然，需要注意的是这些研究有着不同的结果，而且这些证据也并未带来更加明确的发现。就这一方面而言，对于暴力视频游戏和社会暴力之间的关联已被学者证实的说法，我们还需要保持格外的谨慎。

▲

结语：转型中的游戏产业

当下是游戏产业正在经历转型的时期。一些最火爆的游戏依然风靡，比如《使命召唤：黑色行动 II》在 2012 年末上市后的 24 小时内就实现了超过 5 亿美元的销售额。尽管如此，人们用来玩游戏的设备、玩游戏的人，以及背后与这些游戏相关的文化都已然发生了重要的转变。手机游戏成为全球游戏市场增速最快的一块，与之相伴的是在游戏强度和沉浸体验程度都相对较低的休闲游戏的快速发展。相比之下，那些火爆的传统游戏吸引的则是玩主机游戏的发烧级玩家群体。

伴随着手机游戏和线上社交游戏同脸书等 Web 2.0 平台以及定位设备的逐渐融合，新的游戏形式不断出现，它们吸引着不一样的人群，并且带来了与传统游戏完全不同的体验。显然，玩《开心农场》的感觉完全不同于玩《使命召唤》或《侠盗猎车手》。同时，游戏产业中的工作是否将更具可持续性，又是否能够对那些统治着发烧游戏文化的年轻人们的热情减少一些依赖，这些都还有待回答。

在线资料

Game Studies <http://gamestudies.org>—Leading international journal for games research, available in open access format online.

International Game Developers Association <www.igda.org>—This is the largest non-profit membership organisation for individuals in video games development. It has extensive discussions of issues involved in working in the games industry, as well as a professional code of ethics for industry workers.

07 在线新闻与新闻的未来

引言：转型中的新闻

20世纪最初的十年或许是在历史上新闻业变化最显著的十年。尽管新闻记者们和其他新闻生产者在一定程度上已经是数字技术和工具的早期使用者，比如BBC、CNN和《纽约时报》都早在1996年之前就已经有了自己的网站，但在那时在线新闻仍然以传统的实践方式被当作新闻的延伸加以操作。互联网被认为是信息资源和验证事实的一个重要来源，同时也是用以扩散新闻内容的新兴媒介，但它对克莱·舍基（Clay Shirky）（2008）所说的"整个信息生态系统"所带来的变革性影响直到20世纪初才变得显著起来。

到20世纪第一个十年末期，可以明显看到互联网对新闻媒体，尤其是报纸，所产生的影响已经尤为剧烈且极具变革性。从2007年到2010年，起码有13家美国主要首府城市的报纸停止出版，同时，更多的报纸开始仅发行电子版，或是将纸质版的发行周期减少到每周两到三次。受这一影响波及的城市包括了丹佛、奥克兰、西雅图、新奥尔良、巴尔的摩、辛辛那提、底特律、安娜堡以及阿尔伯克基（Hirst 2011）。2007年到2009年期间，经济合作与发展组织（OECD）所有成员国的报纸销量都有所下降，其中在美国的销量下降了30%，而英国的跌幅则为21%（OECD 2010：30）。大众传播媒体在媒体生产与发行、媒体的权力、内容以及生产者与消费者间关系等各个方面都在向融合社交媒体发生转变，这一转变在各个层面上都对报纸产生了影响。报纸被一场完美风暴所打击，而这场风暴带来的正是其运营模式所面临的各种威胁，包括：

- 纸质发行量的下降（尤其在年轻人群中的发行量）；
- 分类广告向互联网的转移；
- 替代性的低成本网络新闻客户端的兴起；

- 信息媒介新形式的出现，比如公民新闻、博客以及个人出版；
- 用户获取新闻内容行为的根本转变。

由此带来的结果是几乎所有主流商业新闻机构都大量裁员并进行了重组。经合组织发布的一份题为《新闻演变与互联网》（Evolution of News and the Internet）的报告指出了报业存在的这一重大危机，它源于新闻消费者们越来越多地通过网络来获取大量新闻资源并加以利用，由此导致经合组织内大多数国家的报纸读者数量都有所下降，并连带出现分类广告和广告收入的下跌。经合组织还指出，由于全球性金融危机带来的影响，加之报纸发行量、分类广告与广告收入的下降，全球报业市场在2008—2009年出现了负增长。这是一个结构性危机，而非一次周期性的危机，人们在认识到这一点的同时还看到，报纸读者人数低迷的现象在年轻人中尤为明显，这些年轻人往往并不看重纸质媒介。此外，在新闻行业内部，大量发行渠道仅剩在线发行这一种形式也刺激并伤害着报纸的生产。

新闻朝在线方向的转变为新闻媒体带来了新的机遇，比如平板电脑和智能手机就提供了一种新途径将在线功能属性与印刷内容的可移动属性结合在了一起。然而，数字化转变的背后也存在着一笔可观的结构性成本，考虑到传统环境下报纸生产的高额的固定成本（印刷厂、制作设备等），是依然保留纸质产品，还是选择在线发行作为唯一途径成为一个迫切的问题。此外，通过线上渠道获得广告的收益低于从前纸质报纸的广告收益。根据皮尤研究中心（Pew Research Centre）基于美国的现实环境估算，从纸质阅读到在线阅读，每一位读者的改变都会给报纸的销售带来7美元的损失，而电子版的销售从中赚取的利润仅有1美元（Rosenthiel, Jurkowitz & Ji 2012）。在澳大利亚，根据时任新闻集团澳大利亚公司CEO约翰·哈蒂根（John Hartigan）2009年的估计，每一个在线读者能够带来的广告投放只相当于纸质读者的10%（转引自Janda 2009）。

尽管互联网给传统的新闻生产样式带来了极大的威胁，但需要注意的是线上媒体给全世界的新闻消费者们带来了实际好处。这些好处包括：

- 接触到范围更广的新闻、信息和观点，而且对于读者来说通常是免费的；

- 获取国际性的新闻、信息和观点看法；
- 民众自己能够发表新闻、信息和观点；
- 借由成本低廉的在线出版平台，具有批判性的和多元化的声音更容易被人们听见；
- 杰·罗森（Jay Rosen）（2012）所谓的"从前被当作受众的人们"能够评论、传播和分享新闻故事；
- 不间断地获取实时新闻与信息资源；
- 民众能够通过优兔和推特等社交媒体平台为新闻故事贡献新的信息和图片等内容；
- 人们能够针对其他的网上消息源去核实新闻故事的真实性，并且以最少的成本甚至零成本，从现有的诸多消息和数据源中挖掘出自己的故事。

原《新政治家》（New Statesman）杂志编辑伊恩·哈格里夫斯（Ian Hargreaves）认为，互联网正在让新闻业更加接近"人人都是记者"的民主的理想状态，"因为，在民主之中，每个人都有权利传播事实和观点，尽管它们可能是丑恶的，或是琐碎的（Hargreaves 1999：4）。正如我们后面所要讨论的那样，"新闻即人权"（Hartley 2008a）的这一概念同传统认识中将其作为一种专门职业的观点相抵触。这一概念的出现与公民新闻和网络化新闻等一系列新的新闻形式，以及维基解密这类新现象的出现都有关系。

伴随着互联网和数字媒介所发生的转型，新闻行业可以被看作奥地利经济学家约瑟夫·熊彼特（Joseph Schumpeter）所指的"创造性破坏"的一个典型例证，他将其视为资本主义经济发展的根本性驱动。熊彼特将"创造性破坏"理解为一个"不断从内部对经济结构进行彻底变革，不断破旧立新的产业变化"过程。"创造性破坏的过程构成了资本主义的要义所在，也是在资本家们的关切中必须承认和接受的"（Schumpeter 1950：83）。21世纪的新闻业务领域里发生的这一切意味着一些媒介形态、媒体企业和行业的衰落，以及一些新形态的崛起，同时还带来了新闻行业，以及媒体消费者获取和在某些情形下生产新闻和信息方式的深刻变革。正如哈佛大学伯克曼互联网与社会研究中心（Berkman

Centre)的珀耳塞福妮·米尔(Persephone Miel)和罗伯特·法瑞斯(Robert Faris)所认为的那样:

> 对于传统媒体而言,媒体内容生产速度和难易程度上的这些变化,表面看是削弱了他们过去近乎垄断的地位。然而,真正对传统媒体形成挑战的则是他们在形态和时间上对信息传播的控制力被削弱了。传统媒体模式所创造的价值基于稀缺性,但互联网却支撑起了一个信息充裕的环境。受众依然能够获得与从前传统媒体中一样专业制作水准的新闻、信息和娱乐内容,只是拥有了各自不同的方式(Miel & Faris 2008: 5)。

转型中的新闻业

通过对1990年新闻行业运作的描述,简·辛格(Jane Singer)(2010: 103)揭示出了这一行业近些年来到底在多大程度上发生了变化:

> 新闻记者为某一种媒体生产内容,比如一份报纸或是一档电视节目,并且他们的产品只有一种形式。他们中的大多数在这个平稳的行业中工作,以广告收入为赢利模式。数十年来这一行业赢利颇丰,并且在近乎垄断的地位上向公众提供新闻。在新闻编辑部之外,他们与工作相关的一切交流几乎都是和消息源打交道。只有极少情况下他们会和读者、观众或是听众打交道,而当他们这么做的时候,往往都是代表他们所在的媒体,而并非自己。

辛格认为"今天这些情形已经不复存在"(Singer 2010: 103)。正如表7.1所呈现的,我们能够从中看出在大众传播媒体到融合社交媒体转变的背景下发生的变化。

表 7.1 当代新闻行业的转变

大众传播环境中的传统新闻业	融合型社交媒体环境中的当代新闻业
媒介内容生产于单一平台,且只为单一平台生产； 新闻机构包括印刷类媒体、广播与电视； 记者也只接受相关平台的培训	记者需要完成全媒体内容生产； 新闻机构在不同的媒介平台上均有运营
有相对稳定且可赢利的收入模型	新闻机构需要尝试将传统的收入来源（比如分类广告）转移到线上
垄断新闻发布	受到来自自媒体、大众记者和其他线上消息来源的竞争
主要与消息源进行沟通 （比如政治记者和政客、体育记者和运动员）	通过在线评论和社交媒体，源源不断地收到公众的反馈
记者就像雇员和发言人一样，为所属的媒体工作	记者作为独立实体，拥有自己的受众群体（比如社交媒体上的关注者）

资料来源：adapted from Singer 2010

与新闻媒体的新环境相伴而来的是新的任务、新的工作文化、新的角色和新的自我认知方式。首先，辛格认为新闻叙事技巧是基于单一媒介的背景下发展而来，但在今天，"富于技巧性的叙事则需要懂得如何在不同的媒介中讲故事，而且更要知道何种媒介对于传播哪一类故事甚至是故事中的哪一部分最有效"（Singer 2010：104）。

其次，伴随着时间边界的消失，新闻职业文化也在发生着转变。在过去，新闻记者的工作中存在着清晰的截稿时限，比如报纸的付梓或是节目的播出，而互联网和全天24小时的消息滚动则打破了这一时间边界，从而使得：

> 截稿时限持续存在，一旦出来新的信息新闻故事便会被更新。各种形式的内容从每个地方和每个人那里大量涌入，即便是新闻记者生产出的信息内容也都未必需要经过新闻编辑室或是编辑才得以上网。

不受控制，或许也无法控制的网络自身的属性，连同在它上面无数的链接和那些以纳秒（十亿分之一秒）为单位不断出现的内容更新，共同制造出了一个本质上无限巨大的内容产物（Singer 2010：107）。

再次，与新媒体相关的一系列转变以新的方式开启了长期存在的关于"谁是记者"的争论。丹·吉尔莫（Dan Gillmor）提到 Web 2.0 技术的一个重要的内涵在于：

> 生产者和消费者间的界限将变得模糊，以一些我们刚刚有所察觉的方式改变着双方的角色。传播网络本身将成为每一个人都可以发声的媒介，而不再仅仅服务于那些花费数百万美元买下报社、发射广播卫星或是赢得政府许可来霸占公共频道资源的极少数人（Gillmor 2006：xxiv）。

不仅如此，所有这些工作场景的变化也正在日渐萎缩的新闻编辑室中上演着。在相对以往拥有更少资源和更少带薪员工条件下，工作任务也被重组。根据 Paper Cut 网站（newspaperlayoffs.com）判断，在 2007 年到 2012 年，仅美国报业的裁员规模就超过了 42000 人。

对于如何定义新闻行业当今的社会角色这一问题，总的来看存在着两种回应。其一与各种对新闻实践的改革行动相关，旨在实现从吉尔莫所谓的"作为讲授的新闻"到"作为对话的新闻"的转变。这一转变中存在着各种要素，比如大众新闻、网络化新闻和计算新闻等，关于这些我们将在稍后加以充分讨论。

另一种回应则由奈特（Knight）（2008）提出并旨在寻求对现状的辩解。他认为互联网只不过是一长串新媒体中的又一种技术，并且"新闻记者会像他们当初拥抱电话、电报和印刷机一样采纳互联网"（Knight 2008：123）。从这个角度而言，令新闻行业依然与众不同的地方在于他们对于这一行业职业道德规范的追求，而这正是那些未曾在新闻编辑室中受过训练的人们所不具备的。正如纳特所言，"并非人人都能够掌握技能或是接受训练从而成为记者，这还要取决于他们的专业实践和道德准则。所以，到底未来谁将被称为记者？那些能够在广泛认可的道德准则之下来运用专业实践的人们将最终从大多数博客作者中脱颖而出"（Knight 2008：123）。

不过，这类回应也存在问题，它严重地低估了情势，新闻业的这场危机不仅是一场新闻商业模式的危机，还是新闻记者的职业状态和身份的一次转型。

在丹尼尔·哈林（Daniel Hallin）看来有着"极端现代主义"（High modernist）色彩的记者这一概念也存在着危机。他们被看作无所畏惧的真相搜寻者，"看起来似乎拥有权力并且非常成功，同时还能做到独立、无私、热心公益，并且从全世界的权力走廊到普通大众和消费者，无人不对他们报以信任和喜爱"（Hallin 1994：172）。20世纪70年代到90年代这段时间是极端现代主义新闻的鼎盛时期，明星记者们可以索要巨额薪酬，而电视行业尤其如此，而将记者当作英雄一般的狂热崇拜则在各种时事节目、报纸专栏和杂志封面上随处可见。在大众意识中这一现象的典型代表是华盛顿邮报记者卡尔·伯恩斯坦（Carl Bernstein）和鲍勃·伍德沃德（Bob Woodward），他们在1976年拍摄的电影《总统班底》（All the President's Men）中被描写成夜以继日在办公室里仔细查对事实和消息来源，联络内部线人，从而最终扳倒总统理查德·尼克松的年轻调查记者。

像英雄一般的记者们在职业中对公益事务的投入，或许可能填补了政治体制和公共讨论中的一个真空地带，但哈林也看到了这其中的固有问题。其中一个问题在于"新闻记者们与那些行为还尚待讨论的权力机构走得太近"（Hallin 1994：175）。另外一个问题在于多数新闻有着商品属性，这使得大部分记者、主流机构都难以过于偏离公众情绪，或是过于偏袒重要的政治实体，因为他们害怕失去受众或是市场份额。哈林还认为，新闻客观性的理想会使得焦点转向消息的来源、被动语态结构的使用，以及做出道德和政治批判的替代技巧之上，而这一切都只是为了将记者的声音藏匿起来。他认为新的新闻形态的目的是实现与公众的广泛对话，而不是"在政治机构和大众之间斡旋"，并且在这其中，"记者的声音和评判更应当被实实在在地加以认可"（Hallin 1994：176）。

哈林的《我们让美国处于世界之巅》（We Keep America on Top of the World）一书写于互联网尚未兴盛之时，但是他呼吁新闻应该与公众有更多的对话，以及记者应该更少被"客观性理想"束缚，而对自身的观点表达更为开放，这显然同今天人们对新闻业未来的讨论相一致。此外，作为报道那些高层新闻的必要条件，对于精英消息源的获取和使用也早已被证明存在自身的问题。尤其是以内部人士的状态得到这些消息后，其新闻报道也会呈现出其自身的某种样态。在这方面最明显的例子就是在2003年以美军为首多国部队入侵伊拉克时"嵌入式随军记者"这一概念的出现，随军记者因为将美军的观点作为发动战争的根本条件来加以报道而受到指责（Schechter 2003）。媒体关于美国及其盟友决定对伊拉克发动战争的报道成为这场争论的转折点，因为大量的记者不加鉴别地接受之后被发现是错误的观点，即萨达姆·侯赛因政权拥有大规模杀伤性武器。在一份对于这些报道的评论中，马里兰国际安全研究中心（Centre for International and Security Studies at Maryland, CISSM）发现：

> 旨在用来确保客观性并防止出现政治偏见的新闻标准对总统产生了一种隔绝性的影响，令其未能做出批判性全面调查。而在后期，由于媒体的评论一边倒地放大被认为是爱国主义的情绪，这一影响也因此又被进一步加剧。最终，美国媒体未能承担核实信息角色，也没能像标准的民主理论所要求的那样起到平衡权力运行的作用（Moeller 2004）。

普遍而言，许多特稿作者、专栏作家、时政记者以及头版新闻都说明了大量主流新闻媒体对于官方消息来源的高度依赖，以及由此产生的依附关系。这种情形在近几年变得越发复杂，政府对于政治传播的管理不再只是围绕着问题来展开工作，而是着眼于高度配合的信息管理战略，旨在兜售新政策的大规模政府宣传成为商业媒体利润来源的重要组成部分（Tiffen 2012）。

这使得新闻行业长期面临着不断增长的公众信任危机。在对澳大利亚的新闻媒体和媒体管理所进行的一项评价性调查《芬克尔斯坦评论》（Finkelstein Review）（Finkelstein 2012：106—24）中，该报告的一部分就公众对新闻记者的态度做了总体阐述，并且发现：

- 公众对于记者的信任度较低，公众的信任比例显示这一行业始终处于最低水平，并且低于公众对政客的信任程度；
- 公众对于报道准确性的顾虑，尤其是当媒体所有者在政治决策中存在利益关联时对潜在利益冲突的关切；
- 媒体在报道中带有偏见的认知，尤其是在时政类和存在争议的政策问题的相关报道上；
- 将报道者的角色和动员宣传者的角色混为一谈，以及对公共事务施以过度的权力的影响；
- 公众对于媒介伦理与侵犯个人隐私的担忧，这些顾虑同样也是莱韦森（Leveson）对英国报纸所展开研究的核心所在（Leveson 2012）。

伊恩·哈格里夫斯指出，公众信任的缺失从根基上动摇了新闻记者是守门人和民主社会的担保人这一说法：

> 记者的第一工作要义是去发现和准确地传播，并且为人们所信赖。如果不被信赖，他们将在不被相信的同时也失去人们的尊重。如果政客和商人们撒谎，记者们将会因为道出了这一切而为人们所感激；但如果记者们撒了谎，或是没能发现这一切，便不可能有一个健康的公有领域（Hargreaves 2005：143）。

基于这些发现，人们很难再继续认为专业化的新闻业仅仅凭借着行业道德规范就能说明自身的优越性。正如芭比·泽利泽尔（Barbie Zelizer）（2004）和马克·迪耶兹（Mark Deuze）（2005）所认为的那样，这看起来更像是一个职业意识形态，它将一个小圈子里的人们笼络在一起，并且画出界线，决定将谁排除在外不被当作职业记者。由此而言，我们可以看到，在线新闻作为一种替代形式出现，不仅是出于传递不同观点的表达意愿，更是在于有人认为传媒体系之外的人比体制内的媒体人能更好地承担起基本的新闻职能，为公众带来新的信息，以增进公众理解的方式来报道新闻，并且无私地致力于揭示真相。自21世纪第一个十年的中期以来，政论性以及与时政相关的博客在全球范围内大量涌现，这显示出许多分析家和评论家相信自己可以在主流媒体之外对公有领域有所贡献（Lawrence & Dion 2010；Allen 2010）。的确，正如 2012 年的美国总统大选中，"538"博客站点（Fivethirtyeight.com）的政论博客作者奈特·席尔瓦（Nate Silver）比所有主流时政分析家们都更准确地预测出了大选的最终结果，这其中的一部分原因正是在于他回避了在过去选举中普遍使用的赛马式叙事的新闻报道①。

新闻的新样态

鉴于新闻生产和传播的数字化转型给传统新闻业带来了重重危机，我们也看到了各种新的新闻样态的出现。我们的讨论将围绕着三种新形式展开：公民新闻、网络化新闻和计算新闻。新闻的职能对于公众的知情权和民主实践依然至关重要，但是一直以来新闻职业所践行的传统形态正在经历着深刻的变革，这三种新的新闻形式正是建立在这一观点基础之上。它们出现的前提条件在于尽管新闻之于我们关系重大，但"它不可能再像过去 50 年里的那种形态一样继续保持下去或是被恢复"（Anderson, Bell & Shirky 2013：4）。新时代需要有新思维。

公民新闻

公民新闻最早被用于 20 世纪初兴起的早期非主流新闻实践之上，这得益于当时新的 Web 2.0 工具让个人在线发表变得极为容易。肖恩·鲍曼（Shayne Bowman）和克里斯·威利斯（2003：9）将这一新闻实践定义为"公民个体或群体行动，他们在搜集、报道、分析和传播资讯和信息的过程中扮演着积极的角色，

---

① 政治选举中新闻报道的一类特征，强调对于竞争对手间在民意数据、公众态度等方面的差异报道，而轻视对竞选者本身的实力、政策以及相互间共性特征的分析和报道——译者注。

并且带来独立、可靠和全面的相关信息"。这一宽泛的定义之中包含了各种新闻实践，从普通民众将目击的危机事件和图片发在网上（Allan 2009；Nip 2009），到基于社区的超本地化资讯服务和民间专业人士建立的消息站点（Flew & Wilson 2010），以及那些将自己的网站看作新闻媒体竞争对手的信息传播行为。

最后一类可以包括各种各样的网站，比如马特·德拉吉（Matt Drudge）的《德拉吉报道》（Drudge Report）（DrudgeReport.com），带着他在网络上"任何人都能发表任何内容"（Allan 2009：22）的自由主义哲学观念，于1998年爆出了克林顿性丑闻；还比如带有明确反资本主义色彩的"独立媒体中心"（Independent Media Centre，"Indymedia"）网站，利用开放式发表形式为不同的政治意见提供表达机会，而1999年人们对在西雅图举行的世界贸易组织成立大会所发起的抗议则让其声名远播（Arnison 2003；Kidd 2003）。吴延镐于2000年在韩国建立的OhmyNews（OhmyNews.com）网站是众多著名的公民新闻网站之一，他们以"每个公民都是记者"作为自己的口号，其线上内容的80%来自5万多名韩国民众的贡献，其带薪员工则只需负责另外20%的内容撰写，并且对民众所贡献的内容加以编辑（Yoong 2009；Nguyen 2011）。

史蒂夫·奥汀（Steve Outing）（2005）指出了不同层次和水平之上的公民新闻，从主流媒体允许用户评论其文章并向其网站提供图片等内容的初级操作，到Ohmynews这类专业余群体混合模式下的网站，职业记者帮助大众记者掌握新闻报道技巧，再到一般公众不仅能够贡献文章，还能对他人的文章进行编辑的维基新闻（Bruns 2005；Bradshaw 2009）。而在最后这类实践当中，由维基百科创始人吉米·威尔士（Jimmy Wales）创建的"维基消息"网站则被证明无法长期维系。

自从21世纪第一个十年的中期到达一个顶峰之后，许多早期的公民新闻行动开始逐渐被人们抛弃。像全球之声网站（Global Voices Online <globalvoicesonline.org>）这类维持运行最为长久的站点，他们将持续的资金来源（比如全球之声网站的资助方就来自哈佛大学法学院的伯克曼互联网与社会研究中心）、活跃用户的热情、雇用职业记者培训潜在的大众记者使其掌握报道技能这三个方面结合在一起。与此同时，那些由公民新闻发展而来的网站，比如《赫芬顿邮报》今天已经成为商业媒体机构。在2011年出售给美国在线公司（AOL）时，《赫芬顿邮报》已经拥有了 60 位全职雇员以及一个有着 3000 名志愿者和博客作者的关系网（Briggs 2012：49）。同样也是在那个时候，《赫芬顿邮报》被一些社会活动组织告上法庭，其所有者阿莉安娜·赫芬顿（Arianna Huffington）被控利用网络社区和技术的掩盖，在未付费的情况下集结发表博客内容，或是向那些想要成为大众记者的作者支付了不合理的过低报酬（Tasini 2011）。

网络化新闻

网络化新闻的概念也同样具有人们对于公民新闻的担心顾虑和理想期待，但它更倾向于将主流新闻业和公民新闻之间的边界看成是一种实践上的接续，而并非断然的一分为二。杰夫·贾维斯（Jeff Jarvis）（2006）将网络化新闻描述为"职业的和专业余的人们一起工作，以此获得真实的故事，并分享事实、问题、答案和思想观点"。查理·贝克特（Charlie Beckett）（2008：53）强调，网络化新闻的记者需要"确保在各种机会条件下，让那些'非职业'人群的投入体现在报道进程中的每个阶段"，这需要记者们"发掘出新的方法来介入，或是拓展出一个更为广阔的社会传播网络"。

网络化新闻承认在日益复杂且层次丰富的互联网信息生态系统中，相对于更新的网站而言，传统的新闻品牌依然有其自身优势：它们在资本、技术和受过专业训练的人员方面的投入，它们业已存在的受众群体，附着在媒体品牌之上诚信可靠的声誉，以及在新闻生产和新闻价值方面不容忽视的隐性知识所赖以存在的组织文化。同时，他们也强调新闻需要有所变革，而不只是采用一些新的媒介技术那么简单。贾维斯认为，"新闻记者越像一个普通民众，他们的新闻便会越强大"（Jarvis 2006），而贝克特则认为"网络化新闻回归了新闻业当初那些可贵品质，它超越了新闻编辑室的边界，连接起了世界，聆听人们的声音，给予人们在媒体上发声的机会，并且在对话之中对公众告知的事情做出反应"（Beckett 2008：43）。

对于网络化新闻理念的接收和采纳最为积极的机构中，有一部分来自于公共广播。在英国广播公司（BBC）在 2000 年回应英国通信管理局的电视公共服务调查时，非常明确地将公民原则包含在了他们的"公共目标声明"之中，并使其与旨在提升其网站上用户生成内容的新策略保持一致（Collins & Sujar 2007；Wardle & Williams 2008；Lunt & Livingstone 2012：94—116）。2010 年，在一篇对澳大利亚新闻教学学会发表的演讲中，澳大利亚广播公司董事总经理认为，网络化新闻的机会让专业和业余人群在共享的平台上展开合作，这构成了新闻业在这个新的黄金时代里的一部分：

> 我们如今处在一个共享的空间里。曾经我们独自掌控议程的时代已经过去。这个空间由专业人士和业余人士所共有，而聪明的媒体将会对这些非职业人群的能量和他们的洞察力敞开怀抱，并且利用这一切来增强自身对外的输出。新媒介意味着有更多的人能够以从前无法想象的方式来从事新闻实践，而新闻业也将有所获益。在这个新的世界里有两间新闻编辑室——一个是业已存在的传统新闻编辑室，而另一个则是崛起的虚拟新闻编辑室，它是数字化生活最为重要的特征（Scott 2010）。

计算新闻

简单而言，计算新闻与新闻中对信息计算处理的应用有关，但这不仅意味着将计算技术应用到新闻业中，还包括将计算方法积极用于大规模数据的处理上，从而能够以新的方式来获取、组织和呈现信息。计算新闻的"新"并不在于理解计算机这一工具的能力，更是在于了解其计算手段，或是约翰·米勒和斯科特·佩奇所描述的"与计算自身相对的那些计算背后的过程"（Miller & Page 2007：77）。这些过程包括搜索、关联、过滤和识别等其实早已为人所用的模式，只是如今我们能够交由计算设备以极高的速度和准确性加以处理（Boden 2004）。

收集新闻的过程非常接近于计算机科学中一个被称为"意义构建"（sense-making）的概念，或者说是一个人在现实世界经验里生成新知识（理解）的过程（Klein, Moon & Hoffman 2006）。一直以来，记者们凭借着创造、好奇、领悟、建立思维模式，以及感知情境等一系列的意义构建过程从事他们的工作，从人机互动的观点来看，可以发现意义构建的问题实际上与智能系统的发展有着密切的联系，它应当能够做到：

- 将大量的数据与简洁的意义融合在一起；
- 通过与情境有关的方式对意义进行处理；
- 使人们能够在对数据的融合与处理中有所洞察；
- 推导出人们用以思考的假设；
- 使人们能够得以步入其他体系；
- 以某种相关的方式呈现信息，以此来增加人们对与主旨相关的隐性知识（Klein, Moon & Hoffman 2006）。

计算新闻为职业记者、大众记者以及他们的受众之间的合作和共同生产带来了更多的机会。这样的例子包括大众外包以及跨平台的联合新闻报道。数量众多的人群通过互联网相互协作所实现的大众外包，意味着对于那些相对简单的研究而言，许多人只需各自花上几分钟就可以完成的任务可能需要一个人花费数日（Downie & Schudson 2009）。

英国《卫报》对于议会议员经费报销的调查（The Guardian 2013）就例证了大众外包的方式如何被利用在调查研究项目之中。2009年，英国国会议员数年间的经费报销情况遭到泄露，继而被英国电讯传媒集团公开，由此引发《卫报》记者展开了一项数据驱动下的针对英国国会议员开支情况的调查。他们公开了所有详细数据，以便于读者能够根据不同议员、选区和选民，或是开支项目进行搜索，并将自己关于这些数据的评论和疑问发送给《卫报》的雇员。《卫报》的记者进而围绕这些内容，针对存在问题的报销展开调查并加以报道。通过这一成本较低且可被复制用于其他研究的调查过程，不断汇集在一起的新闻最终促使政府对此展开质询，并且发现许多议员都存在报销不当的行为，进而也提升了英国《卫报》在涉及公众利益方面的调查性新闻报道上的良好声誉。

最终，计算新闻的实用价值体现在它将记者从发现和获取事实的浅层工作中解放出来，进而使他们能够将重点更多集中在对消息的核实、解释和传播工作。对于从事意义构建的记者们来说，计算工具是一种延展和补充，却无法替代他们的专业技能。计算新闻会帮助记者通过新的方式，以更快的速度和更低的成本生产出有品质的新闻，并且提供给那些有参与积极性的受众。计算新闻不仅对于记者在ICT（信息和通信技术）技能和素养方面有一定程度的要求，同时对于以分散式协同创新生产为特征的新经济，记者们也需要懂得如何与其打交道，并在这一环境中工作（Flew et al. 2011）。

其他一些新的新闻模式也在人们的讨论之中。比如，创意产业新闻将传统的自由新闻职业技能与某个MBA项目以及其中涉及的商业技巧结合在一起，为必要时开创自己的在线出版业务经营做好准备。克里斯托弗·安德森、艾米莉·贝尔和克莱·舍基（C. W. Anderson，Emily Bell & Clay Shirky）（2013）则提出后工业时代新闻。他们指出，在互联网上的"眼球"竞争之中，新闻机构的收入和市场份额将势必持续减少，在这一背景下出现了一种吸引公众参与，并利用计算技术来呈现信息的新的结合途径。

但所有这些类型中，人们所讨论的都不过是通过利用公众的协助或是计算数据和工具，将新闻业继续维持在较为传统的即时报道时事的形态之中。更为根本性的问题在于，由谁来"报道那些某些地方的某些人不想被报道的事情，并且他的报道不仅仅是公开这些信息,还要让这些信息有效地到达并影响受众"（Anderson，Bell & Shirky 2013）。过去，我们一直依靠媒体的调查记者来承担这一角色，他们的调查活动需要得到高层管理者的保护，或是在经费上需要依靠机构中其他业务的资助。但这些活动一直都处于不确定的状态，而且当前媒体在收入上的压力，以及在内容生产和传播速度上的更高要求都对调查性新闻构成了更大的威胁。以全新的方式来开启调查性新闻的一次最为彻底的尝试来自维基解密（WikiLeaks），它也被认为是新闻业在21世纪第一个十年中最具影响也最富争议的发展。

案例分析：维基解密

维基解密创立于2006年，自我描述为"一个不受审查的、实施大规模文件无痕泄露的系统"（Moss 2010）。他们在许多方面都体现出了互联网带来的全球化和数字化的对抗性公众（counterpublics）的精神。维基解密通过在网站上向全世界的受众公开机密情报和信息来实现让信息变得彻底公开透明的抱负,成功地开掘了当今传播环境之下的重要功能特征。它利用先进的数字加密形式保护匿名揭发者,同时能够在世界上的任何角落将信息以数字化的格式传遍全球网络。

自从创建以来,维基解密公布的大量机密电报与一系列事件有关,其中包括关塔那摩美军三角洲营地的虐囚事件、山达基教(又称科学神教)保密手册内容、极右翼政党英国国家党成员名单、2008年秘鲁石油丑闻、2009年伊朗纳坦兹核设施事故、科特迪瓦有毒废料倾倒事件、肯尼亚前领导人丹尼尔·阿拉普·莫伊的贪污证据、气候学家关于全球气候变暖的问题的通信,以及被澳大利亚、丹麦和泰国当局通过强制性网络过滤系统查封的网站名单等(Flew & Wilson 2012)。这个网站名义上由一直漂泊在外的澳大利亚人朱利安·阿桑奇领导,但更多依靠的是一个在最多时候有着高达1200人的志愿者网络。

如果没有他们在2010年收到并公开的一系列重要解密内容的话,维基解密可能还只是主流之外的数字新闻业态中一个有趣但却边缘的案例。2010年4月,他们公布的保密视频显示,2007年美国空军袭击了伊拉克巴格达,致使12名非武装人员死亡,其中包括两名手中相机被当成武器的路透新闻社雇员。这段名为《附带谋杀》(Collateral Murder)的视频让"WikiLeaks"这个单词从一个只有黑客和安全部门感兴趣的词语一跃成为谷歌网站上搜索热词。2010年7月,维基解密公布了92000份在2004年至2009年期间有关阿富汗战争的文件,除了将这些内容发布在自己的网站上之外,他们还有选择地提供给了英国《卫报》、德国《明镜周刊》以及美国《纽约时报》。在这之后,2010年10月期间,又有大约40万份有关伊拉克战争的文件被公布,其中包括美国政府自2003年战争爆发以来忽略了对伊拉克当局虐囚事件报告。

之后,在2010年11月,有消息爆出维基解密掌握了全球各地美国驻外使馆共计超过25万份的外交电报。这些内容的揭发者,前美军士兵布拉德利·曼宁(Brandley Manning)提供的这些所谓"电报门"文件被交给了《卫报》、《纽约时报》、《明镜周刊》、法国《世界报》、西班牙《国家报》以及世界各地其他媒体。这些被曝光的内容让美国及其盟友都感到难堪,因为与美国政府的公共立场自相矛盾的实实在在的外交报告如今已经为世人所知。

"电报门"泄密事件引发了诸多后果。对于北非国家一些政府的腐败及无能程度的揭露使得包括阿桑奇本人在内的一些人强调他们只是中东和北非一些国家民众起义的催化剂。美国国家安全部门遭遇的难堪和这些电报带来的威胁使得贝宝公司（Paypal）和亚马逊公司（Amazon）等互联网公司从维基解密网站上撤回了他们的服务，而支持者们向维基解密的资助途径也被信用卡公司关闭。

伴随着电报门文件被泄露，美国各路政客和右翼媒体评论员提出要求逮捕阿桑奇，将其送进监狱甚至对其实施暗杀。朱利安·阿桑奇确实曾经因为一桩有关性骚扰的案件调查而在瑞典遭到逮捕。众所周知，他于2012年6月被保释出狱，并在2013年在保释期间逃亡至伦敦的厄瓜多尔大使馆，并获得了厄瓜多尔政府给予的外交庇护。瑞典方面对于阿桑奇的指控引起了人们的担忧，认为他可能会被引渡到美国，并将面临与"电报门"相关的指控。被认定为这一泄露来源的列兵布拉德利·曼宁自2010年5月以来一直被羁押在军事监狱中，他因为泄露信息而等待接受审判。外交电报泄露事件所带来的压力和内部混乱，以及维基解密在全球范围内突然的声名大噪，使得维基解密的一些成员集体出走，从而给那些维基解密内部的神秘成员之间留下了长久的裂痕（Beckett & Ball 2012：85—92）。

美国外交电报的泄露可以被看成是一次与阿桑奇的理念一致的行动。他将彻底的公开透明看作在信息与信息通信技术居于权力运行核心位置的时代里，挑战政治权力的重要工具。罗伯特·曼恩（Robert Manne）认为，阿桑奇看待当代权力的角度在于他将信息控制看作一种共谋，一方面信息在共谋者之间自由地流动，另一方面为了控制反抗，虚假的信息也在人群中传播着。朱利安·阿桑奇把揭露政府内部的阴谋当作一种对保密行为的指控，它并不像经典自由主义者们捍卫自由出版和公有领域权利那样，试图让阳光照进政治领域，而是秉持一种激进的态度，向政府和企业运行的机械传统系统里撒进沙子。他曾提到，"一个组织越是神神秘秘，或是缺乏公正性，泄露的秘密为其领导层和决策核心所带去的疑虑和恐惧就越大。所以在一个易于泄密的环境之中，神秘或是缺乏公正性的体系和开放的体系所遭受到的打击完全不在同一数量级之上"

(Assange 2006)。

曼恩所指的阿桑奇的"密码朋克"理念,早已被证实与黑客行动和"数字地下组织"(Dreyfus 1997)有着诸多牵连,这使人们将计算机技术看作今天信息战争的核心所在(Manne 2011)。希尔特·罗文客(Geert Lovink)和派翠丝·黎曼斯(Patrice Riemans)(2010)认为维基解密是"一个受20世纪80年代黑客文化深刻塑造的组织,同时兼具20世纪90年代出现的技术自由主义的政治价值观。在维基解密中,那些中坚力量的极客们做过的以及仍然在从事的一切,对于理解其价值和目的都至关重要"。在其他一些像"匿名者"(Anonymous)等黑客行动中,我们也能看到这种黑客精神的存在。

维基解密对于新闻业而言究竟意味着什么?有关这一问题的争论与媒介,民主和公有领域等问题紧密联系在一起。布莱恩·麦克奈尔(Brian McNair)(2010)认为,类似维基解密所从事的那些活动能够以一种更具全球性、虚拟性和多元化特征的形式复兴民主性的公有领域,并且展现出"文化混沌"(cultural chaos)更为广阔的背景(McNair 2006)。数字媒介和无处不在的运算力量正改变着新闻业与更广泛的社会之间的边界,将其从一个信息稀缺的背景下推入了一个信息丰盈环境之中。维基解密的行动同样也带来了一系列问题,包括21世纪里到底什么人才是调查记者,他们身处何处,是否正如原《卫报》记者艾米莉·贝尔(Emily Bell)所指出的那样,"这是政治体系与开放的网络之间第一次真正展开交战的地方,它迫使记者和新闻机构去证明他们如今已成为有责任去报道的这个体系中的一部分"(Bell 2010)。杰夫·斯帕罗(Jeff Sparrow)在网站专栏中指出,"在许多记者更愿意炫耀他们作为内部人身份的时候,维基解密却作为外部人从事着他们的新闻实践"(Sparrow 2010)。维基解密给新闻记者中的一些人带来了不悦,因为它让人们注意到,在新闻的民主使命和"记者们习惯性介入权力走廊"的深度之间的隔离带,"相当有可能因为他们和那些应该被他们调查的人持有相同的态度和情绪而被终结"(Sparrow 2010)——而这一点也正是包括丹尼尔·哈林(Daniel Hallin)(1994)在内的一些学者所认同的。

在授予朱利安·阿桑奇2011年度的玛莎·盖尔霍恩新闻奖时,评委们认为,维基解密"志在通过透明实现公正的目标是新闻业最为久远也是最为优秀的传统之一。作为一名出版人和编辑，朱利安·阿桑奇表现出了新闻记者们曾经引以为傲的品质——勇敢、坚毅、独立，作为一个真真切切的代言人，他的背后是人民，而非权力"（引自 Deans 2011）。与此同时，一些记者也成为阿桑奇最为激烈的批评者，而维基解密与《纽约时报》和《卫报》之间的关系也很快变得糟糕起来。2011年8月那25000份未经处理的外交电报被批评者们拿来充实他们的观点，批评者认为维基解密对于那些资料不计后果的处理方式并没有考虑到这种公开的做法可能会将某些人的性命置于危险境地。同时，正如贝克特（Beckett）和鲍尔（Ball）（2012：148）所观察到的那样，传统媒体的报道中一般都过于着急地断言"维基解密所做的同'正规的'新闻媒体应该做的还是有所不同的"。

是否将维基解密的行动理解为新闻行业的行为存在着两个维度上的考量。首先在于法律的维度之上。如果维基解密所公开的资料能够被认为合理地构成了新闻，并且公开这些内容是出于公众利益的考量，那么维基解密就可以被当作是一个出版者，这也就给予了它们在新闻自由相关法律之下的重要保护。

在针对维基解密或是阿桑奇的诉讼案极有可能被追究的美国，他们将会因为违反了1917年的间谍法案而被起诉。在1971年著名的五角大楼文件泄密案中，《纽约时报》从原国家安全分析师，后来的政治异见人士丹尼尔·艾尔斯伯格（Daniel Ellsberg）那里非法获得并最终披露了美国有关越南战争政策的政府秘密文件，美国最高法院进一步强化了早期的判决，强调间谍法案以及其他国家安全法律不能僭越美国宪法第一修正案中关于言论自由的规定，除非它能被证明某种形式的言论明确具有造成严重伤害的内在固有的危险。在美国政府机构对组织展开调查的范围限定这件事上，新闻执业标准是其中关键所在。在看到这一点后，维基解密将自身描述为一个采用并执行"新闻原则和道德准则的非营利媒体组织"。在对维基解密的案例中的合法性问题进行分析时，尤查·本科勒（Yochai Benkler）总结道："事实上，就第一修正案的信条原则而言，维基解密理应像许多第四权力中的成员们那样受到保护，无论他们是非常边缘的政论作家，还是工业化信息经济中的主流新闻机构。"（Benkler 2011：362）

与维基解密相关的第二个维度反映的是新闻行业未来的实践。尽管朱利安·阿桑奇在他发表的一些内容中说道"没有必要就我是不是一名记者而争论"（引自《卫报》2010），但他同时还认为维基解密是一种新的"科学性新闻"形式的先行者，它让读者获得那些记者们会对其中真实数据加以解读的原始材料，并且令那些在"五角大楼文件泄密案"和"水门事件"中所体现出的调查性新闻传统得以重新焕发光彩。在外交电报泄露事件期间，阿桑奇在《澳大利亚人报》评论版面发表的文章中对科学性新闻做了如下描述：

> 维基解密造就了一种新的新闻样式——科学性新闻。我们在和其他媒体机构一起给人们带来新闻的同时，也会去证明其真实性。科学性新闻允许你在读完一个新闻故事之后，再上网去点击查看那些构建起这些新闻故事基础的原始文件。通过这种方式你可以做出自己的判断：这个故事是真的吗？记者又是否准确地对其进行了报道？（Assange 2010）

就此而言，维基解密可以被看作包括公民新闻、网络化新闻——或者说本科勒（2011）所谓的"开源新闻"——以及计算新闻在内的新闻行业诸多发展趋势中的一部分。与此同时，它也极大拓展了人们出于公开和信息透明的目的使用数据的边界，远远超出了传统媒体的使用范围。至于阿桑奇和维基解密的行为是否符合伦理道德标准，以及他们所采取的方式又是否促进了民主，让政府更负责任，而不是阻碍了海外政策的实施，这些问题仍然还在被人们激烈地争论着。

结语：第五权力？

无论维基解密以及其他类似的网站未来将如何发展，也无论有关朱利安·阿桑奇的法律和外交斗争将走向何方，维基解密的出现让人们注意到围绕数字化信息的政治争夺正如何改变着新闻业。范式的转变正发生在诸多方面：开放的媒介有了数量极为庞大的内容贡献者和参与者，在线新闻发行和传播具备了全球化的特性，调查性新闻和以朱利安·阿桑奇作为典型代表的一群人挑战主流新闻业的"内部人"文化，从而不断强化数据驱动特质，以及新闻行业的公共责任与他们跟其他权力来源的暧昧关系之间的冲突。我们可以将这一系列变化与发展称作"维基解密效应"，这一切发生的同时，那些老牌媒体正随着传统广告收入来源下滑和新闻生产属性的改变，进入了一个转型和重塑的阵痛期。

人们提出各种各样的概念来描述这个新的在线新闻环境。尤查·本科勒（2011）将维基解密同"ProPublica"这样一类支持调查性新闻的政论博客和非营利组织联系在一起，并由此看到了网络化第四权力的崛起，并认为其：

> 注重发现那些与政府行为相关的文件等直接证据，从而让许多职业的和非职业的人群都能够对这些证据进行分析，并找寻可以证明公众批评合理性的例证。像许多互联网上的其他活动一样，它通过志愿原则、全球化优势和去中心化行动三者的结合，从而达到最终目的。（Benkler 20121：379）

布莱恩·麦克奈尔（2006）提出了由"当代传播环境"所构成的"文化混乱"现象，"在这其中既有破坏，也有创造。这一过程增强了文化、政治和社会的不断积累和衍变的可能性，并且形成了一种朝着社会性杂乱与无序发展的趋势"

（McNair 2006：xii）。基于麦克奈尔的观点，因为我们拥有的信息由稀缺变得丰盈，我们的信息系统从封闭走向开放，所以"信息的瀑布效应变得更加无法预测，更为频繁，同时对于精英阶层而言，想要控制它们从一开始就会变得更加困难"（McNair 2006：202），而维基解密这类现象就是对这种文化混乱体系的很好的说明。

威廉·达顿（William Dutton）（2009）提出了"第五权力"这一概念，用以阐释新型网络社交媒介给传统新闻媒体和新闻业所归属的"第四权力"所带来的挑战。达顿将第五权力定义为：

> 一个新的体系在21世纪逐渐浮现，它和"第四权力"之间存在着某些相似的特征，但更具备了诸多显著的独特性，并且足以令其被看作一种新出现的"第五权力"。它建立的基础在于人们越来越多地使用互联网及其相关的信息通信技术，并且让"联网的个体"对他们获取替代性信息资源、人脉和其他资源的方式加以重构。这样一种"网络间的网络"让那些联网的个体能够相互流动，动摇并超越现有体制的边界，并由此开启了新的方式来强化对政客、新闻机构、专家，以及其他权力与影响力核心的问责（Dutton 2009：2）。

这里的一个前提在于，它并不意味着一种媒介形式是对另一种媒介形式的取代，也不是说博客会抢走新闻业和传统大众传媒机构所扮演的角色。事实上，第五权力网络化社交媒体的崛起挑战着大众传播时代里工业化的新闻业模式的霸权。对于既有的传统媒介体制而言，可以选择和社交媒体相互竞争，或是有所排斥，也可以尝试收编他们，或是与他们展开合作。然而，这些新的样式仍然无法回避运动式和调查性的新闻传统，而这也是一直被批评者所诟病的地方。在大型媒体机构中，这些新的新闻形态会在迫于政治和经济上的压力同时，也受到来自主流新闻界中那种"内部人文化"的阻挠。诸如公民新闻、网络化新闻和计算新闻等新型替代性新闻样态的崛起挑战着过去的那种想法，即认为那些秉持至高道德标准，同时又具有消息灵通的内部人身份的职业新闻记者同网上那些不太符合道德规矩且没那么专业的业余记者之间存在着明显的区别。对于究竟"何谓新闻"以及"什么人才可以被称为记者"这样的问题，新媒体正改变着这些问题的答案。

在线资料

Pew Research Center's Project for Excellence in Journalism <www.journalism.org>—Extensive range of resources on trends in—primarily US—journalism, including the influential State of the News Media annual reports.

Tow Center for Digital Journalism <http://towcenter.org>—Based at the Columbia Journalism School, this site tracks developments in technology and how they are having an impact upon the production and consumption of news, and on the professional practice of journalism.

08 创意产业

引言：创意产业的兴起

创意产业的兴起与一系列现象有关，这其中包括文化生产与消费的增长，以及这类生产和消费在经济方面显著性的不断增强，知识和创造力占据了当今社会生产、分配和消费各个方面的中心位置，促使服务业和数字内容产业的兴起。有关"创意产业"这一概念存在着多种定义（更多相关概述见 Flew 2012a）。英国文化、媒体与体育部（DCMS）曾在早期给出了一个重要的定义，认为创意产业是"那些源于个人创意、技能和禀赋的行为活动，并且能够在开发和生成智力资源的同时，创造新的财富和就业机会"（DCMS 1998）。近年来，联合国贸易和发展会议（UNCTAD）则将创意产业定义为从事文化产品与服务的生产、分配或流通的产业：

1. 其生产需要投入一些人类的创造性；

2. 作为一种载体，它将符号信息传递给消费这些符号的人们，以及／或是那些有着更大传播目的的人群；

3. 至少包含着一些可以被用来分配给个人或群体的智力资源（UNCTAD 2010: 4）。

创意产业的兴起常常作为一个经济学概念被人们提起。在最早使用这一概念的论述中，英国文化、媒体与体育部认为创意产业对于 1997 年的英国经济而言创造出了 1120 亿英镑的价值，约占当年英国国民生产总值的 5%。更近一段时间的数据则显示，创意产业对英国的就业与国民生产总值的贡献率已经占到 8%—9%（Bakhshi, Freeman & Higgs 2013）。这一产业涵盖了新闻与杂志、电影与视频、唱片、广播电视以及计算机软件等各个行业（Siwek 2012）。在澳大利亚、加拿大、新西兰和新加坡等国家,创意产业如今已经占到国民生产总值4—5个百分点(Higgs, Cunningham & Pagan 2007; UNCTAD 2010: 28—30),而在欧盟27个国家里①,文化与创意产业则对整体就业水平平均贡献了3—4个百分点,其中尤以英国、瑞典、丹麦、芬兰、荷兰以及法国、德国、西班牙和意大利的局部地区表现最为强劲(Power 2011)。就全球范围来看,联合国贸发会议则估计,基于不同的定义之下,创意经济将有可能会占到全球GDP总量的7%之多(UNCTAD 2010: 22)。

创意产业在经济上的显著性再一次提出了如何定义创意产业的问题,而这个问题一直以来都是众人竞相争论的焦点。一些人倾向使用"创意产业"一词,而包括联合国教科文组织(UNESCO)在内的其他一些机构和人们则使用"文化产业"一词(UNESCO 2012a)。在欧盟和中国,使用最为普遍的是"文化创意产业"这一复合概念(Power 2011; European Commission 2012; Keane 2013)。而世界知识产权组织(WIPO)(2012a)和位于美国的国际知识产权联盟(IIPA),也都打算对世界范围内版权工业的贡献值展开测算(Siwek 2012)。

英国创意产业特别小组在开启工作之初,针对创意产业列出了其13个构成部门。

表8.1 英国的创意产业(英国文化、媒体与体育部研究)

广告	互动休闲软件
建筑	音乐
艺术与古董市场	电视和音频
手工艺品	表演艺术
设计	出版
设计师时尚	软件
电影	

资料来源:DCMS 1998

---

① 此处按照2011年欧盟成员国数量计算。

这种罗列方式显然存在着特定的实用性特征，这也说明这些分类行业并不一定需要整齐划一地被归入某个单一的产业部门。在这其中既包括了电影工业和时尚工业等具有高度面向国际市场开放趋势的行业，也包括了广告业和建筑业这类生产活动与整体经济密切相关的行业，同时还包括了视觉艺术等与市场需求联系不太紧密且更具手工技艺特色的行业。在英国，被称为GLAM（美术馆、图书馆、档案馆和博物馆）的这类行业并未被划入其中，那些英国文化机构在经济上显而易见的价值（大英博物馆、英国国家美术馆、大英图书馆、泰特现代艺术馆，维多利亚与艾伯特博物馆等）则令这些部门显得尤为特别。尼古拉斯·加纳姆（Nicholas Garnham）（2005）认为，将艺术、媒介与信息技术产业连接在一起，并且将计算机软件工业各个方面，而不只是游戏这样的单一领域，都包容集合在一起，将人为地使其价格得以飙升，从而实现艺术文化政策与更具吸引力的信息政策领域两者间的结合。

和有关包容性的讨论一样，同时也存在着有关排斥性的讨论。旅游、文化遗产和体育等领域一直要求同文化机构一起被纳入GLAM产业中。这类争论大多发生在20世纪90年代后期至21世纪初期的新经济话语背景之下，在这一背景之下，基兰·希利（Kieran Healy）（2002：101）等一些学者则警告了新经济转型中将创意作为"轴心原则"的夸张论点，并且反对"借用新经济的流行话语从经济层面上筑起一道坚固的艺术藩篱"。同时，在有关创意产业的争论中也还存在着一种有关知识产权的暧昧态度，尤其是开源运动兴起以及内容的普遍数字化带出了关于现存知识产权制度约束性的问题。露丝·陶斯（Ruth Towse）观察发现了创意产业争论中的一个倾向，人们来回不断争论的观点在于，"一边认为对版权的使用就是一种定义创意产业的方式，而另一边则认为创意产业对经济所作出的贡献本身就是由版权的存在所带来的"（Towse 2010：382）。

有关创意产业最近的文献中则将其贡献放在了更为广阔的创意经济背景之下来加以理解。在一份为英国文化委员会准备的报告中，BOP咨询公司指出，创意产业"处于其他各个产业部门相互联结的网络中心，它对于更为广阔的经济领域而言，尤其是设计、品牌营销和广告行业中，是构成创新事物的来源"

（BOP Consulting 2010）。联合国贸发会议提出了组成创意产业的九个互相关联的行业部门，它们跨越艺术、媒体、设计和功能性开发等不同领域，并且将其看作人们所说的创意经济的核心构成。

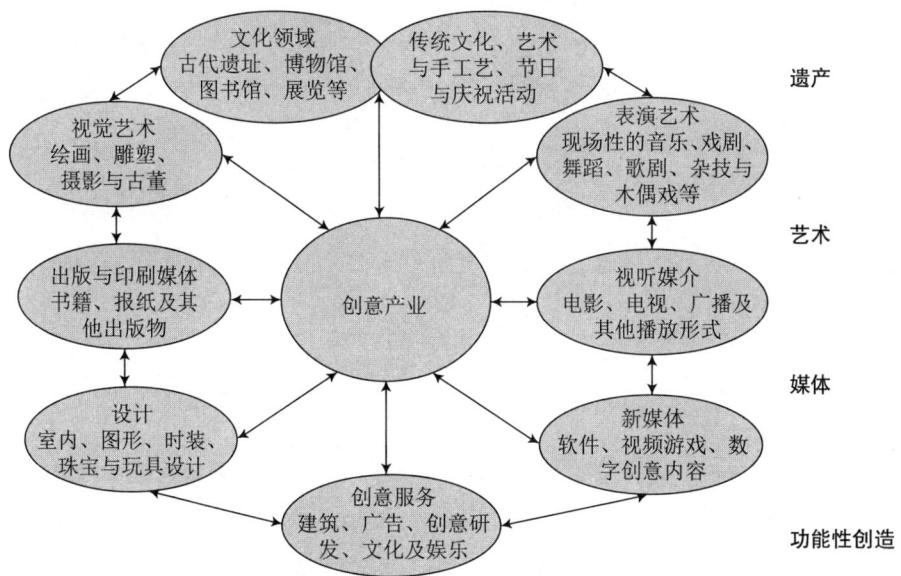

图 8.1 联合国贸发会议绘制的创意产业模型

来源：UNCTAD 2010:18

创意产业的社会经济驱动

创意产业的兴起为一系列经济、社会和文化因素所驱动，而且同时与之相伴的是一系列极为重要的公共政策。驱动着创意产业政策的相关讨论因素主要来自以下四个方面：其一，人们对艺术产业和艺术政策的品牌重塑，并以此凸显出它们作为能够衍生价值财富的行业部门的重要性（Americans for the Arts 2007；European Commission 2012）；其二，人们对于创造性有了更为普遍的认可，并且认识到它是知识经济条件下发展和创新的关键驱动力；其三，将媒介传播、文化内容与信息技术等部门桥接在一起所形成的数字融合体现出了巨大的意义；其四，信息传播环境下用户创造内容的转变趋势，以及 Web 2.0 背景下生产者与消费者间边界变得越发模糊。

最初有关创意产业政策的讨论中，人们竟然几乎没有谈到互联网的影响，这一点颇为耐人寻味。哈桑·巴克什（Hasan Bakhshi）、伊恩·哈格里弗斯（Ian Hargreaves）和胡安·马特奥斯—加西亚（Juan Mateos-Garcia）（2013）对当时英国环境之下在这方面出现的空缺展开了讨论，发现人们很可能只看重数字技术所带来的内容盗版问题将会和它们所带来的那些新机遇和破坏性创新一样构成一种威胁。从有关创意产业的学术性评论中或许可以看到更多数字维度上的考量。比如，约翰·哈特利对创意产业的概念做出了如下定义：

> 在新知识经济环境中，具有新型互动特征的消费者对新媒体技术加以利用，而创意产业描述了这一背景之下的创造性艺术（个人禀赋）与文化产业（大众维度）在概念上和实践上的融合（Hartley 2005：5）。

哈特利在别的地方曾经谈及创意产业中两种观点之间的争论。一方倾向于从一系列行业角度出发，尤其围绕着艺术、媒体和设计等行业对创意产业加以定义；另一方则将其看成是"在知识型经济的高级阶段中创新事物所采取的实证方式"，其重要意义不仅仅体现在个别公司和行业的范围上，而是已经成为一种普遍的社会赋能技术。后一种观点得到了哈特利的支持，在他的记述中，诸如前文化大臣泰萨·乔维尔（Tessa Jowell）等一些英国负责创意产业发展的内阁成员们认为，"就最广泛的意义而言，每个行业都必须转变为创意产业"（引自 Hartley 2009b：237）。

信息、知识和创造性三者间的关系，以及社会、文化和制度创新伴随下持续不断的技术与经济创新方式，都与创意产业的兴起密不可分。知识型经济的属性将在第九章详细讨论，但是这里可以看到的是，知识已经在 21 世纪经济的所有行业部门里扮演起了越发重要的角色，正如曼纽尔·卡斯特尔（见第三章）

和查尔斯·里德比特等一些学者所言：

> 新经济中，制造业产品中的更多的价值将来自他们所附着的软件部分和智力因素，而我们消费的更多是各种形式的服务。在所有行业部门中，产品和流程中的知识性内容逐渐增长，在知识的推动和市场的拉动之下，知识技能成为现代经济中竞争优势的重要来源（Leadbeater 2000：39）。

知识推动的概念，指的是公共与私人在教育和科研领域内的投资所带来的产出增长，以及利用信息通信技术对这些研究成果产出、收集和分配进行加速，从而使其更快地被转化为新的产品、服务、行动和流程的方式（David & Foray 2002）。促使知识经济得以兴起的市场拉动因素则包括：经济全球化、日趋激烈的竞争、更为复杂的客户需求，以及像品牌、知识技能这类具有竞争优势的无形资产。在这一环境下，制造业、服务业和其他行业经济部门之间的界限变得极其模糊。奥里奥·加里尼（Orio Giarini）（2002）观察发现，在制造业中，物质生产成本占其最终价格20%以上的产品已经为数不多，而其余70%到80%的成本则主要在于服务和运输方面，这其中包括金融、销售、物流、分销、市场推广和回收再利用等。

当然，有关创意产业和创意经济的争论也引起了人们对于"创造力"这一概念的关注。在其颇具影响的《创新阶层的崛起》（The rise of the creative class）一书中，作者理查德·佛罗里达（2002：5）称"创造力"为21世纪全球经济领域中"竞争优势的决定性来源"。与此同时大量的商业文献也都围绕着"创造性"对公司重塑和创意的重要作用展开了讨论（Flew 2004a，2004b）。创造力这一概念具有极大的灵活性，一般多与那些特别的人们（那些不安分的天才们）所拥有的浪漫想法有关，政策、官僚体制和组织机构则被视为对创造力的羁绊，它们被认为来自"想象中那些自由而醒觉的活动"（Negus & Pickering 2004：7）。在这些定义中，创造力与商业、科学和技术无关，而是与艺术和那些没法被教授的创意与想法有关，因为这些都只是那些人天生所拥有的某种禀赋。

克里斯·比尔顿（Chris Bilton）（2007）以及威廉姆·米歇尔（William Mitchell）、艾伦·井上（Alan Inouye）和玛乔莉·布鲁门萨尔（Marjory Blumenthal）（2003）等一些学者则试图将创造力更多地同组织行为与表现联系在一起，并将其范围扩大到艺术和文学领域之外。米歇尔、井上和布鲁门萨尔（2003）观察发现，创造性行为往往出现于应用领域的环境，或是新思想被接收、解读、批判和应用的领域之中。利用这一创造性领域的概念，米歇尔、井上和布鲁门萨尔发现创造力实践被应用在三个截然不同却相互联系的领域之中：

1. 文化创造力，表现在艺术、设计和学术原创生产之中；
2. 科学创造力，在解决问题方面通过实验来构建新的联系；
3. 经济创造力，也可以被理解成对想法、才能和资本的创新性应用，以此创造出新的产品和服务并为大家所用。

在创意产业中都可以看到这里梳理的所有形式的创造力，并且米歇尔、井上和布鲁门萨尔指出，尽管创意产业同文化产业之间存在着必要的联系，但两者之间绝不是高度相似的。他们三人认为"创意产业最终还是要依靠才华出众的原创艺术家、设计师和表演者们创造出他们带来的附加价值，而许多艺术家、设计师和表演者们则需要依赖于创意产业所提供的基础条件，通过他们与创意产业的互动来获得回报"（2003：8）。与之类似，安迪·普拉特（Andy Pratt）（2005：33）发现"找出一个非创意产业或是非创造性活动会是一件困难的事"，而克里斯·比尔顿和露丝·利里（Ruth Leary）（2002：5）则指出，"每个行业肯定都会在某种程度上对个人的创造力、技巧和才能有所要求"。

最后一系列问题则与经济活动的文化过程有关。斯科特·拉什（Scott Lash）和约翰·厄里（John Urry）（1994）、保罗·杜盖伊（Paul du Gay）和迈克尔·普瑞克（Michael Pryke）（2002），以及阿什·阿敏（Ash Amin）和奈杰尔·斯里夫特（Nigel Thrift）（2004）认为经济生活存在着一个日渐明显的被文化改造的过程，而这一过程存在的证据则表现在一系列现象之中，这些现象包括：

组织文化作为一个关键要素在经济表现中正变得越发重要,"服务的提供者与消费者之间存在某种直接关系"(du Gay & Pryke 2002:3)的服务性行业正在崛起,以及文化媒体在广告、营销传播和公关等行业部门所扮演的角色越发重要。杰里米·里夫金(Jeremy Rifkin)认为文化资本主义新形式的出现依托数字传播技术、文化与商业之间新的联动形式,在这一新的联动形式下,"所有数字传播形态的商品化的同时,那些构成个人和社区文化生活体验的诸多关系也被商品化,并且两者携手走在了一起"(Rifkin 2000:138)。

哈佛大学经济学家理查德·凯夫斯(Richard Caves)(2000)提醒人们注意创意产业作为经济部门的核心,其影响在整个经济领域内引发了相当广泛的共鸣(例见里夫金关于好莱坞模式的论述,Rifkin 2000):

1. 创意产品的可能性需求有着巨大的不确定性,因为创意产品是体验性产品,在消费之前买家在这方面存在信息缺失,而满意程度则存在很大的主观性和抽象性;

2. 创意产品的生产者从他们的工作和创造性行为中获得了一种非经济形式的满足感,但为了让他们的这些创造性行为从经济角度具有可行性,还需要依赖相对单调无聊的行为,比如基础性的会计工作和产品的市场营销等;

3. 创造性生产往往具有天生的集体属性,这就需要打造和维持一个具有各种技能的创造性团队,而这些人往往还对最终产品形成各自不同的利益和期待;

4. 在同一产品形式和不同产品形式之中,几乎都存在着无数种类的创意产品;

5. 人们会对技能加以纵向差异化区分,或是凯夫斯所谓的A/B列表现象,并且生产者或其他的内容整理者用这种方式对创造性群体进行排名和评估;

6. 这一产业往往需要人们在相对较短的有限时间里去协调各种创造性活动;

7. 许多文化产品及其生产者能够在生产周期结束很久之后继续抽取利润。

在凯夫斯看来,这些特征所指出了与创意产业的经济产出有关的主要风险和不确定性。这些风险和不确定性,以及分散风险并为创造性生产者提供保险,是对一些创意活动提供公共资金支持的原因。从商业角度来看,风险和不确定性还通过合同得到管控。创意产品生产和分发过程中的相关各方借助合同来管控风险,并且基于他们在项目中投入的技术能力以及为了确保任务完成各自承担的责任,从而制定了多种多样的回报形式。对风险、合同和创造性生产过程的长效管理是创意产业中出现工业化组织的原因,这类工业化组织的形式包括从事制作并负责发行的出版社、唱片公司、电台、电视台和电影公司,旨在保护创造性生产者的同业公会、联盟和法律制度,以及创意产业的中介组织,比如专门管理较为商业化环节的代理商。

创意产业的最后一项特征在于他们在很大程度上就像人才磁铁一样吸引着年轻人,他们寻求的正是那些能够以创造性方式参与其中的工作。罗莎蒙德·戴维斯(Rosamund Davies)和高迪·希格道尔森(Gauti Sigthorsson)(2013)记述道,一份好工作的要素不再仅仅是薪水、福利或是升值机会,更是在于:

> 那些更加难以衡量的要素,并且涉及诸多方面:所从事任务的多样性,个人主动性发挥空间的大小,工作中的参与程度,以及个人和职业发展的机遇。创意劳动者看重的是自主性、创造性,以及一份"很酷的工作"中所附载的兴奋与刺激。到底什么才算得上是一份"好工作",这个问题涉及创意产业中的诸多方面,但尤为重要一点原因在于,作为创意劳动者,其个人身份与职业身份是相互紧密地交织在一起的。

吉娜·奈芙(Gina Neff)、伊丽莎白·威辛格(Elizabeth Wissinger)和莎朗·祖金(Sharon Zukin)(2005)选择了时尚和数字媒体产业作为案例研究的对象,发现其中集聚着一群创意型的人们,他们更倾向于承担风险而不是回避风险,并且乐意接受工作和职场中更大的灵活性(Neff, Wissinger & Zukin 2005:309)。他们愿意将风险看作内在的一部分,并将流行的不确定性视为一种向往,这与他们觉得自己身处热门行业中从事着一份很酷的工作的认识有关。在这里,自主性、创造力与个人自我满足的机会与名流的吸引力,作品的能见度,以及自己的付出、创造和技艺被印刻在产品上的那种拥有感,共同交织在了一起。与此同时,"在文化层面上向往的那些工作却反而降低了对于稳定经济收入的期待"（Neff, Wissinger & Zukin 2005:331）。批评者们还注意到，这些人从事艺术创造的理想和他们对无比灵活的工作环境表面上的接受，这两者结合在一起共同构成了进入创意产业的一个条件，进而使得就业条件中可能会出现剥削，并且会给创意劳动者带来职场风险（McRobbie 2005；Ross 2009；Gregg 2011）。

创意产业的政策驱动

　　创意产业政策一直在不同的地区、国家和国际环境背景下被人们热烈地讨论着。作为政治话语中的一个概念，它最早源于 1997 年英国布莱尔工党政府上台之后不久所提出的行动倡议，在国家和区域层面制定了一系列的创意产业发展策略和一些颇具影响的产业部门发展规划（例如 DCMS 1998；Pratt 2004）。对这一概念最初的包装与布莱尔的"新不列颠、新工党"竞选理念联系在一起（McGuigan 2009），但直到英国的保守党—自由民主党执政联盟取而代之完成政府交接之后，大部分的政策基础架构还依然停留在原地：自 2010 年至 2016 年，英国文化、传播与文化产业大臣一直由议员艾德·维泽担任。

　　自从创意产业这一概念最早在英国出现，正如安德鲁·罗斯（Andrew Ross）（2009：20）所认为的那样，它就"成了一个对外成功输出的概念"，被许多国家拿来作为一种经济文化发展战略。在不同的国家和地区所展开的这类政策行动主要包括：

- 澳大利亚：2013 年出台了一项全国性的文化政策"创意澳大利亚"，而这一政策的基础正是在昆士兰州和南澳州等地方政府为了发展文化创意产业所制定的发展策略。借助于澳大利亚研究委员会（Australian Research Council）的卓越创意产业与创新中心（Centre of Excellence for

Creative Industries and Innovation），澳大利亚已经成为全世界创意产业研究领域的一个领导者（例见 Higgs, Cunningham & Pagan 2007; Cunningham 2011, 2013)。

- 中国："十一五计划（2005—2009）"提出需要发展创意产业，将知识经济的优先地位与创意集群的发展相结合形成数字内容产业部门，进而对其发展优势加以利用。迈克尔·基恩（Michael Keane）(2013: 42—3) 注意到，在国家层面的政策表述之中人们更倾向使用"文化创意产业"这一概念。

- 中国香港特别行政区：由香港大学（CCPR 2003）文化政策研究中心（CCPR）承担的"香港创意产业基线研究"（The Baseline Study on Hong Kong's Creative Industries）指出了创意产业对于香港城市品牌及其未来经济发展的重要性。正因如此，香港商务及经济发展局于2009年设立了"创意香港"（Create Hong Kong）专责办公室，以此来推进新产业、人才资本和创意集群在设计、电影和游戏产业方面的发展。

- 中国台湾地区：2009年发起了一场名为"创意台湾"的运动"文创产业发展方案"也于2010年获得通过（Keane 2013）。

- 欧盟：许多研究都看到了文化对欧盟经济的重要性（例如 Mkw Wirtschaftsforschungs Gmbh 2001; European Commission 2010），基于这一情形，欧盟于2011年将其媒体与文化项目集中在一起纳入了"创意欧洲"（Creative Europe）计划中。如此一来，可以看到的是，"欧洲需要投入更多的资金在文化和创意产业部门，因为他们对经济增长、就业、创新与社会包容都做出了重要的贡献"（European Commission 2012）。

- 牙买加：在将自身定位成"加勒比海的文化'麦加'"（Jamaica Promotions Corporation 2013）之后，牙买加政府借助这个国家在电影和音乐方面所取得的全球性声誉，制定出了一套战略来发展其创意产业的同时，也同时发展其旅游业和文化服务产业。

- 新西兰：创意产业连同生物技术和信息通信技术，被定位为国家"发展与创新框架"（Growth and Innovation Framework）的三个支柱。同时，一系列旨在促进新西兰创意产业核心的电影、电视制作和广告业的积极行动也遍及全球范围。
- 新加坡:"重塑新加坡"(The Remaking Singapore)战略寻求围绕着创造力和创意精神来重新定义这个城市国家的经济基础(Leo & Lee 2004)。
- 斯堪的纳维亚地区:北欧国家(丹麦、挪威、瑞典、芬兰和冰岛)着重强调发展其创意经济和所谓的"体验产业"(experience industry)(Nielsén 2004)。多米尼克·鲍尔(Dominic Power)认为"从经济角度的论述长期存在于北欧有关文化功能的争论之中,毫不意外,有关创意产业的论述将会在北欧国家政策环境中逐渐发现肥沃的土壤"(Power 2009: 447)。
- 韩国:随着"韩流"的成功,以及韩国电影、唱片、电视、游戏和娱乐软件在全球的逐渐流行,韩国文化产业振兴院(KOCCA)于2009年正式成立,并以此来推动韩国的创意数码内容产业在全球的扩张。

就全球范围而言,联合国贸易和发展会议(UNCTAD 2001,2010)估计创意产业正以每年10%的速度增长着,而这一速率相当于全球经济增速的两到三倍。创意产业的扩张与经济全球化之间的关系明确地呈现在以下五个方面:

1. 国家对文化与传媒政策框架的松绑;
2. 持续增长的全球平均收入水平,这带来了人们在艺术、文化和娱乐产品及服务上更多自由支配的消费;
3. 技术变革,尤其是互联网在数字媒体内容的全球传播过程中所扮演的角色;
4. 服务业在全球方位内的崛起,这为无形的知识带来了更高的溢价,并且成为设计、广告和市场领域内对于创意产业产出的需求;
5. 国际贸易普遍扩张,尤其以服务贸易的扩张最为显著。

在城市和地区层次的政策议程中,有关创意的讨论则更为显著。黛博拉·史蒂文森(Deborah Stevenson)称之为在市区规划和文化政策方面一场新的城市淘金热,人们制定出相应策略,"从战略高度上培育着城市和地区文化,同时,文化和创造力也会被衡量并加以开发,之后再被拿到国际市场之上,在那里,城市之间围绕着城市形象、便利性、宜居程度以及参访价值等方面急切地展开相互竞争"（Stevenson 2004：119—20）。在 21 世纪的最初十年里，这类创意型城市发展策略在全球各地涌现，这其中包括"创意集群发展战略"（Flew 2012a：146—50；Evans 2009）、"文化事业发展战略"（Roodhouse 2006）、东亚国家最为常用的"世界城市战略"（Kong et al. 2006），以及欧洲文化首都行动（Palmer & Richards 2011）。汉斯·莫马斯（Hans Mommaas）（2004）发现创意型城市发展战略为一系列各不相同，甚至某些时候相互矛盾的优先政策所推动，它们包括：

- 吸引全球移动资本和技术工人到某些特定区域；
- 鼓励以创意和需求导向型的思路来制定艺术文化政策；
- 通过本地具有文化活力的从业者有意识地与其他经济部门中的创新发生互动，来更加广泛地促进创新和创造；
- 在后工业经济环境下，发掘工业时期留下来的废旧场所的新用处；
- 促进文化多样性和文化民主性普及，并且更包容边缘社群的文化实践。

创意产业和城市之间的关系指出了在本地和全球之间存在着的一种复杂的联系，而这种关系往往正是国际上最为成功的创意产品所具备的特征。罗莎蒙德·戴维斯和高迪·希格道尔森（2013：3）认为：

> 许多创意性的产品和服务在全球范围内传播，或吸引了全球的受众，然而，它们所依托的传统、思想、语言、技术和才能就某种形式上而言都是本地的。东西自何处而来这个问题在创意产业中尤为重要，比如文学作品、音乐和舞蹈，它们都是植根于本地的语言和传统之中的。即使一件产品行销全球，像电影和电视这样的产业也还是依然带有非常强烈的本地特征，无论那是好莱坞的美国腔，还是宝莱坞的歌舞（Davies & Sigthorsson 2013：3）。

08 创意产业

对于这些新的城市文化政策议程具有重要影响的两个人分别是查尔斯·兰德利（Charles Landry）和理查德·佛罗里达。在讨论一些城市为何能够成为创造力中心这一问题时，兰德利（2000）提醒人们注意创新环境的重要性，他将其定义为由硬件和软件基础设施共同构成的结合体。硬件指的是构建起一座城市或一个地区的建筑与机构所组成的网络，而软件则被定义为"用来支持和鼓励思想在个人和机构之间流动的关联结构与社交网络系统、人脉，以及人际互动"（Landry 2000：133）。佛罗里达（2002）则强调地点对于他所谓的"创新阶层"的吸引力，认为创意人群非常看重他们能够带着独特的身份和各种不同的参与体验在多元且具文化活力的城市里工作。佛罗里达认为具备文化创造力源泉的城市中心将会因为其经济活力在他所谓的"3T"概念——技术、才能和包容（Technology，Talent & Tolerance）——推动之下得到繁荣和兴盛。"那些对于多元、包容和观念开放的地方有着特殊偏爱的创意人群正是地区经济增长的动力所在。多样性提升了一个地方吸引来具有不同技能组合和想法的各类人才的概率"。（Florida 2002：249）将这一框架推及全世界的范围来看，佛罗里达认为正是城市和地区，而非国家，成为吸引全球流动着的创新阶层劳动者的核心，这些人们所找寻的正是那些有活力的城市：

> 尽管就总体上的统计数据而言，看起来往往是国家之间相互争抢着创新型人才，但归根到底这些创新型人才所选择的还是各个具体的地区。他们并不只是简单地在美国还是英国，瑞典还是加拿大，或者澳大利亚还是丹麦这样的问题上徘徊，他们实际考虑的是在硅谷还是剑桥，是去斯德哥尔摩还是去温哥华，以及去悉尼还是去哥本哈根的问题（Florida 2007：10）。

佛罗里达对于创意型城市以及创新阶层的观点广受争论和批判。在21世纪头十年里，他的学说和观点对全球范围内从事城市规划的人群产生了很大的影响，其中相当重要的一个原因在于将资金投入艺术和文化等软件基础设施上是一项成本相对较低的城市再发展战略（Grodach & Loukaitou-Sideris

2007）。同时，批评者认为这在很大程度上是一种消费引导下的城市战略，构成那些栖息于城市的创意集群的基础在于复杂的生产性生态，而这种战略却恰恰对后者视而不见（Pratt 2008a）。创意型城市战略会成为像凯特·欧克利（Kate Oakley）（2004）所比喻的用制作曲奇饼干的"模具切刀"的方法去塑造城市文化的发展：那种骑行在自行车上的城市时尚达人或是同性恋艺术家们对于城市生活体验热切追寻的图景，一旦被转化为城市文化政策的一部分之后，他们便从一种鲜活的原生景象迅速地变成了一种俗套。不止如此，在这些发展战略之下，艺术家和从事创意生产的人们常常从中败下阵来，因其所带来的城市内部绅士化[①]的现象使得那些艺术家、音乐家和其他参与社会文化活动的人们无力负担不断增长的房价与租金，只能被迫离开。这也对城市富于创造力的整体环境构成威胁，因为正是这样的环境使得创新型城市战略在最初得以实现（Peck 2005）。

创意产业与创意经济

创意产业政策应当被定位在包括艺术、媒体和文化政策在内的一系列具有连续性的政策体系之上。自从1946年大英艺术协会等机构建立以来，艺术政策已经很大程度上同公共资金结合在一起，对戏剧、交响乐、剧场、视觉艺术、舞蹈以及文学等艺术门类给予支持。自20世纪70年代以来，它们所支持的范围又进一步扩大，囊括了社区艺术、新媒体艺术和混合艺术等多种艺术形式。传播和传媒政策过去往往从艺术政策中被剥离出来，而这一领域内像公共广播

[①] "城市绅士化"指的是在城市发展过程中，随着社会经济条件更为优越的人群的不断迁入并引发聚集效应，从而使收入相对较低的本地原住民由于无法负担持续增长的生活成本而被迫外迁——译者注。

和民族电影生产这类由政府支持的活动，过去在人们的理解中也被排除在艺术政策领域之外。大卫·索斯比（David Throsby）曾指出，"基于艺术的文化价值之上的那些传统艺术政策普遍将其根本任务理解为要提升艺术的卓越性，鼓励那些可能缺乏市场的艺术创作，以及尽可能地在社区中广泛宣传欣赏和参与艺术所带来的益处"（2010：61）。

在过去数年间，围绕这种形式的艺术政策也出现了一些批评的声音（Flew & Cunningham 2012）。一些人认为，基于传统审美结构体系之上的艺术基金主要强化了中上层阶级的文化消费样式，并且在一定程度上增加了在艺术资金和创意实践两个方面的保守主义倾向（Stevenson 2000；Westbury & Eltham 2010）。尼古拉斯·戈恩汉姆等一些政治经济学家则认为，商业市场和流行文化的厌恶导致了一种对精英文化的理想主义构想，但这却忽视了在很大程度上"大多数人的文化需求无论如何都是靠商品或服务由市场所满足的"（1987：25）。与此交织在一起的是文化研究作为一个学术领域的兴起，及其对于文化在理解上的坚持。在这一领域内，一方面在传统人文主义视角下，文化被认为超越了简单的艺术性和知识性诉求；另一方面，文化也被认为"既是一种融入了思想、态度、语言、实践、制度和权力结构的生活方式，也是一系列完整的文化实践：艺术样式、文本、标准、架构、大众生产出的商品以及其他"（Grossberg, Nelson & Treischer 1992：5）。最终，在索斯比所说的"文化政策的经济化"（Throsby 2010：61）这一概念的见证之下，通过就业、旅游、城市品牌塑造、生活质量、对社会资本等要素的贡献等一系列指标，人们越来越多地从广泛的经济贡献角度对艺术政策加以评判，而文化机构也被越来越多地要求利用公共价值检验的方式去说明他们对政府资金的有效利用。

将文化生产、传播和消费作为一个整体来重点给予公共支持，同时更加明确地将艺术和传媒政策结合在一起，这些策略都是基于文化政策的一般性原则发展而来。文化政策已经成为欧洲许多国家政府实施资助扶持的最主要的方式。尤为显著的例子便是自20世纪60年代以来的法国，而联合国教科文组织也一直在刚刚摆脱殖民统治的发展中国家大力推动着文化政策的发展（Flew 2012a：159—63）。比如澳大利亚在1994年提出的全国性的文化政策"创意国度"（Creative

Nation）力图将传统艺术的焦点集中在为其建立强大的商业可行性（营销和受众开发、价值链分析等）时所面临的挑战之上，同时还关注新的数字媒介技术，以及具有创造性的表演艺术、电影、广播电视媒体与新兴信息通信技术产业之间联系的加强所带来的机遇（Stevenson 2000：30—41）。新的文化政策形式则在地方一级政府中被发掘出来，尤其是在欧洲，城市管理者们将文化产业的发展视为在传统制造业衰落的背景下一个创造就业机会和增加公共财富的新途径（Lewis 1990；Landry 2000；Mommaas 2004）。

从这一角度出发，正是因为文化政策发展标志着传统艺术政策在手段上的丰富和范围上的拓宽，所以，创意产业政策的兴起还可以被理解为一种文化政策形式的延伸。大卫·索斯比（2010）指出了变化背后的动因所在：

- "文化"一词的范畴从艺术和传统扩展到了对于文化一词在人类学或是社会学意义上的解读，它被看作一种生活方式，或是社会群体中的人们共享的（或许也会有所争论的）经验与价值；
- 高雅文化和流行文化之间的分隔被打破，人们正逐渐从商业与非商业、传统与前卫、大范围与小规模、大众的与专门的，以及多数与少数等一系列的角度上来审视文化产品和他们的消费实践；
- 经济全球化对于文化产品生产、流通和消费所赖以存在的经济环境转变具有重要影响，伴随而来的是人力和资源流动的门槛极大降低，文化商品全球化市场的出现，以及媒体和传播的全球化；
- 互联网和新的数字技术对于文化如何被制造、传播和消费所产生的影响，包括生产者与消费者之间界限的模糊，以及文化生产和参与文化中专业余人群生产形式的出现（见第五章的讨论）；
- 这些变化对地方、国家和全球三者关系重新加以配置的方式，尽管过去人们认为文化政策的推动主要依赖于国家政府，他们同时扮演着守护和推广民族文化的两个角色（Bennett 1995），但互联网、数字技术、全球化市场以及不断发展的多元文化社会正促使着本地与全球之间形成新的联结方式。

从最后一点可以看出，它强调的是城市和地区，而非国家，已经频繁地成为创意产业中新的政策形式的驱动者。无论是通过创意型城市战略、文化园区、创意集群、文化资本项目、新型城市品牌塑造，还是将文化发展与奥运会、世界杯、或是通过世博会这样的全球性媒体事件关联起来，在21世纪里一个不断被强化的观点在于：

> 相对于国家而言，城市在与全球化的机遇和挑战进行互动的过程中表现得更具活力，甚至更加积极主动。规模、易达性和参与性等因素不断组合在一起，从而确保在城市这一层级上制定大量创新性的决策。许多极其令人兴奋的文化视点、项目、交流和网络，以及最新的发展都将在一些城市，而非国家中得以发现或诞生（Isar, Hoelscher & Anheier 2012：3）。

从艺术政策到文化政策，继而再到创意产业，索斯比认为这样的更迭呈现出一种将文化政策推动为经济政策的重要组成部门的倾向（Throsby 2010：5）。他注意到，这已不再像20世纪80—90年代里各种有关艺术的倍增效应研究那样（Myerscough 1988；Seaman 2000），只是为艺术寻找一个充分的经济理由，而是正在转向"'创意经济'这一新兴概念，强调的是在更广泛的宏观经济中，创意产业部门将会被视为新的信息时代中经济活力的一个独特来源"（Throsby 2010：5）。这在一定程度上缘于人们再次强调创造性是创新和经济增长的驱动力，同时也缘于文化政策在广泛的政策讨论中拥有了一席之地之后的地位改变。英国布莱尔工党政府的第一位文化大臣克里斯·史密斯也正是看到这一点，并且在政策论述中最早使用并让"创意产业"一词传播开来。索斯比对这一过程做了如下描述：

> 艺术可以被视为经济活动中一个更广泛且更具活力的领域，它连接着信息和知识经济，接受新的技术，并对创新加以培育。从这个角度来看，文化政策从其最初的概念中解放出来，被放置在了具有前瞻

性的新型政策议程讨论的最前沿,成为所有资深经济决策者们在制定发展战略时不可或缺的一个组成部分(Throsby 2010: 7)。

同时,也有人认为(Flew 2013b),通常所称的"创意产业政策"或是"文化政策"囊括了旨在促进提升文化发展整体氛围的各类政策,它们在主要政策工具、成功指标、相关政府级别,以及直接联系文化生产者,或是采用更多间接手段的程度等方面都有所差别。表8.2呈现出了这一系列的政策类型,但是需要指出的是,这些只是理想类型,而政府的实际政策可能是对这些政策手段的综合运用。

表8.2 文化与创意产业有关政策的形式

类别	主要政策目标	政府层级	与文化生产者的关系
文化政策	文化上的(优秀程度、参与度、文化遗产继承)	国家级	直接:对个人和机构的公共补贴
创意产业	经济上的(就业率、出口、创新)	国家级或地区级	间接:促进政策界的对话
创意集群	社会、经济上的(创新、社会凝聚力、本地就业)	当地	直接:政府与公司合作
创意城市	文化、经济上的(城市品牌、旅游业、吸引专业人才)	当地	间接:促进文化设施建设,减少文化开放的阻碍
创意经济	经济上的	国家级或地区级	间接:增强创意产业投入(比如熟练的劳动力)与产出(新产品研发)

资料来源:Flew 2013b: 138—9

一些学者和政策报告认为需要更多着眼创意经济,而非创意产业。在为英国国家科学技术与艺术基金会(NESTA)所完成的报告《创意经济宣言》(Manifesto for a Creative Economy)中,哈桑·巴克什、伊恩·哈格里弗斯以及胡安·马特奥斯—加西亚(2013)认为,英国的创意产业政策,自从20世纪90年代出现以来,饱受两个互相关联的问题的困扰:一是忽视了互联网以及数字技术对创新业务全方位的改造方式,二是缺乏对于版权法规和创意实践两者关系的明确认识，从而使得这一领域可能迫于现有创意企业的压力，受到规制俘虏效应①的负面影响。

他们提出，旨在推动创意产业的政策还需要其具体政策范围之外的一些决定性行动的支持，比如对于高速宽带基础建设的大力投入等。但他们同时也认为，对于创意经济的理解，应当少从它的行业构成角度来考虑，正如本章稍早讨论过的那样，由于难以将其都归结于一个创造性的概念之下，所以对于行业列表的争论一直持续不断，反而应该更多地从聚焦于创意人才的各个领域特征来加以考虑。基于英国、澳大利亚等其他一些国家的数据基础之上（Bakhshi, Freeman & Higgs 2013），他们认为从事着创意生产的人们既聚集于某些特定行业之中，但同时也分布于整个经济领域的各个角落。最为重要的一点在于，在从事着高强度创意工作的人群中，有相当多的人受雇于 ICT 相关企业，这也说明所谓的数字经济和创意经济之间存在着相当大范围的重叠。

巴克什、哈格里弗斯以及马特奥斯—加西亚（2013：27）基于五条标准对创造性工作职位的强度进行了分级：

1. 新工艺特征：这一工作职位的角色是否需要以新的方式来解决某个问题或是实现某个目标；

2. 人工依赖程度：这一工作职位上所需完成的工作是否为机器无法取代的；

3. 工作易变性：这一职位是否因为外部因素、所需技能、创造性的冲动和学习等因素的交织作用而不断发生改变；

4. 对价值链的创造性贡献：无论何种背景之下，这一工作职位上的工作产出是否都有新意或是创造性；

5. 阐释性：这一工作职位是否不仅需要改造某个产品或服务，还需要以某种方式来改变人们认识它的方式。

---

① 这里指的是一种公共行政管理中的失范现象，由于某一行业或利益集团具有了显著规模的影响，使得公共管理者无法优先保证公共利益，不得不做出有利于这一行业或利益集团的倾向性决策——译者注。

基于这些标准,他们给出了如下三个定义(Bakhshi, Freeman & Higgs 2013:29,34):

1. 创意性职位:指的是在创造性过程中,能够利用认知技能带来差异和变化,从而得到新的产品,或是对那些事先尚未完全定型的产品做出极大改进和提升;
2. 创意产业:指的是出于商业目的对创造性人才加以专门利用的行业部门;
3. 创意经济:指的是出于商业目的对创造性人才加以利用的相关经济活动。

据此,他们认为,创意经济约占英国GDP总量的9.7%,而创意产业则占到了5.3%(Bakhshi, Freeman & Higgs 2013:31)。此外,创意经济对英国劳动力就业市场做出了8.7%的贡献,这其中有41%的人受雇于创意产业之中(占英国劳动力的4.7%),而另外51%的人则工作在创意产业之外的那些创意性职位之上。这一就业人数的增速比英国整体就业总数的增速高出4倍,而这一增长在高于生产率平均增长的同时,也成为2008年以来从经济衰退与长期低迷中最早恢复起来的产业部门之一(见Pratt 2009)。

结　语

在这一章里,我们将创意产业看作一个演变中的概念,它将全球经济中的一些主要行业部门集中在了一起,而且其中一些行业和部门也正被新媒体技术以前所未有的速度改变着。尽管"创意产业"一词曾经作为一个政策概念,与"文化政策""创意型城市"和"创意经济"等名词一起被使用,它也解释了通过对数字技术和互联网的利用来对创造性加以运用,我们的社会、经济和文化中急速转变的诸多领域正如何被改造的过程。但学者们的近期成果则表明,早期的论述对于创意产业缺乏热情,实际上也低估了创意产业的重要性以及参与大范围数字创意经济转型的程度。

在线资料

Creative Economy <http://unctad.org/en/Pages/DITC/CreativeEconomy/Creative-Economy-Programme.aspx>——Events, publications and resources developed by UNCTAD to identify creative economy opportunities, particularly for developing countries.

Culture and Creative Industries Around the World Online Resource Hub <http://portal.unesco.org/culture/en/ev.php-URL_ID=37630&URL_DO=DO_TOPIC&URL_SECTION=201.html>-Hub of online resources on creative industries developed by UNESCO.

NESTA <www.nesta.org.uk>——UK charitable body—formerly a government agency—that is at the forefront of research into creativity, innovation and entrepreneurship, with reference to the arts and cultural sectors.

09 全球知识经济

引言：何谓全球知识经济？

全球知识经济应当被看作由三种发展趋势汇聚而成的结果。首先，在于新媒体的越发普及和信息通信技术在全球范围内的互联互通。新媒体之所以成为全球化的核心，是因为它们构建起了技术和服务传输平台，从而使得图像、信息、金额、通信、电商以及其他数字化的内容和活动得以在上面扩散、传递、处理和交易。无论是在全球新闻与娱乐等领域内传统媒体行业所扮演的角色，还是像谷歌和苹果这类信息通信技术公司对于数字创意内容产品的传播和推销，传媒业已经成为推动全球化扩张与整合的领导力量。

其次，全球知识经济是全球化的产物之一。全球化已经成为社会理论中的核心概念被加以分析，关于这点我们将在稍后详细讨论。然而，全球化同时也是一种经济学、政治学和文化学意义上的现象，并且互联网和新媒介技术通过各种形式促进了全球化。各种形式的信息商品，包括政治信息和文化商品，不断地以数字化形式出现，并能够通过技术网络被快速传递和转移，而其中的绝大部分却并没有在政府的监测和掌握之中。与全球化相关的因素包括了跨国公司的兴起，金融体系的全球化，以及日益复杂的商品与服务的全球性生产网络的发展，这类产品中还包括了接入数字媒体和创意工业产品的平台和设备等。

最后，全球知识经济的关键要素是知识经济的创意理念。在知识经济中，创意理念等无形资产，而不是那些有形的实物资产，逐渐成为新型财富创造的核心资源，在这里"经济比以往任何时候都更为牢固地直接根植于知识的生产、分配和使用之上"（Howells 2000：51）。这样一种转变不只是发生在后工业经济之中，一如我们在第三章中所讨论的信息社会和网络社会理论，它还是一种全球性的现象。它一方面受到国际经济竞争力与国外直接投资两者交汇因素推动，另一方面也得益于网络化的信息通信技术在全球范围内的运用。世界银行在发展中国家推广知识经济战略时强调：

> 无论处于何种发展水平，这些国家都应该考虑加入这个以知识和创新为基础的发展进程中来。在这一加速全球化的时期，"智力"是一个国家最重要的持久资源。通过开发这一资源来服务经济和社会福祉正逐渐成为发展战略的核心所在（World Bank 2007：xii）。

创新，以及新思想的发展、传播和应用正日益推动着全球知识经济的发展。在新思想丰富着人类知识库的同时，创新也通过新产品、新方法和新服务的更快发展得以体现。正如第三章中所提到的那样，创新往往都会集中出现在发展的长波之中，而人们也认为（Castells 1996；Freeman 2007；Perez 2012）我们当前正处于一轮创新发展的长波之中，而构成创新基础的，正是数字网络媒体和通信作为通用技术被广泛应用这一转变。这一章，我们将就创新相关的一些普遍性问题展开讨论，其中包括创新者的困境，创新与创意工业之间的关系，以及可能促进或抑制创新的政策环境等话题。在本章的结尾，我们认为有关知识经济和创意经济的讨论，应该被当作更为集中的整体来加以看待。

全球化

全球化一直被描述为一个过程，它"以某种形式影响着这个星球上每一个人"，并且"或许将在21世纪一开始就无可非议地成为人类社会的典型特征"（Benyon & Dunkerley 2000：3）。社会学家安东尼·吉登斯（Anthony Giddens）认为"全球化之于我们今天的生活并非偶然。它是我们切实的生活环境中的一次转变。它是我们如今的生活方式"（2003a：19）。大卫·赫尔德（David Held）与安东尼·麦格鲁（Anthony McGrew）将全球化定义为"标示着跨越洲际社会交往的流动与图景在范围上的扩张、强度上的增长、速度上的提升和影响的加深。它是人际组织在规模上的一次转变或转型，跨越世界不同地区和陆地，连接起了遥远的社群，也同时拓展了权力关系的范围"（Held & McGrew 2001：1）。国际贸易和金融的增长，包括跨国公司不同国际分支机构和相关公司之间的内部交易，被认为占据了当今全球出口总量的大多数。同时，金融市场的全球化则表现为2012年的营业总额超过了全球GDP总量的30倍之多，达到了日均4万多亿美元，即年均1440万亿美元的规模，而相比之下，2008年全球GDP总量则只有60.6万亿美元（Ritzer 2012）。经济全球化的批评者们认为这削弱了国家政府出于本国民众利益最大化而对本国经济加以管控的能力（Scholte 2005；Steger 2009）。

其他一些学者则提醒人们关注文化全球化的重要影响，尤其是当它与网络信息与通信技术交织在一起的时候。安东尼·吉登斯指出，"全球化具有政治、技术、文化以及经济等多方面属性，而且受到所有这些方面在传播体系中的发展所影响"（2003：37）。正如第一章中所述，2012年全球共有24亿网民，约占全球人口的34.3%，这意味着从2000年到2012年之间，全球范围内互联网用户实现了666%的增长，而这其中尤以非洲、中东、亚洲和拉丁美洲地区的发展中国家的增长最为迅速（Internet World States 2012）。2008年，全世界电视观众的数量约为40亿，好莱坞的影视产品输出了国际公认的全球性文化标记，而与此同时，全球性媒体事件和媒体奇观的数量也在持续增长（Kellner & Pierce 2007；Hartley 2008b；Rojek 2013）。约翰·汤姆林森（John Tomlinson）认为，应超越媒介技术的层面，进入有着鲜活日常经验的文化领域内来看待全球化，全球化已经深入我们的文化"世界"，影响着我们所有人的隐性判断与认知，影响着我们对于自己所处环境的看法，对于在家和在外的认识，对于文化和道德相关的理解，甚至我们对文化和民族身份认同的判断（Tomlinson 2007：361）。

其他一些人则强调全球化在政治层面上的意义。比如一个国家所采取的行动在一定程度上会影响其他国家的行动（如环境退化、能源枯竭、气候变化、移民管制、公共卫生领域内的疫情等问题），全球化带来了赫尔德和他的同事所称的命运共同体和政治共同体，其影响和波及范围则远远超越了国家的范围（Held et al. 1999：81）。国际上民间社会团体（也称为国际非政府组织，

INGOs）运动的兴起就是众多因素中的一个，这意味着国家的主权和实际的政治权力在国家、地区和国际层面之上正逐渐被"各种力量和机构所分担和交易"（Held et al. 1999：80）。同时，还有像欧盟这样的地区性政治组织和贸易集团的崛起，国际协定的增加，国际法作用的增强，以及联合国和其他国际组织在将各类国际协定加以整合过程中所扮演的日益重要的中间人角色等。全球化在其他方面的表现还包括：

- 国际人口流动（诸如移民、客籍劳工、难民、游客、学生和专家顾问等），侨民和流散社群的发展，以及国家社会文化属性的多元化；
- 思想观念和一些"关键词"在全球范围内的传播，"西方价值观"、民主诉求、环境意识等；
- 知识产权方面的国际制度得以建立，从而加强了知识和信息所有权的强制性；
- 出于民主政治和文化的目的，政治右翼分子的民族主义运动，以及左翼人士激进的反殖民运动令一些地方出现了各种形式反对全球化的声音；
- 出现了一系列全球性的文化、专业和标准机构，比如联合国教科文组织（UNESCO）、世界贸易组织（WTO）、世界知识产权组织（WIPO）、欧洲广播联盟、亚洲广播联盟以及国际电信联盟等；
- 《联合国人权宪章》、世贸组织的"千年回合"谈判，以及有关温室气体排放的《京都协定》等国际法对于国家政策产生日益显著的影响；
- 2001年"9·11"事件之后，反恐战争的全球化对全球外交政策产生了诸多影响，包括与伊战相关的系列问题，国家对公民的监视，来自全球冲突地区的难民，以及一般国家间人员往来等诸多问题。

全球化到底在多大程度上成为我们这个时代的重要特征，对于这一问题，持不同立场的人们一直在广泛争论，这其中的有些人被称为"全球化热衷者"，也有一些对全球化给地方社区、身份和国家治理系统所造成影响持批评态度，还有一些则怀疑全球化到底是否真的是一种新发展。弗朗西斯·凯恩克罗斯

（Frances Cairncross）（1998）认为全球化等同于"距离之死"，而《纽约时报》专栏作家托马斯·弗雷德曼（Thomas Friedman）则在《地球是平的》（The Earth is Flat）一文中对全球化持欢迎态度，认为它将涉及"市场、国家和技术的必然整合"（Friedman 2005：9）。关于全球化，社会学家马尔科姆·沃特斯（Malcolm Waters）的一个观点被看作有力的论断（Flew 2007：54—8），他将全球化描述为"一个地理空间对于经济、政治、社会和文化布局的限制正在减弱的社会性过程"（Waters 2001：5）。从一种马克思主义的视角出发，迈克尔·哈德特（Michael Hardt）和安东尼奥·内格里（Antonio Negri）认为在全球资本主义的现阶段，"大型跨国公司实际上已经超越了国家的管辖和权力范围，政府与政治已经完全融入了超越国界的指挥体系之中"（Hardt & Negri 2000：306，307）。

尽管全球化不可否认地正在多重维度上发生着，在文献之中，依然存在着对于全球化持强烈支持和强烈批评的两类文章（Flew & McElhinney 2006；Flew 2007：54—63）。强烈支持全球化的观点源于人们在全球经济、社会和文化领域内观察到的重要量变，但更加强有力的观点则认为全球化标志着国家和社会之间及其内部在经济、社会、政治和文化关系的格局上的一种质变。不仅如此，他们还认为，无论是其创造出一种全球文化，是削弱了国家的权力，还是引发了全球经济的充分整合，全球化都是史无前例的。

从历史视角来看，柯林·斯帕克斯（Colin Sparks）（2007）、保罗·赫斯特（Paul Hirst）、格雷姆·汤姆森（Graeme Thompson）和西蒙·布罗姆利（Simon Bromley）（2009）等人认为资本主义作为一套社会经济体系在全球范围内已经运行了好几个世纪，而那些有关当前形势下一些新现象的论断都有些过分夸张了。此外，他们认为国家仍然在"制度体系"（Hirst，Thompson & Bromley 2009：235）内运转和实现超越国家层面的治理体系的核心位置。一些国家在这种超国家体系中一直居于核心位置，比如德国之于欧盟。

关于经济全球化，有人认为跨国公司如今作为世界级巨擘已不再受地理、文化或是本地制度的约束，但大量文献都表明这种假设并未得到充分的细节性研究所证明。同时，跨国公司在全球范围内的运行也并没有让本地文化的某些方面消失（见Flew 2007：59—64，89—90）。经济地理学家彼得·迪肯（Peter Dicken）在就这一话题对相关证据做了详细的梳理后总结认为，全球最大的跨国公司多数都只是"从事着国际运营的某个国家的公司"，"场所和地理位置仍然对企业的建立和运作方式都具有根本性的影响"（Dicken 2003b：44），并且，"原始国对跨国公司的行为依然有着巨大的影响"（Dicken 2003b：44），而这却并不是那种"地理空间上的分散经营在实质上却一体化运行"的全球性的公司（Dicken 2003a：225）。

在文化领域内，争论中诸多复杂因素之一便与文化的二元性有关，即文化是各种形式的共同生活经验，同时也是借由符号作为中介或一般意义上的媒介而形成的传播。许多有关文化全球化的讨论都与后者有关，而且，普遍接入全球化媒介系统的意义并不在于一种世界性文化的出现。安东尼·史密斯（Anthony Smith）认为：

> 如果文化意味着某种共同的生活方式，或是信仰、形态、价值和符号的某种集合，那我们说的只能是各种不同的文化，而非一般性的文化。因为某种共同的生活方式，或信仰等因素的某种集合，已经事先承认了各类不同的方式和集合的大量存在。因此，那种"全球性文化"的提法是不切实际的。人类在生活方式和信仰等因素集合这些方面，不同群落之间的差异巨大，而共性因素也太过宽泛普遍，以至于无法允许我们共同秉持一种全球化的文化。（Smith 1991：171）

即使我们更加具体地指向文化，我们也需谨慎对待。约翰·汤姆林森（John Tomlinson）（2007）告诫人们不要认为全球化会带来某种单一的全球文化，他认为这种思维方式低估了受众和消费者们作为文化产品用户的能力，显然他们会根据自己的本地化诉求来对这些全球现象加以重塑。人们对互联网的使用形态便是这样一个例子：尽管它作为一张覆盖全球的网络运行着，但在一些特定地理空间内的不同话语社群中，对互联网的使用呈现出了本地化特色和较为分散的特点（Goggin & McLelland 2009；Miller 2011）。对于广播媒体而言，杰里米·滕斯托尔（Jeremy Tunstall）则认为受众对于以国别作为区隔的媒体内容的选择倾向将持续走高，估计全球八成左右的电视内容都将基于国别基础上被制作出来并为观众所消费（Tunstall 2008：449—50）。

知识经济

知识经济的概念有着深厚的历史渊源，同时也是一个用来描述当代全球经济趋势的名词。在《雅典娜的礼物》（The Gifts of Athena）一书中，乔尔·莫基尔（Joel Mokyr）（2002）认为知识经济发端于工业公民的进程之中，他认为自19世纪初，技术进步开始依赖更深层次的认知基础，进而人们能够开发出更复杂的技术，并能够持续不断地实现创新。

对于这一认知的基础而言，莫基尔指的是"知道是什么"（Know what），或者说是有关自然现象和规律（描述性知识）的知识，它需要与另外一类知识联系在一起，即"知道如何做"（know how），或者说是对于社会中人们所掌握的知识加以有效运用（指导性和规范性知识）。莫基尔观察发现，知识不仅能够为人所掌握，同时也能为设备所掌握，这给我们提供了一把钥匙，用来理解为何在当前的技术环境下存在着知识的加速度：

> 知识或存在于人们的心里，或存在于可供提取的存储设备（外部记忆）之中。从某一个人的视角上看去，另一个人的内心也是一个存储设备。一个社会之中，"聚合"在一起的规范性知识应当被简单地定义为有关这类知识所有表述的集合，它承载于一个活着的人的内心，或是存储设备之中（Mokyr 2002：4）。

保罗·大卫（Paul David）和多米尼克·弗雷（Dominique Foray）也发现，知识经济的兴起既是过去一百年来的历史趋势，也是自从20世纪90年代以来的加速过程。他们认为，贯穿整个20世纪，美国经济中无形资本（主要致力于知识的生产与传播以及教育、健康和福利这两大方面）占比的增速不断加剧，其所占比例自 70 年代早期开始就已经超过了有形资产（硬件基础设施、装备、库存资产、自然资源等）的占比（参见 Abramovitz & David 2011）。他们将 20 世纪 90 年代以来的最近这一次知识生产的加速归因于以下几个方面：

- 接入并使用新知识的来源越发多样化，特别是用户自身成为创新来源；
- 在新知识的加速扩散和数字平台上，新型合作的实现过程中，网络化的信息通信技术所扮演的角色；
- 借助知识管理系统，信息通信技术使得曾经的隐性知识得以通过新的形式被整理出来；
- 践行知识分享的重要意义在跨越了体制和部门藩篱的知识社区中得以体现，而开源软件运动（将在第十一章中有所讨论）正是这类实践在全球范围内最为显著的一个。

知识经济的概念的重要理论基础已经发展成为经济学领域中的内生增长理论（Endogenous Growth Theory）。如斯坦福大学的保罗·罗默（Paul Romer）（1994，2007）等一些经济学家所认为的那样，这一理论认为国家间经济增长速率存在差距的关键在于知识发展的不同，认为"知识就是被证明存在价值且可以用来分享的信息"（Warsh 2006：297）。的确，知识并非实体物质，对它的利用也不具有非你即我的竞争性关系。因为"对于非物质形态的知识、信息、思想理念以及其他抽象思维内容的消费并不会带来竞争，所以也就不同于其他商品。简言之，就是如果我将知识与你分享，你所获得的并不会令我的知识储备减少"（Roberts 2009：287）。

为了使得人们对于内生增长理论的认识更加具有可操作性，并促进知识经济的发展，世界银行（World Bank）（2007）提出了促进国家经济在知识的获取、创作、传播和应用等方面实现超越的四根支柱：

1. 教育体系的质量，尤其是要促进终身学习并促使人们不断提升和改造自身技能，从而能够高效地在新的环境下创造并利用知识；

2.高速宽带基础设施，能够借助信息通信技术来帮助实现信息和知识的高效率的沟通、传播和处理；

3.公众对于创新、科学和技术的支持，以及一套国家创新综合体系，使得企业、研究中心和大学可以在一起高效地工作；

4.政府治理、法律制度和公共管理水平的支持，从而能够让新技术得以推广，并且以公平公正的方式实现因为新知识的运用而产生的结构性变革得以实现。

就知识经济方面发展较为成功的国家来说，根据世界银行所采用的知识评估方法（KAM），瑞典、芬兰、丹麦、荷兰、瑞士以及韩国等国已经在这方面成为领导者（World Bank 2012）。

在知识及其与信息之间的关系方面也存在一些问题。唐·兰博顿（Don Lamberton）（2002）指出，在经济学中，信息有两个层面的意义。第一个层面是信息是市场发挥作用的一个条件：生产者和消费者都需要获得有关产品和价格的充分信息来做出选择。同时，大量文献都讨论了信息不对称的影响以及某些人或机构所处的特权位置。在特权位置上，这些人或机构拥有获得一些信息的便利，而这些信息则能够令他们占据市场优势。通常情况下，这些信息也都是被生产者或卖家所掌握的、消费者或潜在买家不知情的信息（Akerlof 1970）。第二个层面的意义则相对复杂，在这其中，信息之所以被利用并非因为它能推动市场交易，而是在于其自身所具备的某种价值。信息是一种资产，或者说是一种资本形式，它"构建着经济系统的知识基础"（Potts 2003：477）。

具有开创性地位的信息经济学家弗里茨·马赫卢普（Fritz Machlup）（1993）认为，新闻的价值不能简单地通过它传递的过程来衡量。我们还需要考虑信息的内容，它对谁具有价值，以及它又为何具有价值等问题。有关信息价值的这些方面都依赖信息的潜在用户不可否认却又难以预测的使用方式。作为迄今为止人类发明出来用于全球实时信息传输的最伟大的工具，互联网的重要地位已经将大量的这类问题置于显著的位置之上。

经济学家约翰·奎金（John Quiggin）指出，传统媒介与新媒介之间的核心区别在于内容与形式之间的关系。传统媒介内容以包含信息内容的产品形式为主（报纸、电视节目、电影、书籍、CD 等）。就此而言，媒介产品市场类似于销售其他商品的市场，他们所提供的内容产品，其资金来源往往依靠广告销售，而非直接售卖。相比之下，"新媒介的信息流动则具有压倒性的优势"（Quiggin 2013：91），它意味着新媒介中的产品虽然就水准而言多数还略逊一筹（比如优兔上的视频相对于电视和类型电影，或者博客相对于光鲜亮丽的杂志），但它也促使各类信息数量的激增以及信息流动的绵延不绝。

从上面这个角度来看，新媒介的经济学具备了信息经济的关键性要素：

- 信息是一种纯粹的公共事物，它既不存在竞争属性，即一个人对信息的消费不会影响别人的使用，也不具有排他性，或者说我们很难让信息只能为一些人所用，而阻止别人接近和使用它；
- 信息不同于公园或免费公众活动这类公共事物，对它的利用并非仅仅局限于本地，而是可以遍及全球的；同时，信息的非竞争性利用的属性并不会随着时间的推移而消失；
- 技术使信息以数字化的形式再生和传播变得无比容易，但同时也受制于版权法规的实施或付费墙技术的发展（如《纽约时报》等媒体所建立的付费阅读模式）；
- 利用广告收益来交叉补贴线上内容的做法变得越发艰难，因为内容的大量扩张使得公司降低了他们在媒体广告上的投入，转而将目标锁定在细分客户群体；
- 正如我们在第四章所讨论的，网络外部效应让最早一批成功的行动者们受益，或者说他们得益于对更大规模网络的接入，亚马逊公司通过在线图书销售获益，而脸书则是得益于社交媒体。

在人类的历史中，互联网是一个通过网络基础设施连接起来并将信息加以汇聚的无比巨大的知识库。截至 2012 年底，互联网上约有 2.46 亿注册域名和 6.34 亿左右的网站，而通过谷歌搜索引擎可以搜到的网页数量则至少有 460 亿（Garibian 2013；WorldWideWebSize.com 2013）。当然，这些信息并非全是知识，所以知识和信息之间的界限也变得更加重要。

约翰·西里·布朗（John Seely Brown）和保罗·杜吉德（Paul Duguid）（2000）认为，就认识论层面而言，可以基于三个方面对知识和信息加以区分：个人拥有知识的多少，将知识与掌握知识者分离的难度，以及在多大程度上需要通过学习实现知识转移。他们认为知识经济既不同于工业经济，也不同于信息经济，并强调"人作为知识的创造者和载体的重要性，以及这一重要性是如何让组织机构意识到知识不仅存在于数据资料库中，更存在于人的身上"（Brown & Duguid 2000：121）。从这个意义上来说，知识体现在人和实践之中，而信息则是被收集和存储于数据资料库里，在互联网上为人们所接入使用，并不断得以复制。豪沃尔斯（Howells）也持有相似观点，认为相对于信息而言，知识需要的是一个"认知结构来吸收转化信息，并且将信息放置在一个更广泛的环境之下，从而让人们可以对其有所作为"（Howells 2000：53）。

知识当然可以通过电子形式被捕捉记录下来，所以这里所指的是何种知识就变得尤为关键。在布朗和杜吉德所做的区分中，最关键的区别是在人和实践中知识的具体表现，而非数据资料库中对它们的捕捉和记录。这一区别在我们思考显性知识和隐性知识的差别时变得更为显著。显性知识是一种经过编纂整理后的知识（以某种形式上的数据被书写记录下来），能够被正式地教授和学习，并且可以从一种环境下轻易转移至另一环境。互联网是一个可以在全世界范围内编纂、复制和传播显性知识的性价比极高的工具。然而，就在互联网令显性知识变得唾手可得的同时，提升了隐性知识的重要性。隐性知识来源于直接经验，其获取过程往往来自直觉、习惯和条件反射，而学习这种知识最好的方法则是从事某种实践、边做边学的试错过程。对于大规模的组织结构而言，无论是来自公共部门还是私营部门，一项关键性的挑战在于他们制造、传播和利用显性知识的程度。而且他们在信息处理上的优势，比如巨大的规模和体量，以及长期保存信息和广泛传播信息的能力，也恰恰是他们难以获取隐性知识的原因所在（Leadbeater 2000）。

另外一个重要的区分在于渐进型知识创造和突破型知识创造之间的差别。渐进型知识创造指的是包含和体现在组织机构中的知识，加入组织机构的人们受其引导，继而再慢慢为其补充新的内容。比如迪士尼这类公司，其主题公园拥有全美最高的单点雇佣员工数量。他们非常强调对新员工的入职培训。迪士尼公司不仅培训新员工在工作方面的技能，还训练他们的"迪士尼式"思维，即迪士尼公司在服务上所坚信的"超出顾客期待"原则。相比之下，突破型知识创造则基于大量的实验和测试，以及对创意失败概率的明确识别之上。查尔斯·里德彼特（Charles Leadbeater）认为，对于大公司来说，新想法出现的速度对于它们在市场中的位置是一个挑战，因为它不仅超出了这些大公司适应新过程的能力，还超出了它们摒弃原有实践的能力。这样一来，结果便是：

> 知识密集型领域中的大公司将会像母舰一样，身边伴随着一群由小型公司构成的编队。一个大公司要变得更具创造性，需要与其外部的知识创造型网络连接在一起，从而使其有机会进入能够产生违背直觉且异于传统的想法的地方（Leadbeater 2000：105）。

表9.1 知识的形式以及组织策略

类型	正规知识	隐性知识
增量知识创造	组织培训	组织文化介绍
基本知识创造	对最佳实践性知识的宣传与散布	非正式知识网络

变化中的创新本质

有关知识经济争论的核心在于创新对经济表现和社会福祉的重要性日渐显著。有关创新的多项指标都变得日益重要。一些人认为主要指标在于缩短的产品开发周期、降低的产品使用周期，以及在同一产品目录下能够更多满足分散的细分市场的不同产品类型，比如轿车款型虽极大丰富，但汽车厂商的数量却相对稳定（Schilling 2008）。另一个指标是注册专利数量的增长，因为专利的定义是"一种新的、具有创造性和使用价值的设备、物质、方法或过程"（IP Australia 2013）。世界知识产权组织（World Intellectual Property Office）（2012b）观察到专利年申请数量从1995年的45万件增长到了2011年的100万件。对日益显著的创新重要性加以衡量的第三种指标则可以从高端市场得以窥见，即许多全球最大公司的市账率（McNicholls，Rajan & Reichelstein 2010）。

20世纪90年代末期微软公司的股票市值超过了通用汽车公司成为全美最大公司，一些人将其看作新经济开端的标志，因为相比于通用汽车、通用电气和波音这类巨型企业而言，微软公司拥有相对很少的实体资产。它的价值存在于其智力资本之中，或者说是其员工通过创新将想法转化为新产品并取得商业成功的能力之上（Stiroh 1999）。当苹果公司于2010年成为全球最大的公司时，它从事着包括电脑、iPad、iPhone等实体产品的生产制造，但苹果公司的价值只是一部分存在于产品资产之中，更多地还存在于苹果公司的产品、服务以及像iTunes商店这样的推动性平台所构成的整个生态系统之上。

经合组织（OECD）用下面这段文字描述创新与知识经济之间的关系：

> 今天，知识构成了人们在研发、教育和培训上持续增加的投资以及其他无形投入的基础。在过去几十年的大部分时间里，多数国家在这些方面的投入增速已经高于实物投资增长速度。因此政策框架也应将重点置于经合组织经济体的创新和知识创造与利用的能力上。政府的一项主要任务是创造条件引导企业参与推动技术变革所需的投资和创新行动（OECD 2005：15）。

在《弗拉斯卡蒂手册》（Frascati Manual）（OECD 2002）和《奥斯陆手册》（Oslo Manual）（OECD 2005）这两本经合组织的"创新圣经"中，经合发展组织并没有关注组织结构或是新兴市场发掘等方面的创新，而是将焦点集中于技术驱动创新。他们认为技术创新蕴含着产品创新（新的产品和服务）和方法创新（做事情以及制造产品的新方法），并且对技术性产品与方法（TPP）的创新做出了如下定义：

技术性产品与方法（TPP）创新包括了应用新技术的产品和方法，以及体现在产品和方法上的重要技术进步。一旦被引入市场（产品创新），或是被用于生产过程（方法创新），便意味着这项技术性产品与方法创新得以实现。技术性产品与方法的创新包含了一系列科学的、技术的、机构的、金融的和商业的行为。这类创新型企业则在评估期内就已经将新的技术产品或重要的技术进步付诸应用（OECD 2005：31）。

政策性手册相当成功地捕捉到了创新对新型技术硬件发展的影响，然而在软件创新、服务创新和创意产业创新方面有待进一步探究。正如康宁汉姆（Cummingham）（2013）所说，这些手册诞生于特定背景下，重点在于科学工程领域内的研发给农业、矿业、制造业、建筑业和运输业等部门的有形创新所带来的影响。经合组织的《弗拉斯卡蒂手册》指出了我们在追求无形创新过程中的问题所在：

软件开发已经包含了高度的研发内容，成为一类重要的无形创新活动。此外，社会科学和人文学科相关活动占比的不断增长，带动了服务型产品和行动的无形创新，同时工商企业部门中服务业所做的贡献也在不断增大（OECD 2002：46）。

经济学家保罗·斯通曼（Paul Stoneman）曾提到软件创新，或者说"产品和服务中主要影响审美或知性诉求，而非功能和性能方面的创新"（Stoneman 2010：22），认为当下的创新策略并未照顾到艺术、设计、媒体以及创意实践领域内的创新。他以 J.K. 罗琳的《哈利·波特》系列小说作为例子，这部作品不仅图书销量巨大，还带来一系列商业上非常成功的电影、玩具、游戏以及视频游戏产品等。这些产品在 21 世纪最初的十年里为英国经济做出了巨大的贡献，但在今天却不会被当作创新。斯通曼的观点诚然没错，但正如康宁汉姆（2013：18—20）所看到的那样，这种情况也带来了新的困境。创意产业的产品就定义而言确实是创新产品，因为它们需要创造出新的东西：一本新书、一部新电影、一款新游戏等。但同时，它们中的大多数依赖早已存在的一般性惯常做法，并遵循着重复的逻辑。好莱坞每年出品的类型电影超过 300 部，但就其新颖性和显著性而言，又有多少能算是真正的创新，这依然是一个存在争议的问题（Caves 2000：200—4）。

在新媒体环境中，随着用户所扮演的角色逐渐显现出越发重要的作用，创新实现的方式也经历了重要的转变。马克·道奇森（Mark Dodgson）、大卫·甘恩（David Gann）和阿蒙·萨尔特（Ammon Salter）（2002）提出了第五代创新过程的概念，将其与那些破坏了原有产品、管理实践和从业者们的突破型技术（Bower & Christensen 1999）和全球市场以及终端用户在创新过程中更重要的作用联系在一起。相比于创意推动或需求拉动型的创新模式，第五代创新过程强调创新过程的相互结合。这种结合不仅包括了供应商与顾客之间的连接，通过研究与合作网实现的战略整合，还包括了技术的整合。技术整合一方面通过不同技术之间的融合得以实现（比如电子技术和机械技术的结合诞生出的混合动力汽车），另一方面还依赖促进全球知识合作网络发展的新型信息化工具组合的发展。这进而带来了开放创新的概念，它要求创新型公司持续关注自身所在的组织机构以外的世界，他们望向供应商、消费者、高校和互联网社区，去发现那些可以被转化为创新性产品、方法和服务的新想法和新概念，而这也需要他们融入事实上正在日益全球化的知识网络（Chesbrough 2006）。

传播理论学家埃弗雷特·罗杰斯（Everett Rogers）（2003）开创性地提出了创新扩散模型，这是传播学研究对于创新领域做出的重要贡献。创意扩散模型用来反映社会系统中用户对创新的采纳速率，以及创新如何随着时间的推移，透过传播中有影响力的个体、相应的商业活动和社交网络等特定渠道实现最终的扩散。他的模型指出了包括早期采纳者在内的不同用户类型和创新转变为成熟技术的采纳临界值等概念。在《无形的电脑》（The Invisible Computer）一书中，诺曼（Norman）（1998）基于罗杰斯的观点，认为随着创新在扩散周期中的发展，市场的焦点会从技术的特性转变为操作便利性和解决问题的能力（如图 9.1 所示）。的确，不同类型的信息通信技术正处于不同的扩散阶段之上：台式电脑在今天已经是一项成熟技术，平板设备在 2010 年之后成为大众媒介，而今天我们正处于谷歌眼镜这类触觉设备（haptic devices）发展的早期阶段。"创新者窘境"

这一概念正是利用了这一框架来观察产品周期中的某个阶段，当一项技术产品正在成为一个大众化的市场商品时，开发更加复杂的技术解决方案存在危险。

案例分析：创新者窘境

"创新者窘境"一词由哈佛商学院教授克莱顿·克里斯滕森（Clayton Christensen）提出，用来表述那些成功的商业公司是如何在他们的管理和表现被认为是行业中的佼佼者时，却由于变化中的市场与技术动因令他们失去市场中的优势（Bower & Christensen 1999; Christensen 2003）。建立在新技术基础之上的产品和服务两种因素的结合成为创新者窘境出现的原因。第一个因素是S形技术曲线模型（如图9.1所示），它源于埃弗雷特·罗杰斯（2003）的创新扩散模型（如图9.2所示）和唐纳德·诺曼（1998）有关技术用户及其需求和期待的论述。

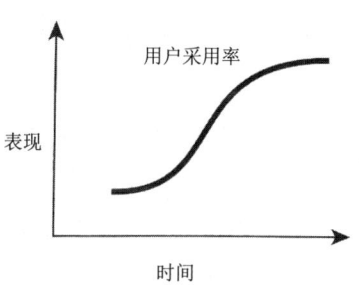

图9.1 S形技术曲线

来源：Sood & Tellis 2005: 153

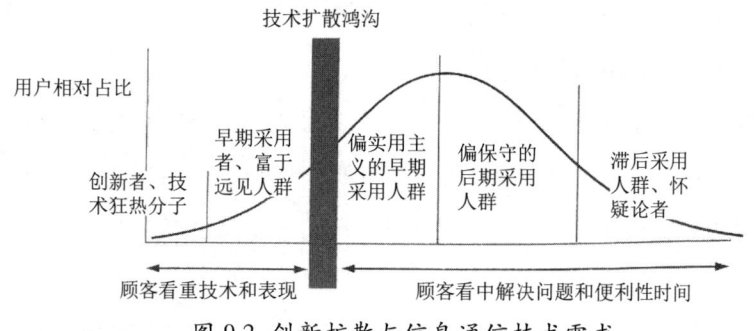

图9.2 创新扩散与信息通信技术需求

S形技术曲线的形成原因有两个：其一，从技术创新者的角度来看，技术的早期应用或许有一些大的漏洞和错误，或是技术及其应用之间的关系还不甚明晰。然而，在一个临界点上，伴随着主导型标准的出现，技术会被快速地改进提升，而产品的特性和用户的倾向也呈现出稳定态势，这时便是新技术拥有了大规模市场的时候。最终，技术在大规模市场阶段充分成熟起来，令大多数用户认为其性能足够良好，继而研究者们便会将精力投入其他更新的技术上去。

20世纪90年代到21世纪初，许多人购买了自己的第一部台式电脑。在这一时期，台式机实现了大量的创新。但到了21世纪第一个十年的中期，这一市场变得相对成熟，而更多的人开始转向了笔记本电脑。而到了2010年之后，人们更多关注个人平板电脑，并且在此基础上实现了大量的创新，而台式机上的创新则进入了一个相对静止的状态。

形成S形技术曲线的另一个原因是用户，埃弗雷特·罗杰斯对狂热爱好者、早期采纳者、主流采纳者、后期采纳者以及落伍者这五类用户加以区分。逻辑思维认为这形成了一个正态分布曲线，其中用户人群里的大多数都位于中间区域，而不是曲线的两端，但同时，处于两端附近的用户人群也是不可忽视的。通常意义上，人们认为一项技术的主体用户大约占到最终用户总量的68%，而早期采纳者（其中包括2.5%的创新者）和落伍者则各占16%。

与S形技术曲线相提并论的是鲍尔和克里斯滕森所看到的新技术发展在时间轴上的表现。创新者和早期采纳者对于新产品性能的期待往往会很高，但是，伴随着这些产品成为大众化的市场商品，人们对于产品性能的期待增速却会逐渐递减。与此同时，更多的时间、资源和知识会被投入到对产品的改良和提升，以及从产品用户那里收集信息等方面，这使得产品的性能表现快速提升，从而超出用户的期待（如图9.3所示）。

如果我们将这两幅图表叠加在一起，反映出的便是创新者的窘境：一边是要在产品周期的早期阶段提供一款对早期采纳者来说性能欠佳的产品或服务，另一边是要在产品周期的后来阶段提供一款超出大多数用户需求的产品或服务（如图9.4所示）。

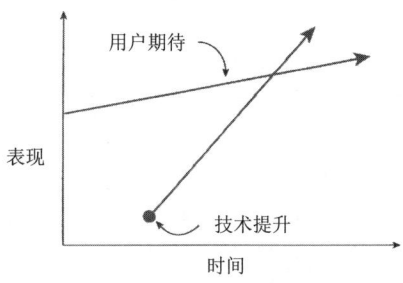

图 9.3 颠覆性技术评价

来源：Bower & Christensen 1999:149

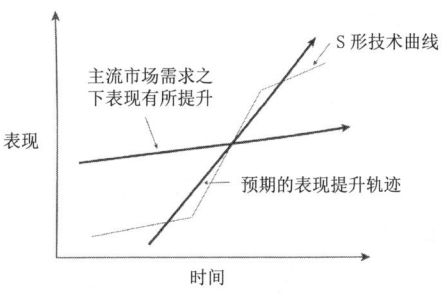

图 9.4 创新者困境

出现这一情形的原因首先是新产品通常都带有设计缺陷和不足，而早期采纳者却往往对这些格外关注。先发优势会变成先发劣势，或是成为市场后来者从先发者的错误中所习得的后发优势（Tellis & Golder 1996）。苹果公司并不是在线音乐市场先行者，但他们的 iPod 系列产品却是当时移动音乐播放器的巨大进步，更关键的地方或许在于，它与 iTunes 商店的同步，使得用户可以通过数字化方式购买音乐单曲并且大量储存到他们的设备中。纳普斯特公司早在1999 年就已经让人们可以个性化地以数字格式获取音乐，但大的音乐发行商们却将纳普斯特公司挤出了市场，因为他们所能看到的只是消费者对于整张 CD 专辑所表现出的喜好，却没能看出一首数字音乐的表现。紧接着 21 世纪初，苹果公司便开始统治了各大主流唱片公司，而相比于 20 世纪 90 年代后期的唱片工业，这一行业在2010年以后呈现出颠覆性的表现（Knopper 2009）。

造成创新者窘境的另外一个因素更为复杂，原因在于伴随着时间的推移，产品和服务越发成为大众化市场产品，用户的期待同技术性能的提升轨迹逐渐脱节。一个非常明显的例子就是对于大多数软件程序而言，有95%的用户并不会用到这些软件中95%的功能，这些用户更多只会用它完成很小一部分且相当熟悉的任务。这一点的重要性在一定程度上取决于竞争对手是否在某项产品或服务中发现机会所在，能够提供出比市场领导者更加简便且价格便宜的产品或服务，并且能够照顾到未被满足的需求。

在这方面最好的例子就是瑞安（Ryanair）、易捷（Easyjet）、捷星（Jetstar）、亚航（AirAsia）以及维珍（Virgin）等廉价航空公司。他们看到尽管现有航空公司一直在提升他们的机上服务质量（更好的餐食、更多的机上娱乐、免费提供的饮料等），但对于相当大一部分潜在的航空旅客而言，只要能够花更少的钱从一个地方到另一个地方，他们并不在意机上体验的品质。如此一来，这些航空公司便开拓出了一片新的市场空间，为寻求低价飞行，且对机上体验的品质期待较低的航空旅客提供服务。

就航空业的这个案例而言，原有航空公司一直在他们擅长的领域寻求改进，应对已有顾客群体的需求，然而具有颠覆性的新一代创新者们则从根本上改变了航空旅行的基础性假设。在计算机行业，戴尔公司注重借助互联网来实现成本更低的配送，而非产品的持续创新，他们通过这种方式满足了那些对产品没有过高期待的用户群体。相比之下，在聚集了大量普通电脑品牌的环境之中，苹果公司的表现则说明基于设计创新所形成的产品差异化也是一项极为切实可行的竞争策略。

结语：知识经济 / 创意经济

在第八章和这一章中，我们讨论了理解社会经济转型的两种路径。这一章考察了全球化的网络通信技术如何促使公共流通领域内的信息资源在体量和范围上实现一次质的飞跃，以及它会被如何用于创新和知识型产业与职位的增长之上。在上一章，我们讨论了创意产业的兴起，以及艺术、媒体、设计、创意实践和文化遗产的新融合，还讨论了与这些部门相关的产业和职位在当今发展最为迅速的行业领域里，如何促进我们对于全球创意经济的兴起形成新的认识。

这看起来是相互矛盾的两种说法：知识经济与创意经济。而且，它们看起来就像是 C.P. 斯诺在 1959 年那次著名的批判中提到的科学和艺术两种文化的翻版，或者以更近一个时期人们在概念上的区分来看，它们表现出的或许正是经济学同文化与创造力之间的矛盾。譬如文化批判学者奥康纳（O'Connor）就对此表示关切，认为创意产业"代表着市场与文化的无缝结合"和"知识经济的逐步发展对文化产品中文化价值的吞并"（O'Connor 2009：389）。借用高等教育领域里大家常用的一种缩写形式，知识经济好比科学、技术、工程和数学学科（Science，Technology，Engineering，Mathematics，STEM），而创意经济的理念则代表着来自人文、艺术和社会科学学科（Humanity，arts，social science，HASS）的观点。

但是，当我们越是看到知识经济与创意经济之间比肩依存的关系，我们会发现这两者间相互融合的必要也越明显。我们在这一章中曾提到，创新的概念一直同自然科学领域内的研发及其在制造业生产中的应用联系在一起，而经合组织手册也难以将创造性革新与服务领域内的创新，或者经济学家保罗·斯通曼所说的那种"主要影响审美或知性诉求，而非功能和性能方面的创新"（2010：22）结合在一起。尽管如此，一个不断丰富的明确迹象是，知识经济领域内居于全球领导地位的公司都在同时着手创造性的产品的革新和社会性关系的经营。苹果公司2012年成为全球市值最大的上市公司，作为一个实体，他们之所以一直将创新设计置于产品开发的优先位置，并且逐渐在音乐等文化创意产业中占据了统治地位，是因为他们将自己在有形产品上的创新（iPod、iPad、iPhone等）与iTunes商店这类在无形服务方面的创新结合在了一起。所有这些全球最大的信息通信技术公司，比如微软、三星、谷歌、脸书、亚马逊、易贝以及苹果等，都在努力促进技术平台上人际交往，并且都将其看作和软、硬件开发同等重要的业务。就这一方面而言，在一个社会化媒体计算无处不在的时代下，将信息技术与我们对人的行为和社会交往更进一步的理解分割开来是武断的，而且存在误导性。

长期以来有关创意产业的讨论中一直存在着不同的纷争。一边是将其理解为一个产业集群（音乐、电影、出版、创作与表演艺术、广播电视等），并且将创意产业政策看作以新方式对待原有行业的标志；另一边则在讨论创意产业的生长点是否在这些行业之外，应当走向创意经济。如果一个人同意在创造性和创新之间存在某种关联，并且接受创意和创新是21世纪知识经济的核心所在，那么以此为前提，如果还将这些趋势局限在文化艺术领域之中，就将如同把创新问题限制在科学工程领域中一样武断。

设计思维对于所有工业部门的影响无处不在，而且设计已经毫无疑问地成为建筑、时装、网页、动画和游戏设计等传统设计行业之外更多行业的竞争优势资源（HM Treasury 2009；Cutler & Company 2008；Cunningham 2013：54—6；178—83）。传统意义上的媒介（报纸、杂志、广播、电视、电影），与谷歌、亚马逊、脸书、苹果、网飞以及其他一些公司占领之下的信息通信技术与社交媒体空间的相互融合如今已经无处不在，以至于将传统的媒体政策工具和标准运用到融合环境之中变得步履艰难（Flew 2012b）。正如媒介经济学家艾里·诺姆（Eli Noam）（2009：4—5）所看到的那样，集中在媒体所有权和控制权之上的讨论正逐渐从传统的媒体集团（新闻集团、时代华纳、迪士尼等）转向谷歌、苹果和雅虎这类大的整合型企业身上，而后者正逐渐成为线上流动的数字媒体内容的主导者。

近些年有关创意产业的论述提出了一种创新模式,在这一模式中,创造力作为一种"一般目的性的社会化技术"(Hartley 2012:25)发挥作用,相对于过去的"生产者—消费者"模式,社会化网络市场让参与者和企业在一起以更活跃的方式互动,而相较于传统文化艺术政策下那种带有公益福利性质的亏损模式来说,这一模式也更具说服力(Potts & Cunningham 2008)。巴克什(Bakhshi)、哈格里弗斯(Hargreaves)和马特奥斯—加西亚(Mateos-Garcia)(2013)发现,就围绕垂直整合的行业筒仓构建起分析对象的方式而言,创意产业的思维在一定程度上要早于互联网,但它却没有意识到计算、通信和创意内容这三者的融合(3C,Computing,Communication,Creative Content)将会在多大程度上给这些筒仓带来不断的问题(Manovich 2012):优兔提供的是一种电视服务吗?苹果公司是否属于音乐产业?脸书和推特传播新闻内容吗?他们发现在英国的软件和网站相关行业中聚集了大量的创意型劳动者,并认为文化、媒体与体育部的职责从一开始便覆盖了创意产业中的软件开发,从原则上来讲这是一个正确的决定,即使当时人们做出这个决定是出于不同原因(当时的重点在于创意产业中知识产权问题的出现)。所有这一切都表明,我们把对于知识经济和创新的讨论,同有关创意产业和创意经济的讨论结合在一起是有道理的。

在线资料

Knowledge Economy Index <http://info.worldbank.org/etools/kam2/KAM_page5.asp>—Measure developed by the World Bank to internationally identify leading knowledge economy nations as part of its Knowledge for Development (K4D) program.

Yale Global Online <http://yaleglobal.yale.edu>—0nline resource from the MacMillan Center for International and Area Studies at Yale University.

10 新媒体与高等教育的转型

引言：大学的终止？

关于新媒体技术正如何产生变革性影响的讨论在大学中日渐升温。高等教育领域是历史上公共生活中较为古老与稳定的领域之一，现在人们几乎不断地在思考它是否能在 21 世纪保留现有的形式。许多报告提出警告"雪崩即将来临"（Barber et al. 2013），我们需要为"未来大学"（Bokor 2012）做好准备，然而许多批评者却悲叹道"废墟中的大学"（Readings 1996）以及"随着管理方法及术语的入侵，自由大学理念的腐败"（Coaldrake and Stedman 2013：13）。

数字媒体技术常被视为处于此类转变的最前沿。众所周知，向知识经济迈进的步伐会产生"偏向技能的技术转变"，这会使高等教育学历富有重要性。尽管大学毕业生数量持续增长，这种收入差距也会保持（Machin & McNally 2007）。由于全球高等教育需求持续增加，关于技术媒介教育的新探讨日渐兴起。通过诸如大规模在线开放课程（慕课）的新形式，技术媒介教育是否正在增加人们接受高质量学习的机会，或者正充当教师与学生之间重要的连接，是学习过程中不可或缺的一部分。新型教育的相关举措指向了一个网络提供的媒介学习的新世界。例如，在可汗学院，教育家萨尔曼·可汗（Salman Khan）使人们从 2006 年开始可以在网上免费获取 4000 多节讲座，成为任何地方任何人的"免费世界课堂教育"。因此，新型教育不再依赖于例如演讲大厅、课程表、校园和课堂辅导等常见的大学设备。

这些讨论不再新颖，但从 20 世纪 90 年代开始，讨论的范围和强度已经增加了。比尔·雷丁斯（Bill Readings）在《废墟中的大学》（Readings 1996）中称，现代大学日渐效法企业的结构与管理，"其特点是卓越的空想主义，他认为大学被市场效率标准所决定，并将其不加区分地应用到所有活动当中"（La Capra 1998：36）。管理学家彼得·德鲁克（Peter Drucker）认为，该种转变尚未充分发展,他在 1997 年向《福布斯》杂志讲道:"高等教育现在深陷危机。我们已经开始在校外通过卫星或双向视频讲授更多的讲座与课程,其花费仅是原先的一小部分。学校不会作为一所寄宿学校存在下去"(quoted in Tapsall 2001)。在 20 世纪 90 年代中期,一项由澳大利亚联邦政府委托的研究评估了"死星情节"的可能性(在《星球大战》之后),该情节中顶尖大学与全球媒体公司合作,在全球推出基于技术的学习,以低成本提供有声望的学位,这威胁到大量非名牌公立学校的存在(Cunningham et al. 1998)。然而该研究却发现此类焦虑被夸大了,随后一篇报告使人们注意到一系列新型高等教育提供者,从开放大学到网络远程学习,再到以赢利为目的的公司,例如凤凰城大学、开普兰教育集团与阿波罗教育集团,以及诸如微软、摩托罗拉、迪士尼和麦当劳创办的企业大学(Cunningham et al. 2000)。

本章将会在 21 世纪早期高等教育的背景下批判性地评价此类讨论,并讨论高等教育转变的十大驱动力,其中数条原因与本书其他地方讨论的主题相关,例如社交媒体、全球化与知识经济的影响。本章也将会考虑从 5P——实际(Practical)问题、个人(Personal)问题、教学(Pedagogical)问题、政策(Policy)问题以及哲学(Philosophical)问题——的角度探讨此类发展中提出的问题。本章也将会从教育质量的角度对慕课进行批判性的评估。我们将会得出观察结论,尽管大学将会继续在经济、社会与文化中扮演一个重要或日渐重要的角色,但被克雷顿·克里斯汀生(Clayton Christensen)与亨利·艾林(Henry Eyring)称作"颠覆性大学"的相关问题(Christensen and Eyring 2011)亟待解决,特别是成本与政策压力有可能引发全球高等教育重大制度转型。

高等教育转型的十大驱动力

我们可以确定十个驱动力正在改变高等教育领域：

1. 高等教育全球化；
2. 知识经济的兴起；
3. 知识传播与从网络获取知识的成本大幅下降；
4. 全球高等教育需求增长；
5. 关于管理高等教育的成本与在高等教育领域内促进分化的政策发生变化；
6. 变化的学生人口与对毕业生技能及知识的新期望；
7. 与工业变化的关系；
8. 高等教育的成本压力；
9. 新型以赢利为目的的高等教育提供者的出现；
10. 全球大学排名系统的影响。

高等教育全球化

联合国教科文组织（2012b）报告称，在2010年有360万国际流动学生，该数字自2000年起增长了78%。国际流动学生指的是那些跨越国界求学的学生，或注册了国外远程教育项目但非该国居民或公民的学生。他们是大量外籍学生中的一部分，许多学生都想在他们学习的国家获得居留权或国籍（UNESCO 2012b）。

国际学生中最多的人来自中国、印度和韩国：来自东亚与太平洋地区的学生占所有国际学生的28%，中国占总数的17%。毫无意外的是，最大的留学目的地是美国与英国，占2010年国际学生录取数的30%（UNESCO 2012b）。但是只关注最高占比可能会掩饰其他趋势。例如，法国、德国、俄罗斯、美国、马来西亚和新加坡,它们既有大量的国际学生,也有大量公民在海外留学。与此同时,澳大利亚的国际学生占总录取数的比例非常高(25%)。

表 10.1 国际留学生主要来源国与目的地国(2010)

排名	来源国(千人)	目的地国(千人)
1	中国(568)	美国(684)
2	印度(211)	英国(390)
3	韩国(127)	澳大利亚(271)
4	德国(105)	法国(259)
5	土耳其(72)	德国(200)
6	法国(68)	日本(141)
7	俄罗斯(62)	俄罗斯(129)
8	马来西亚(58)	加拿大(95)
9	美国(55)	中国(71)
10	摩洛哥(54)	南非(60)

资料来源:联合国教科文组织 2012b

西蒙·马金森(Simon Marginson)(2010)强调,学生的国际流动仅是高等教育全球化的一个表现,即使它非常显著。马金森评论道"高等教育与知识同时是全球的、全国的以及本土的"(2010:6963),他发现了四种趋势正将高等教育从其公立制度与政策背景下剥离开来,并将其推向全球大环境中:

1. 日渐依赖国际招生数,将其作为学校资金的主要来源;以澳大利亚为例,1995 年来源于全自费国际学生的收入占大学总收入的 5.8%,到 2005 年上涨为 15%(Marginson 2010:6967);

2. 跨境教学项目的发展,不管是通过离岸校园,还是与当地教育提供者的合作项目,或是跨机构联合学位;例如,2011 年有 200 所国际分校,其中美国有 78 所，法国有 27 所，英国有 25 所（Bokor 2012：10）；

3. 研究资金国际来源与国际合作研究项目团队日渐重要；

4. 课程项目的跨境认可。

高等教育与知识经济

经济知识的概念（见第九章）使人们注意到知识型产业的兴起、所有产业强化的知识水平、创新日益增长的重要性，以及数字网络媒体如何加速生产、配送与新知识的使用（David and Foray 2002）。在知识经济的背景下，教育系统的质量已经成为国家比较经济表现中一个重要变量，尤其是推广终身学习的能力，它使人们能够在科技与结构迅速变化的环境中不断提升并调整自身的技能（World Bank 2007）。

彼得·柯德瑞（Peter Coaldrake）与劳伦斯·斯特德曼（Lawrence Stedman）提出，"技术转变与教育之间的关系不仅会在机械化替代某种低技术劳动力时上升……当技术能创造更具价值的劳动者，使他们能使用新工具时，其关系也会上升"（2013：15）。这将会产生技能偏向的技术转变，一般情况下高等教育毕业生与未取得高等教育学历的劳动者之间的收入差距依然很大，甚至拉大了较之前的差距，尽管大学毕业生数量已经大幅度增长。新增长经济学与人力资本的相关概念的政策意义（Mokyr 2002；Warsh 2006；Romer 2007），是"一个有文凭的群体的总价值要高于各部分之和，一个人的学位可以给另一个人的学位增值，这会产生高水平的创造力、创新力与生产力"（Coaldrake & Stedman 2013：17）。附和此类说法的学术文献推测了未来的劳动力应具备罗伯特·莱克（Robert Reich）所说的"符号分析员"（Reich 1992）与理查德·佛罗里达（Richard Florida）（2002）所说的"创意阶层"的技能与特征。

正是基于这些理论，21世纪前十年各地政府在高等教育领域投入了大量资金。英国布莱尔（Blair）工党政府于1999年制定了目标，到2010年18岁至30岁之间接受高等教育的人数要占50%。澳大利亚拉德（Rudd）与吉拉德（Gillard）工党政府于2009年制定了目标，到2025年，澳大利亚25岁至34岁之间拥有高等教育学位的人数要占40%。瑞典的目标是25岁以下被高等教育录取的人数要占总人口的50%。巴拉克·奥巴马（Barack Obama）已经指出他希望美国拥有高等教育学历的年轻人占总人口的比例是全世界最高的（AACSB International 2011：39）。

数字网络与知识的传播

正如人们所料，知识经济与大学之间的关系是牢固的。如果全球经济中的新知识的产生、分布与运用有新的附加费，那么主要与大学发展和宣传相连的大学投资，会出现明显的国家政策响应。但是，通过投资大学与推进高等教育发展来投资新知识的方式，也因网络彻底改变全球知识循环的所有方面而进入新时代。

在《知识的边界》一书中，大卫·温伯格（David Weinberger）（2012）指出了网络的五大特征从根本上转变了我们对知识的理解与运用。

1."丰富"：现在我们几乎可以在网上获得无限的数据、信息、分析与观点，它们实时持续更新，这就意味着网络"不仅给人们提供教育与地方图书馆，还让我们可以通过单击鼠标获取近乎无限的知识与文化作品"（Weinberger 2012：173）。

2."链接"：搜索引擎使信息的无缝连接成为可能，用户能够将一个又一个概念不断连接起来，这样"链接的积累就会使网上内容的积累更具适用性（因为人们可以找到它）且更具价值（因为语境会围绕内容更丰富）"（Weinberger 2012：67）。

3."无须许可出版"：现在出版是无限制的，而且出版几乎没有障碍（除了要有台电脑、适当的软件，并且不能违反各种法律），专家学术团体的知识俱乐部所扮演的历史角色现在面临不断的挑战，因此用户有责任识别出优质的信息源。

4."公共知识"：知识创造的过程已经被公开，所以学术文章作为研究对象的最后结论，与初稿、元数据、评论以及围绕该研究对象的各种形式的技术媒介互动共存，向公众提供知识创造的新理解，不再有用于同行评审出版物传统的筛选。

5."未解决的"：一个关于信息与知识主张扩散的悖论，它不是在将我们领向共享真理，而是在向我们揭示知识主张的争论范围，以及知识与政治、信仰、同等群体以及已接受观点问题的联系程度。温伯格认为，"当我们在这个令人抱怨的世界中，看到那些饱受非议的事物经过筛选后的样子时，我们会觉得（知识）旧启蒙理想更似合理"（Weinberger 2012：174）。

如此发展的矛盾的结果将会是，网络与其他相应的发展已经展现出知识发展的向心性，同时也使大学与学者学术团体作为享有特权的知识创造、传播及使用的场所更加分散。

全球高等教育需求增长

有足够的例子证明全球高等教育需求的增长。经济合作与发展组织在2010年发现，18岁至29岁的人群有40%在2010年已经获得或曾经获得高等教育学历，这比1995年增长了100%（OECD 2012：21）。经济合作与发展组织国家进入大学水平教育的学生比例，在1995年至2010年之间平均增长了近25%。澳大利亚、奥地利、韩国、捷克共和国出现了最大幅度的上涨，然而只有芬兰、新西兰与匈牙利在该阶段呈现了下降的趋势（OECD 2012：17）。在先进工业国家之外，这种转变更加明显。在东亚与太平洋地区，18岁至22岁正在接受大专及以上教育的高等教育参与率，从2000年的15%增长至2010年的29%：中国从8%增长至26%，印度从9.4%增长至17.9%，拉丁美洲从22.6%增长至40.5%，中东与北非从21%增长至30%（Bokor 2012：7）。

高等教育如此大规模持续增长，促使了高等教育从精英到大众再到普及的转型。马丁·特罗（Martin Trow）（2007，2010）发现，高等教育从精英到大众这一决定性的转变发生在20世纪60年代至70年代的美国与西欧，中国、印度、韩国及拉丁美洲地区在近几年发生了相似的转变。"战后时期每一个富有的民主国家中相关年龄层的高等教育录取率都实现了增长，从二战前后的5%增长至世纪之交的30%至50%。"（Trow 2007：247）特罗对三个阶段的定义如下（Trow 2007：244）：

（1）精英——塑造统治阶层的心灵与性格，为精英角色做准备；
（2）大众——技能传递，为更广阔范围内的技术与经济精英角色做准备；

（3）普及——改造"全部人口"，使其适应快速的社会和技术变革。

这三类高等教育形式之间的进一步区分详见表 10.2。

表 10.2 精英、大众与全民高等教育的特征及其差异

类别	精英（0—15%）	大众（15%—50%）	全民（50%以上）
对机会的态度	与生俱来或天赋的特权	适于资格的人	是中上阶层的责任与义务
高等教育的作用	塑造人格与思维；为精英身份做准备	技能的传授；为更广泛的专业与技术身份做准备	帮助全民适应社会与科技的快速发展
课程体系与授课形式	具有高度的条理性；围绕学术知识观念打造	更为单元化、灵活以及半结构化课程顺序	界限、顺序以及学习类型之间的差别被打破
学生生涯	一直到中学毕业之前，上学都是生活中稳定的一部分	更多的延期入学以及成熟年龄入学	正规教育、工作以及生活其他方面之间的界限变得模糊
院校特征	同质的，具有很高的共同标准；许多学生都在学校里；学校与外面的社会是分开的	标准更加多样化；住宿与走读学生混在一起；学校与社区有更紧密的联系	标准多样化，无共同标准；大部分学生很少或几乎从来不上学；门槛很低或者没有
权力的核心，决策以及学术管理	学校的；精英团体拥有共同的价值观与责任；非专业学术人员被同行选为管理者	全职学校管理者的崛起；专业官僚主义增长	全职学校经理人依靠商业管理技巧；由学术之外的标准指定
机会与选择	任人唯才的，纯粹由在校表现决定	任人唯才的，由许多因素决定的；对于未被充分代表的群体也能有公正公平的选择	未被充分代表的群体，也能获得开放性的、有针对性的支持

这些描述中有一项复杂的因素，高等教育的大众化甚至普及化并不会导致精英大学的终结。更确切地说，高等教育接受者人数的增长，以及授予学位的高等教育机构数量相应的增长，有助于提高精英大学学位的地位和价值，相应地也会提高教育提供者之间基于地位的竞争。正如西蒙·马金森所描述的：

> 精英大学在一定程度上超越了国家的经济状况。他们需要资源，但资源也是其根本目标：未来领导者的教育、研究、学校社会地位与历史性力量（Marginson 2013：364）。

身份等级是如何维持的，又是如何随着时间的推移再生的，甚至在高等教育大众化与普及化的时代是如何被挑战的，这些问题使人们注意到政府政策与国家高等教育系统形成之间的关系。

政府政策与高等教育发展的形式

高等教育全球范围内的扩张，是由同意部分或全额资助学生录取的各国政府的政策所驱动的。政府依然是基础及应用研究的主要资助者，也是新大学与校园的委员，负责调节学生、教师与高等教育领域研究员的人数增涨。政府参与到大学中并非没有问题：在许多社会中，人们都会有顾虑，政府应与大学保持一定的距离，以免影响学术自由，这是追求无私的教学、研究、奖学金所必需的。这就造就了政府与大学之间的复杂的动态关系：

> 政府关注大学是否能够高效并且迅速做出反应。同样地，大学也注意保护自身独立性，不受外界干扰，以免危害其自主运营。因此，人们总是迫切关注政府与大学间如何处理正式关系（Coaldrake & Stedman 2013：218）。

西蒙·马金森（2011）已经指出高等教育在三个方面具有的公共产品特点，它们可以被视为对大学公共财政支持的保障，符合社会与公民的公共利益。

1. 对个人教育的支持，以及对新知识研究的支持，正如经济概念中的公共产品。公共产品具有非竞争性和非排他性，且会产生正外部性——例如总体水平更高的人力资本，更熟练和更有教养的劳动力，知识积累的增长，以及其他领域的突破性创新（例如公共卫生领域），然而当缺乏公众支持与资金时，正外部性可能会供给不足。

2. 大学可以从一个更加社会政治性与规范哲学性的角度理解，其作为具有公共产品本质的学术机构，可以在没有强迫与其他外部约束的环境下被讨论。正如马金森所述，"至多，公共产品将大学置于民主化与人类发展的大过程中。人们广泛认为，公共高等教育应该是开放的、平等主义的，并且超越高等教育，对更大的群体负责"（2011：418）。

3. 大学作为公共机构，有助于公有领域的发展，在这里新思想不仅被创造、传播，也会受到批判与挑战。尤尔根·哈贝马斯（Jürgen Habermas）将媒体悲观地解释为公有领域的公共机构，与之相反马金森认为大学"拥有显著的能力，（并且能）包容世界观、地点、兴趣、项目与学科的诸多差异性"（Marginson 2011：419）。

这类活动能够带来政府支持的公众利益，同时也能给个人与公共机构带来私人利益，后者情况较为复杂。获取学位的个人，不但有助于创造一个提供更多良好教育的社会，还有助于坚实国民经济的技术基础。个人层面上，他在事业上的个人收入多于没获得同等学位的人。此外，对毕业生阶层构成的众多的研究表明，尽管为了扩大高等教育招生，实施了公平措施数十年，中产阶级与上层阶级背景的毕业生仍获得了更多的利益。同样地，公共资助的研究有助于总体的知识积累；同时也提高了接受这类资助的大学的社会地位。由于研究经费不成比例地倾向于精英大学，这又进一步提高了其精英地位，新大学与其之间的差距有可能进一步扩大，尽管新大学的学生以应用研究为重点。

变化的学生人口

从过去到现在，"大学到底应该做什么"一直是个亟待解决的问题。对约翰·亨利·纽曼（J. H. Newman）来说，他在19世纪中期写道，大学首先是一所教学机构，旨在追求知识以及为了学习而学习，是人的一生所不可或缺的一部分。对威廉·冯·洪堡（Wilhelm von Humboldt）以及他在19世纪早期帮助建立的德国大学来说，大学是一所教学及研究机构，两个功能相互依赖促进，通过奖学金的"难以压制的自由精神"推动知识发展。克拉克·克尔（Clark Kerr）作为加利福尼亚大学伯克利分校校长，在1963年写道，他将现代大学理解为参与教学与研究的"综合大学"，它能推动"现代化、不断的探索、转变、增长并促进国家发展"（引自Marginson 2008：4），因此充满活力。

所有的这些模型都暗示着，学生是无私的知识追求者，对知识的渴望促使他们学习。但是热爱学习这一动机一直与为了获益而学习的动机并存。高等教育受公共产品与私人收益标准共同驱动，高等教育大众化转型已经使私人收益标准这一动机更加明显。虽然入学人口基础的范围延伸至以年龄为基础的群体，还有参与工作的人，以及新职位所需的新学历而接受培训的人。

数字媒体技术使教育能超越传统教室的局限，更加灵活地向大众敞开，也正是在这一空间内，新型以赢利为目的的高等教育提供者非常活跃地与大学一起拓宽了招生范围，招入群体不再局限于传统的中学毕业生范围。苏伦泰·普萨尔（Suellen Tapsall）（2001）指出，开放远程教育（ODE）课程不仅使纸质课程形式走向在线及多媒体资源，也将其重点转向发展在职学生，扩大学生入学基础，降低授课成本，扩大接受教育的机会，以及克服地理和其他弊端，如图10.1所示。

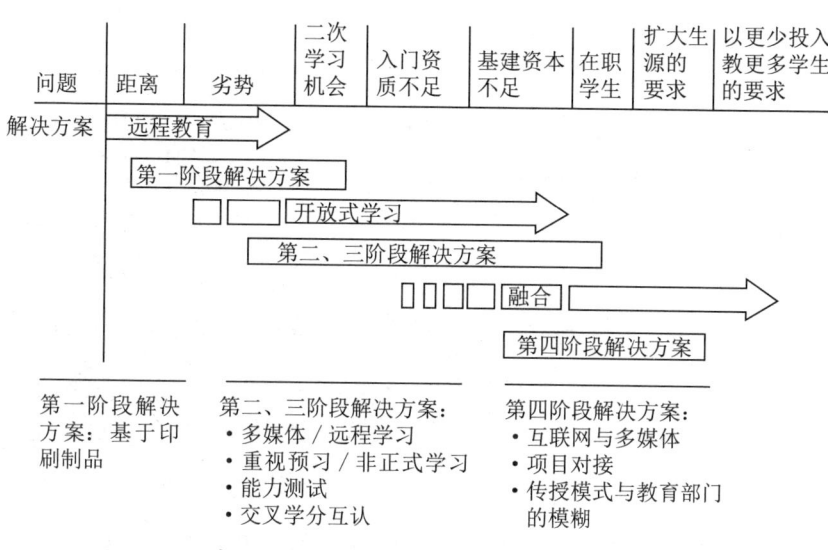

图 10.1 教育模式与不同阶段的远程开放教育之间的关系

来源：Tapsall 2001：40

与行业变化的关系

大学与行业之间的关系是复杂且多层面的。作为大学毕业生的主要雇佣者，行业团体频繁地指出，他们需要加大对学生在校活动的投入，以便使毕业生更好地为职场做准备。英国一篇关于就业技能的报道断定，"雇主们感觉高等教育机构忽略了他们的诉求"（Lowden et al. 2011：iii）。同时，从资格认证对学历有直接需求的行业（例如法律、会计、医疗、建筑），到有间接需求的行业（例如商务管理教育、数字媒体、新闻），再到鲜有直接关系的行业（大多数艺术、社会科学与人文学科），更多的行业需求面临着一系列问题，如个别课程与职场之间多变的关系。此外，学术学科的培养不同于某工作任务所需的技能培训。在快速变化的职场环境中，在传授行业所需技能方面，在职培训依旧优势显著，但三至四年的大学学历使毕业生能批判地思考问题。关于行业需要毕业生具备哪些能力的研究，常常使人们更加注重通用技能的培养，例如项目管理、团队合作以及沟通技巧，这与任何特定的技能或者职业领域相关的研究完全不同。

随着技术飞速发展，公司与行业日益寻求新技能的即时学习。行业也日渐成为大学的竞争对手，他们能提供比大学更适合自身需求的专业项目，尤其是高端商业课程。更广泛地说，学位的行业认证正成为更加重要的课程驱动，正如思科与微软这些公司与计算机和信息技术学位之间的关系。

高等教育的成本压力

全球高等教育成本正在持续上升。在美国，2013年学生贷款总数超过1万亿美元，30岁以下学生有35%的贷款未偿还，本科生学费成本从2000年至2001年到2010年至2011年上涨了74%，其增长率超过通货膨胀的42%（Barber，Donnelly & Rizvi 2013：11—13）。在英国，保守党和自由民主党政府于2011年决定撤销对学费的管制，几乎所有大学选择将新学费定为每年9000英镑这一许可内的最大值，这"不是因为任何实际成本的计算，而是他们担心在大众眼中，任何东西降价都是因为质量下降，他们可能因此而失去市场占有率或损害其品牌"（Barber，Donnelly & Rizvi 2013：11）。尤其是在美国与欧洲，大学学费上涨率高于通货膨胀，此外由于当下青年失业率高，毕业生失业率高，以及人均收入下降，高等学历的价值遭到质疑。

威廉·鲍文（William Bowen）（2013）在其《数字时代的高等教育》这一研究中，指出了迫使高等教育成本上升的因素，包括：

- 在与人际关系联系紧密的活动（教学活动）中，用科技替代劳动力的困难；
- 在不同大学中，使用"生师比"作为替代方法评估教学质量；
- 机构刻板，虽然设立新课程和研究中心等相对容易，但与之相比，关闭低录取率专业，将教员调至另一教学领域则更加困难；
- 购买最佳的压力，尤其是明星教授，以此来提升研究现状以及相关的质量认知；
- 由于录取学生范围在背景与个人情况方面多样化，学生支持服务支出上涨；
- 学生期望与包括政府政策制定者在内的其他责任人的期望不匹配。例如，由多种大学排名行为（以下讨论）产生的打造研究领先者的压力，可能会转移教学活动资源，而这是学生主要付款购买的内容。

鲍文得出结论，至少在美国的背景下，"学术带头人必须寻找明确的降低成本的策略"，不只是"在边缘节省，还要做出更大、更艰难的抉择"（2013：63）。他断定"如果高等教育还不开始减缓大学成本增长率，我国的高等教育系统会失去其主要依赖的公共支持"（Bowen 2013：63）。

以赢利为目的的高等教育提供者的兴起

私立大学从大学出现时就已存在——在美国，耶鲁、哈佛、斯坦福、普林斯顿以及哥伦比亚大学都是私立院校，直到现在的麻省理工，也是近几年发展起来的以赢利为目的的高等教育提供者。所谓的企业大学也是以赢利为目的的教育提供者，例如迪士尼大学、摩托罗拉大学以及通用电气领导力项目，它们都从原来的企业人力资源培训中心发展而来，逐渐变得更加广泛普及（Meister 1998）。它们还包括私立的以赢利为目的的大学，例如凤凰城大学、开普兰大学以及德锐大学。在美国，以赢利为目的的大学发展迅速，2010年以赢利为目的学位授予机构招生人数超过200万，占总招生人数的13.3%，与2000年相比增长了380%；2000年，以赢利为目的学位授予机构招生人数为45万，占总招生人数的3.8%（US National Center for Higher Education Statistics 2013）。他们占美国在线学生人数的43%，占高等教育学生总人数的11%（Coaldrake & Stedman 2013：133）。

康宁汉姆（Cunningham）（2000）与他同事将以赢利为目的的私立大学的增长与"上班族市场的兴起"联系起来，上班族需要更加实际且相关的学历，这类授课能够顾及成人的竞争时间与体能需求"（Cunningham et al. 2000：xvi）。美国最大的以赢利为目的的高等教育提供者是凤凰城大学，它也是美国最大的大学，2010年其招生人数为30.7万人。其他以赢利为目的的大型院校还包括开普兰大学、阿斯福德大学、自由大学，如由杰瑞·法威尔（Jerry Falwell）领导的福音派大学，和德锐大学及其下属凯勒管理学院。以赢利为目的的大学的显著特征是：其分解了课程开发者、教师、研究者以及检查者的学术性角色;这些院校大多依赖兼职教师,他们无须从事太多科研,只需提供职业导向课程以及根据行业需求订制的即时教育,不再讲授综合课程。

全球大学排名系统的影响

全球大学排名系统已经至关重要,它能规范大学的行为,促使在校学生和待申请的学生、政策制定者和学者们,以及不同领域的国际领导者对不同大学综合素质的理解。主要的国际排名系统有泰晤士高等教育(THE)世界大学排名、QS世界大学排名、由上海交通大学研发的软科世界大学学术排名(ARWU)。表10.3展示的就是这类排名形成的加权标准相关信息。

西蒙·马金森将这些排名系统形容为大学全球化的关键因素,其中机构行为与表现"参考了非正式全球标准的要求与措施,全球出版,以及学位结构、认可与质量保障之间的融合与协调的不平衡倾向性也促使其提升品质"(Marginson 2010:6966)。他也指出这种"国际标杆管理、研究绩效统计,以及全球大学排名,推进了这种全球相对性进程,并使其回归高校领导者的思考。各国的政府、媒体与公众都被教育机构的全球比较绩效深深地吸引了"(Marginson 2010:6966)。

这类全球大学排名所使用的指标一般偏爱历史悠久的精英大学,在这种情况下,传统精英大学更易于提高自身地位,并保持自身优势。尽管知识经济的趋势,尤其是互联网强化了知识的扩散性和激增性,在某种程度上削弱了机构规模与机构年限、质量之间的隐性关联。正如巴伯(Barber)、唐纳利(Donnelly)与里兹维(Rizvi)所指出的,"只有研究能力突出以及低生师比的大学才能脱颖而出",因此虽然"处于现代技术时代,学生们能够单独地或共同地创造知识,而且教育无须高昂固定成本也能拥有令人满意的卓越品质,但是世界大学排名仍旧会长期存在"(Barber, Donnelly & Rizvi 2013:6)。

表 10.3　全球三大大学排名系统的评价标准

泰晤士高等教育世界大学排名	QS世界大学排名	软科世界大学学术排名
教学（30%）	同行学术评估（40%）	教育：校友获得诺贝尔奖及其他专业奖项情况（10%）
学术研究：研究量、收入以及名声（30%）	全球雇主评估（10%）	学院：教职人员获得诺贝尔奖及其他专业奖项情况（20%）
引用：研究影响力（30%）	院系：学生比例（20%）	在21个分类中被高度引用的研究者（20%）
研究收入：创新（2.5%）	各学院被引用情况（20%）	研究：关于自然与科学的论文（20%）
国际化：学生、员工、研究方向（7.5%）	国际学院比例（5%）	在自然科学或社会科学领域论文被引用情况（20%）
	国际学生比例（5%）	个人学术表现（10%）

资料来源：Barber, Donnelly & Rizvi 2013：21

案例分析：大规模在线开放课程（慕课）

大规模在线开放课程（慕课）已经成为21世纪前十年激烈讨论的主题：大学纷纷考虑是否加入慕课，企业家与风险资本家从中寻求赚钱机会，而学者则担忧慕课是否会降低学习的价值，校园管理者担心它们对传统大学校园的不利影响等。"慕课"这一说法是加拿大学者戴夫·科米尔（Dave Cormier）与布莱恩·亚历山大（Bryan Alexander）在描述他们2008年提供的一个名为"连通主义与连通性知识"的开放在线课程时第一次提出的。参与该在线课程的有25名曼尼托巴大学在校生，以及免费参加的2300名普通公众。在2011年，斯坦福大学的巴斯蒂安·特龙（Sebastian Thrun）教授免费提供了名为"人工智能介绍"的课程，有超过16万人注册了该课程。在这些慕课的尝试后，《纽约时报》将2012年称作"慕课之年"，新兴创办平台有Coursera和优达学城（Udacity），它们与精英大学合作，例如斯坦福大学、普林斯顿大学、密歇根大学与宾夕法尼亚大学，与此同时，麻省理工学院与哈佛大学也共同创办了非营利性的Edx平台。

慕课是历史悠久的在线课程的一种变体，但却有重要差别。唐纳森（Donaldson）与其同事（2013）在《大规模地开放：大规模在线开放课程如何改变世界》中，指出了慕课的三个特征，分别是学生免费注册、课程不计学分，以及课程数量可能无限增多。他们尽可能多地利用全球可用的免费课程（如可汗学院 2013 年提供的 4000 多节微课程），这类开放式远程教育（ODE）已经进行了几十年。

唐纳森与其同事将在线教育视为持续性创新的成果，因为在线教育的目的是拓展传统教育机构的授课方式，使那些不能坐在教室里的学生也能听课。但是他们还将慕课视为破坏性创新，因为它们可能是一个传统大学教育的易用且低成本的替代品。与精英大学的伙伴关系能够克服其他营利性在线教育提供者所面临的限制，即非传统教育提供者所发布的成本较低的课程质量，其教育质量被视为明显地低于传统大学的课程质量。相比之下，慕课经常由知名度高的国际教授带头，与高产量与评估团队合作完成。对于参与的精英大学而言，潜在优势包括以低成本影响全球大量欲申请学生，宣传大学品牌，以及增强传播的在线内容未来商品化的可能性（Gallagher & Garrett 2012）。

但是，慕课已经屡次产生争议。圣何塞州立大学哲学系的全体教员写了一封公开信致哈佛大学麦克尔·桑德尔（Micheal Sandel）教授，向他解释为何拒绝使用 Edx 在线课程平台所提供的他广受好评的司法课程。人们担忧美国高等教育进一步的私有化，还担心慕课影响非精英大学与学院取代全职教员，只保留助手及助教辅助授课明星教授的工作。发展中国家也担心，慕课是知识分子新殖民主义的一种形式——用缺乏当地背景的美国课程内容取代本土实体教育，非洲虚拟大学就是个例子。有批评指出，"慕课的支持者活在未来世界中；实际存在的慕课与拥护者承诺的慕课相差甚远，可是他们的承诺让我们忽视了慕课在今天表现出的问题"（Bady 2013）。

约翰·丹尼尔爵士（Sir John Daniel），作为英国开放大学 1990 年至 2001 年的副校长以及开放远程学习领域的国际领导人物，在他对慕课现象的评论中提出当代慕课现象的四个谬论及悖论（Daniel 2012a）。

1. 目前慕课的完成率极低，在 5% 至 10%。人们认为这些课程与精英大学合作的品牌是质量的保证，丹尼尔对此提出了质疑，因为慕课常处于精英大学的边缘而不是核心地位。
2. 慕课完成后无法获得学分，这与有较高完成标准的课程交付过程相矛盾。丹尼尔认为，"学生是否能够获得学位，不是由他们对课程的掌握程度所决定的，而是由录取过程所决定的"（Daniel 2012a: 15），他的这一想法公然违背了开放远程教育的领先提供者的经验，例如英国开放大学，他们的惯例是"入学是简单的，但是毕业获得学位是困难的"（Daniel 2012a: 15）。
3. 他认为，对于所有使用明星教授引诱招生的教育提供者来说，慕课事实上相当依赖重复和机械试验等原始的教学模型，同时也会从参与课程的教授团队中获益，因为他们在课程设计与评估的最新实践方面有丰富的经验。
4. 丹尼尔发现了一个基础悖论，一方面"希望知识成为人类公共财产，另一方面希望找到一种商业模式从中获利"（Daniel 2012a: 18）。

最后一点是极为重要的，因为柯德瑞与斯特德曼（2013）指出，低成本在线课程有一系列的风险，其中包括英国网上大学、纽约大学网上大学、Fthom、AllLearn 以及墨尔本私立大学，它们都因经济损失与招生不足而陷入困境。参与到慕课中的一流大学，诸如哈佛大学、斯坦福大学以及麻省理工学院，它们都很清楚不允许这些风险消耗自身预算，或者以任何方式削弱在校课程这一核心任务。

评价新媒体以及高等教育转变的"5P"

为了评估全球高等教育环境中这一海啸式转变的重要性,我们需要一个框架来思考每项转变对于该领域的重要性,以及对学习和教学的重要性。坎宁安与其同事(1998)第一次提出的思考这类转变的模型就是"5P"。

- 实际问题(Practical issues):数字媒体技术如何更好地促进高等教育,这种以技术为媒介的教学有哪些缺陷?
- 个人问题(Personal issues):是什么激励不同的学生群体接受高等教育,这些动机在多大程度上与高等教育传授内容的新方法相符合?
- 教学问题(Pedagogical issues):教学的哪方面能够通过新媒体得到改善,哪方面未能通过以技术为媒介的教学方式得到改善?
- 政策问题(Policy issues):政府如何回应这些新发展?对高等教育领域他们又提出了哪些新问题?
- 哲学问题(Philosophy issues):这些转变对于学生学习经历和当代大学在更广泛的社会中的地位意味着什么?

实际问题

人们对于大学将死的预测一直与新媒体的兴起共存,而慕课是这类讨论的最新典型。因此,我们可以探究并打破一些关于网络与新媒体究竟会如何改变高等教育的谬论,以此来更好地理解数字化转变对高等教育带来的真正的挑战。有两个谬论是急需处理的:一个是网络将会消灭大学校园,另一个是在线教育的成本低于面对面教学。

谬论1：网络将会消灭大学校园。

在2010年，比尔·盖茨（Bill Gates）评论道，由于"网络资源免费，你们能够找到全世界最好的课程。大学应尽可能少地依赖土地，举行派对除外"（quoted in Coaldrake and Stedman 2013：130）。评论员则担忧大学可能会重蹈高街零售巨头HMV的覆辙，因为在线教育内容的使用权会消除基于校园的学习需求，正如iTunes消除了人们去音像店的需求（Fazackerley 2013）。如果人们能获取在线课程并获得学位，那么人们的思想也会随之发展。为何还要接受与在校学习相关的诸多不便：拥挤的教室，停车的困难，喋喋不休的同学，兼顾课程时间表与工作家庭的忙碌，以及校园内质量可疑的食物等？

这些论证中的谬误在于，人们认为在学校仅能获取课程内容。但是，在校经历还包含了社会化、偶然学习、同伴关系、建立关系网以及和学术界有声望的演讲者互动，当然还有比尔·盖茨提到的派对。这些对于中学毕业生群体仍然具有强大的吸引力：高等教育普及化的概念将在校教育视为中产阶级儿童独特的愿望，对于这一群体，在校教育的吸引力特别强大。

事实上，21世纪见证了大学校园发展革新的繁荣景象，在"教育与医疗"城市发展战略中，大学校园与医院被视为经济活动的驱动器，将新的收入来源带进了城市，给新技能提供发展环境，创造新工作，并促使新兴公司形成（Bartik & Ericksek 2008）。尽管教育与医疗模型被批评为不可持续的（Renn 2012），但是人们努力贯彻这一战略的行动却证明了大学校园作为学习的地方仍具有持续的吸引力。

谬论2：在线教育的成本低于面对面教学。

在线教育比面对面授课成本低，这一说法的前提是将任何内容传递给另一个互联网用户的边际成本几乎为零。然而在校学生数量也涉及边际成本，这是与阶梯教室和研讨室的大小、雇用额外员工的需求、校园设施的应用（例如停车、餐饮区域、体育设施）以及其他基础设施的成本相关联的。这就忽略了重要的固定成本：首先是开发在线内容、课程资料持续更新的成本；其次是课程软件许可及使用的相关成本，与内容传递相关的带宽成本，还有雇用专人与课程注册学生接洽的成本。此前一项关于新媒体与无边界教育的研究指出，从业者被警告"忍住诱惑，不要因为成本更低而销售成本效益高的内容，而是因为内容更佳销售成本效益高的内容"（Cunningham et al. 1998：131）。

这并不是说在线课程比传统的面对面授课方法或在校学习的成本更高或者质量更差。而是要注意，常见的假设是在线传授的成本必然比传统讲座或以辅导为基础的教学模式更低，但成本效益矩阵要远比该假设复杂得多。西蒙·雷（Simon Lei）与拉杰夫·古普塔（Rajeev Gupta）（2010）为教学机构、全体教员与学生提供了一个更全面的在线课程效益成本分析。

表 10.4 高等教育在线授课的利与弊

类别	在线授课的优点	在线授课的缺点
机构	能够接触的学生更多 课程安排更为灵活 能够以更低的成本获得更多的资源 减少与学生沟通的成本	获取合适的计算机软件、硬件需要成本 需要对教职员工以及学生进行相关培训 需要对老旧设备进行更新、升级
学院	授课形式、时间更为灵活 与学生间有新的交流、互动模式 可以自由地使用线上资源作为补充学习材料 可以使导师更好地参与其中并发展授课团队	难以确保所有学生都参与课程并保持积极状态 需要面对学习新技术、新科技带来的挑战 需要处理大量的学生邮件、问题等 难以将教学与非教学时间区分开来
学生	自由选择上课的时间、地点以及方式 可以按照自己的进度学习 一些学生可能更倾向缺席课程、外出旅行	需要拥有合适的信息通信设备（电脑、软件、宽带连接） 需要高度的自觉性以及时间管理能力 缺乏与同学面对面的沟通互动

资料来源：Lei & Gupta 2010

个人问题

伴随高等教育系统的每一次扩张，从高等教育的精英化到大众化再到普及化，学生群体都随之变化。相对于传统的 18 岁至 25 岁群体，年龄较大的学生数量上涨；在职学生或工学结合的学生数量上涨；相对于注册课程的男性，女性学生数量上涨。学生群体的种族与人种概况更加多样化，而且仅在学位期间身处留学国内的国际学生越来越多。工薪阶层家庭出身的孩子进入大学的数量，以及身体或智力有障碍的学生或面对各种教育缺陷的学生的数量上升。最后，如上所述，越来越多的学生正在校外通过多种形式的开放远程教育进行学习。在澳大利亚，进行校外学习的学生人数占学生总数的比例从1970年的5%上升到2010年的15%；澳大利亚开放大学，一个以赢利为目的的开放学习联盟，包括七所澳大利亚公立大学，其2010年招生人数是43000人，是2004年的4倍，占澳大利亚大学招生总人数的3%（Norton 2012：24—5）。

这种学生人口的多样化使我们更难归纳他们学习某门课程的潜在动机。与此同时，人们常将学习的内在动机与外在动机区别开来，这是很有必要的，因为它可以为我们提供新的视角来看待不同类型的课程及不同授课方式的相对吸引力。内在动机推动"因活动本身产生的乐趣而进行的活动"（Levesque et al. 2010：618），学习的内在动机可能是对自主权的需求、证明掌握某领域的需求，或是关于完成任务的抉择能力。相比之下，外在动机是"为达到目的而进行的活动"（Levesque et al. 2010：619）。关于教育，由外在动机驱使的学习原因包括专业认证、基于新学历获得的职业发展机会、提升与工作任务相关技能的需求，以及因获得新学历而产生的待遇提升或增强工作保障的机会。

原则上，新型高等教育提供者更可能对以收益为目的的学习者市场感兴趣，尤其是以赢利为目的的教育机构，他们能发现那些更愿意为高等教育付钱的人，因为这些人能意识到毕业后能获得更高薪酬这一直接回报。人们为付钱做好准备，这催化了数字技术更广泛的应用，提高了课程讲授的灵活性，更好地满足已经参加工作的人的竞争需求。诸如技能获取、测试及证书授予这些与外因驱动学习相关联的活动，更好地促进了以技术为媒介的课程讲授。相比之下，如果教育依托技术媒介同时其课程的内在动机更强，尤其当学生群体主要由全日制学生组成时，深化学习经验的机会可能会更大（Ramsden 2002）。

教学问题

约翰·丹尼尔（2012b）在他对大型开放大学——即所谓的课程注册超过10万学生的巨型大学——全球增长的讨论中指出，全球大学应平衡来自入学、质量与成本三方面的角力。在围绕以下几个选项做出决策时,可以看出新媒体技术的主要特征:技术能否在增加接受高等教育的人数的同时,改善教学质量,并且降低课程讲授的生均成本,或者是否必须在这三个目标之间做出权衡。丹尼尔断定,关于如何扩大招生以及控制成本,巨型大学正在给我们指引方向。但难点在于,大学典型依赖的质量因素通常与教学经验并无关系。更确切地说,他们只看重教学机构的年限,关注研究而不是教学,重视大学排名系统、教学质量与录取排他性的关联(高学费或录取分数),他们还认为教育质量与小规模班级以及高水平面对面互动相关联(Daniel 2012b:9—10,17—18)。

托尼·贝茨(Tony Bates)与阿尔伯特·萨各拉(Albert Sangra)(2011:11—22)指出了信息通信技术在高等教育领域中更广泛应用的五个原因。

1. 提高教学质量:为了实现这一目标,仅靠信息通信技术来改善目前的教学活动是不够的。我们需要一个更加以学习者为中心的方法,该方法不只是"使技术适应旧的做事方式"(Bates and Sangra 2011:12)。

2. 适应数字原住民:这里的风险不只是与其他人群相比,对某学习群体基于年龄的刻板印象(千禧年一代),而是对于学生能从学习经历中获得什么还存在误解,那就是使用技术来加强完善教学而不是简单地将面对面课程替换为在线资料。

3. 增加学生访问量与灵活性:从以赢利为目的的私立教育提供者,到开放远程教育项目,再到慕课的兴起,显示出在线课程的增长很明显是全球性的。不仅要考虑传统课程提供方式是否最适合终身学习者,还要考虑传统大学雇佣惯例是否依然合适——较于常规的全体教员,一些学生可能更重视从业人员兼职或偶尔授课,学生们通常希望他们能担任研究员与教师。

4. 发展 21 世纪所需的技能:所有职业与学科日益需要的核心能力就是"数字素养",或者说"在某门知识或职业领域中使用信息通信技术的能力"(Bates & Sangra 2011:20)。这就表明了在所有学术课程与科目中,需要明确评估信息通信技术与数字素养,以及与之相关的交流、问题解决与批判的文化素养。

5. 提高高等教育的成本效益:挑战之一是不仅要降低高等教育的生均成本,

还要更加有效地利用极富经验的研究教授,尽管他们的授课时间常会被其他需求所限制。

因此,对许多大学来说,问题不仅只是针对面对面授课而采用在线学习,还关系到将技术融入教学的所有方面以增长学生的学习经验。混合式学习方法的目的是利用科技启用新的授课方式并灵活运用面对面学习时间。例如,在线内容的讲授可以替代正式的课堂演讲,课堂时间可以用于更多的同龄团体互动或者任务取向学习。同样地,明星研究教授可以事先录制在线讲座,并且在指定时间与学生共同参与在线讨论会,而不用空出每周同一时间进行讲座。贝茨与萨各拉还指出,在线学习被诸如Blackboard与WebCT的集中学习管理系统所控制。在这些系统中,教师与管理者控制学生对知识的访问。虽然如此,第二代互联网技术的影响指向"学习资料的创造与学习者的知识构建",包括在正式大学系统外创立的非正式学习群体(Bates & Sangra 2011:47—50)。

政策问题

全球政府正努力克服高等教育管理中一系列可比较的政策问题。经济合作与发展组织(2008b)已经指出了高等教育所面临的主要挑战,包括以下几个方面:

- 通过政府指导以及院校自治的适当平衡,平衡国家对高等教育系统的期望和经济社会优先发展事业;
- 确保高等教育长期的财务可持续性,最有效地使用公共基金;
- 在日益繁多的课程与院校中设立质量保证机制,增强高等教育质量;
- 确保高等教育中的机会平等;
- 设计恰当的纳税人出资与学生出资成本分摊方案,不损害获得平等;
- 发展研究的卓越性和相关性,与其他研究机构、企业、政府以及广大社区建立联系;
- 确保教育机构对毕业生劳动力市场表现的响应能力,为灵活的工作导向学习提供机会;

● 设计全面的国际化战略，跨越国界确保质量，提升高等教育的国际可比性。

关于新媒体对高等教育的影响，关键性问题在于怎样的机构可以被授予"大学"的称号，以及如何确保所有课程的质量都满足了学生作为高等教育消费者的合理期望。由于许多新兴教育提供者都是以赢利为目的的机构，以及私立与公立机构都转向用者自付模式——这些依次被政府所推进，因其承认学历的私人收益，质量保证与消费者保护的重要性在近几中已经增强。

安德鲁·诺顿（Andrew Norton）（2012：14—19）发现，人们期望现代大学在研究和教学领域保持活跃，提供全面完善的学术训练与课程，学生能够自主完成其课程并保持学术自由；学校作为一个自我管理的社区，在接受政府资助的同时却不受政府的操控，履行自身的社会责任和参与并融入社区的职能。成立稍晚的一些大学不太可能满足所有的这些标准，通常情况下，它们作为通过课程来授予学位的机构，紧盯着的是就业市场和雇主需求，这令它们并不会去承担研究或是融入社区的义务，并且无须提供一套全面的课程体系。此外，在线授课模式无须紧密联系本地社区，事实上，如果是面向全球授课，或是一所海外机构的远程教学，这样做也确实不合适。

对于认可的私立大学，让它们在基于学生支持和研究方面获得政府资助的同等待遇则存在着巨大的争议。像菲尼克斯大学这类机构一直因为较低的毕业率而受人诟病（相对于全美高校55%的整体毕业率而言，菲尼克斯大学的毕业率只有16%），批评者们认为它逐利动机驱使之下不当的招生行为浪费了公共教育经费（Lamar 2013）。其他一些营利性的私立机构，比如英国的白金汉大学和新人文学院，则因为教学与研究脱节，以及在课程设置和招生上太过有选择性而遭致批评（Barnett 2011）。与此同时，这些对于营利性私立大学的批评让人们开始注意到公立大学中出现的一些问题。事实上，今天所有的大学，尤其是精英型大学，都已经将课程付费、科研商业化，以及海外品牌推广作为其赢利的核心，而大学的全部使命与这一切之间或许仅剩下了一点点微弱的联系。不仅如此，伴随着研究基金逐渐层级化的趋势，更多的资金被定向用于研究型大学，越来越多的公立大学在努力吸引着科研经费收入的同时，却正在变成教学型机构。对于那些营利性的私立大学而言，在背负着要像公立大学一样保证多样性的压力的同时，起码还可以诚实地让自己表现出作为专业教学机构的本质。

哲学问题

搅动着这些争论的原因是人们对于现代大学理念的忧虑，以及对于公司和政府的议程而言这些理念是否正在贬值。面对这些，新媒介常常被认为是这些结构性与制度性变革背后的技术性决定依据。用批判理论学者的话来说，这些是高等教育商品化，以及管理主义和"学术资本主义"（Slaughter & Rhoades 2004）的兴起，在这其中，"学术机构已经开始变得像他们所服务的对象一样，而大学也已经变成了生意"（Miller 2003: 902）。有意思的是，保守主义者往往对于现代大学也持有类似的批判，只是他们强调的重点在于大学为了容纳不断增多的学生而简化课程的做法，认为"越来越劣质的课程和专业已经将那些优质的东西逐出了大学，而且由于专业培养需要实现大规模经济效益，擅于学术的那些学生们的兴趣也被牺牲掉了"（Clarke 1998: 55）。

然而，相对于所有这些针对新兴大学的批评而言，也有人对于维持传统现状的主张持谨慎态度。托比·米勒（Toby Miller）就在对公司型大学持批评意见的同时，高度批判了传统人文学科所坚称的"优于常人的领导者应该受到文学、伦理学和经典哲学的教育"的观点（Miller 2013: 43）。他还对于一些人认为资助机构和其他学科都应对人文学科心存感激的观点表示怀疑，认为这些观点"即便是被拿来用于一些进步的原因"，也还是建立在"源于极端守旧的阶级、性别和种族政治的话语"基础之上（Miller 2013: 11）。对于有人觉得媒体与传播这类新型课程缺乏学术严谨性，或者是让毕业生在就业市场中处于劣势，詹姆斯·科伦（James Curran）(2013) 则认为这些论断完全没有事实依据，它们更多只是源于传统的人文学科的偏见，或是来自日益沦陷的传统新闻业。

结　语

与其在这里再次重复这章中的观点，倒不如来看看在新兴媒体和全球知识经济的背景下如何重构大学的传统角色、职能和贡献，并让我们以此来为本章做结。数字化人文学科的兴起指向的是人文学科和社会科学的关键学识，它不只是将计算机应用在传统人文、艺术和社科领域的研究重点之上，更是"如何让计算逻辑和计算技术对这些学科的所有方面都产生深刻的影响"（Berry 2012：17）。挑战在于理解软件、平台和编码中人的因素，以及"这个不断发展的数字世界的物质性"（Berry 2012：17）。

通过对历史上存在于信息通信技术和文化之间，以及人文主义学术与计算编码之间理性二元对立观点的梳理讨论，我们可以看到，大学有机会令其所扮演的大众的公益性角色居于显著位置。正如马金森所看到的那样：

> 今天，大学的公共性特质很大程度上取决于其与外界的交流，就全球范围而言，这一点更是如此。许多大学擅长用资本主义社会里熟悉的那套方式单向地向外传播自身利益。尽管多数大学忽视双向的交流与直接对话，但它们拥有开展多点式对话的技术条件和分散性的资源。如果它们真的这样做，那么大学需要更为明确地评价自身在公共讨论和政策形成中的贡献，并且评估其激励体系，从而使其不仅有利于可以售卖的知识产权的创造者们，而且有利于帮助学校开拓社会交际的教职员工。

10 新媒体与高等教育的转型

在线资料

Commonwealth of Learning <www.col.org>. —A transnational higher education body based among the Commonwealth nations that has a strong focus on open and distance education issues.

UNESCO Higher Education Portal <www.unesco.org/new/en/education/themes/strengthening-education-systems/higher-education>—Global higher education site focused on reform and innovation in higher education, quality assurance mechanisms, international education statistics and transnational frameworks for recognition of qualifications.

11 互联网法律、政策与治理

引言：互联网法律是否存在？

互联网和新媒体的出现带来了广泛而又多元化的问题，其中涉及法律、政策、法规和管理。纵观由互联网和网络化通信技术所引出的法律问题，它们的特点在于存在范围和应用领域广泛，对于社会中的不同个体及群体的影响深刻。下面列举一些与某些领域相关的例子：

- 互联网和商业：电子商务法、网络合同法、网络金融法、网络赌博、网络诈骗。
- 互联网和健康：远程医疗、线上处方、线上药店。
- 互联网和公正：宽带的发展及接入、网络上的性别及种族、网络身份、不平等地使用互联网（数字鸿沟）。
- 互联网和教育：网络课程及学位、剽窃、校园网络使用、用于未成年人的内容过滤。
- 言论自由问题：言论自由、猥亵、色情文学、诽谤、儿童保护、文化权利、少数人权利、网络欺凌。
- 知识产权问题：著作权法、专利法、商标法、赠予及线上交易、公平使用条款。
- 隐私问题：密码、保护线上交易、个人信息隐私、就业隐私、数据安全、被遗忘权。
- 安全问题：网络犯罪、电子垃圾、在线骚扰和网络跟踪、网络黑客、身份盗窃、网络与恐怖主义。

以上所列已经是一份冗长的清单，但仍然还有许多内容没有提及。互联网的快速发展使与其相关的法律、政策和管理变得更为复杂,其原因可以归结为三个特殊问题:数字信息的特有属性;互联网及网络基础设施的全球化性质;除此之外,互联网已经不再是单一的媒体,而是一系列层面的复合媒体,这些层面涉及一些特定形式的媒体和传播法律法规。

正如本书所提到的,通过通信网络所获得的数字信息在其形式和特点上具有无形的、地域分散的、重组和持续变化的属性。这与基于传统形成的法律产生了对比,正如简·范迪科所指出的:

> 现存的法律是依据于法人及所有权明确、地点清楚、责任清晰而构建的。所有的信息与证据必须放置在一个数据载体上,而这些数据最终仍会与纸质信息相比对(van Dijk 2012:138)。

一方面网络环境是动态的、开放的;而另一方面,法律的运行需要与法律主体建立起固定的、明确的联系。两者之间的差异导致在现行法律的执行过程中出现了很多困难。其中原因有三:第一,在数字网络环境中进行的活动通常是不透明的,通信以匿名方式发生或者很难追溯到最初信息源,而且证据可以被电脑使用者或电脑系统操作员毁坏、隐藏、消除或者更改。这一点恰恰体现了戴斯·费里曼(Des Freeman)的观点:"互联网作为一种被视为促进富裕及互用性的技术缺乏对国界的尊重,这给传统的管理体系带来了问题,甚至将其破坏。"(Freeman 2012:97)

第二,互联网及网络基础设施的全球化性质使国家的法律、政策和法律体系变得更为复杂。布鲁索(Brousseau)、梅祖基(Merzouki)和米戴尔(Meadel)(2012:6)认为:"互联网的跨境属性和它的集成一体化特性使它成为一种全球化的基础设施,其发展过程中伴随着各种各样的冲突,包括合法性、政权、文化。"这与本章所讨论的互联网是不受管控或不能被管控的观点不同,早期的互联网被视为无法管控的领域,而这一概念已经慢慢消退。但仍有说法认为互联网行为可以通过改变其发生地域从而避开某一特定管辖区域的监管,或者由于地方的政治、价值观和规范不同而引发的国家与地方就互联网应该如何被管控的问题产生分歧。互联网的跨国属性刺激了监管套利的发生，在某些特定情况下，"个人或企业通过利用外国监管制度来进行沟通与交易从而达到规避国内监管"的目的（Froomkin 117：129）。网络空间的法律和区域管辖权的不确定性致使互联网的使用者和互联网服务的提供者通过某些特殊区域获得信息或进行交易，从而规避了国内法律的限制，尽管他们认为这是不合适的或错误的，但正如大家所看到的，互联网的使用者规避国家法律的空间越来越大，越来越自由。

第三，互联网法律是否存在，或者其是否应该存在。正当互联网逐步在计算机、电信和媒体间构架出一个更为集中的空间时，我们发现所谓的"互联网法"还仅仅是在使用为其他媒体和通信技术所制定的法律，例如印刷、广播和电信。"互联网法"在以一种无计划的甚至不合逻辑的方式涵盖或延伸到了民法、刑法和公司法，用以应对由网络媒体带来的各种问题。

那么这就牵扯出来一个问题，即到底是否需要讨论互联网法，或者互联网法是否仅仅是那些被应用于其他领域的法律和规范的合成物。法官弗兰克·伊斯特布鲁克（Frank Easterbrook）在他1996年的论文《网络空间和马法》中提出了反对互联网法的观点，他认为正如应用于马的法律一样（与买卖马匹、骑马、被马踢伤等相关的法律），这些法律同样可以应用到其他领域，而并不是专用于马的法律，同样我们也就无须考虑为网络空间制定特殊的法律（Easterbrook 1996）。而与此相反的观点认为，尽管传统的法律和政策分析可以被应用于互联网上，但它们仍需依照互联网的构架特点进行相应的发展，否则这些传统的法律、政策和管理方法并不能充分发挥作用（Lessig 1999；Solum 2009）。

互联网改变媒体法律、政策和管理的方式之一就是打破媒介内容和传送平台之间的联系。数字媒体的聚焦点在于将垂直整合的行业结构（印刷、广播、电话等）及其相关的专业管理需求转变为水平分层的模式，即包括基础设施、接入装置、应用/内容服务以及内容本身（如图11.1所示）。

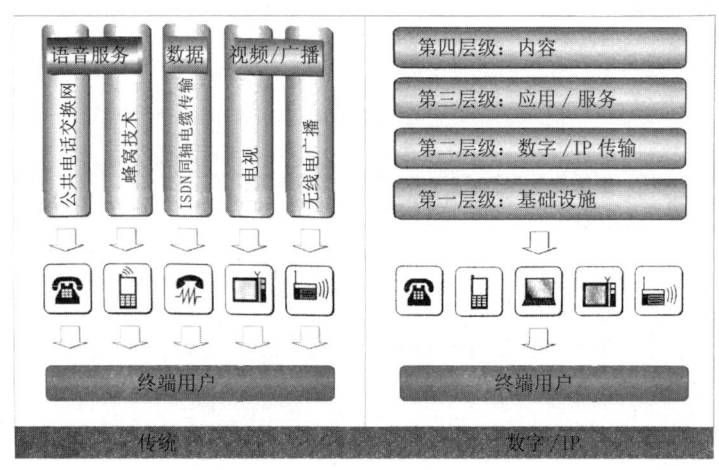

图 11.1 基于平台的媒介环境与融合媒介环境

来源：Australian Communications Media Authority

（澳大利亚通信与媒体管理局）2011：6

这就提出了一个问题，即以平台为基础的媒介管理模式能否在媒介融合的环境中生存下去，如果不能的话，那么这些法律及政策应该以何种方式进行改变并使之相适应？融合媒体的政策应该是什么样的，以及其与不同国家司法管辖权下的媒体政策之间的联系，都在近些年成为政府、分析人士和行业代表值得考虑的事情（Flew 2012b）。

本章的开篇将介绍关于互联网管理的不同方法，文中将提及劳伦斯·莱斯格（Lawrence Lessig）(2016)对于法律、法规、准则及网络构架的定义，并将其作为不同的管理方式和市场运行方式。文中还会讨论在媒体融合的背景下，互联网法律和大众媒体政策之间的联系。本章的后半部分将会聚焦互联网法律和政策中尤为特殊的一方面，即著作权和知识产权法。知识共享运动将作为本章的一个研究案例出现，并借此来开发能够替代法律管理数字资产的方法。

互联网管理方法

"管理"这一概念被广泛地应用在互联网法律、政策和规定当中。这一概念在 2003 年日内瓦和 2005 年突尼斯举办的由联合国发起的信息社会世界峰会（WSIS）上得到广泛的使用，并为信息社会世界峰会下属的互联网管理论坛（IGF）制定了行动框架，互联网管理工作小组是这样定义这一概念的：

> 互联网管理是分别由政府、私营企业和民间团体以各自的角色开发出来的，其涵盖共享的原则、规范、决策制定程序和项目，塑造了互联网的演变和发展。（引自 Bygrave 2009：2）

"管理"这一词汇涵盖负责管理的部门和代理机构，也包括过程中的管理行为。同政府一样，许多非政府组织也承认参与到这些管理行动当中，例如企业、行业团体和民间组织。管理的方式可以是对行为进行指导和修改，正如弗莱伯格（Freiberg）（2010）提出的"软法"；除此之外，也可制定和实施法律法规的相关的"硬法"。

戴斯·费里曼（2008：13—14）提出了政策、监管和管理三者间的区别。

- 政策：用于通知和支撑相关立法的目标和准则，在政策体系框架内规范行为人的意图和手段（例如媒体政策、远程通信政策）；
- 监管：某些专业机构对政策手段具有监督责任，其运营活动能够管理政策体系（例如美国联邦通信委员会、英国通信管理局）；
- 管理：用于形成和组织一个政策体系的所有机构和工具，包含正式的和非正式的、一国的和跨国的、公众的和私人的、大规模的和小规模的。

11 互联网法律、政策与治理

互联网管理既有狭义的一面，也有广义的一面。狭义上讲，互联网管理是"维护网络秩序，即无论使用哪种技术系统都应确保全球网络作为应用程序的平台来运行"（Solum 2009：49）。图 11.1 中所展示的是互联网的基础设施，包括 TCP/IP 网络主干、确认个人计算机用户或服务商身份的 IP 号码，以及用于标识网站和其地址的域名系统，这些均由一些非政府机构（但是基于美国的）管理，例如因特网工程任务组（IETF）和互联网名称与数字地址分配机构（ICANN）。狭义上的互联网管理也存在广义上互联网管理下的问题，除此之外，互联网管理也会在法律法规和标准方面产生问题，而这些法律法规正是为使用互联网的应用程序和互联网内容本身所制定的。

> 互联网的技术设施与政府借助网络管理计算机应用程序、内容和人类活动的能力相互作用。换言之，互联网的技术设施与赌博、儿童色情文学的法律监管相联系，与世界经济体系的效能和透明度相联系，与最基本的人权，例如宗教信仰自由和言论自由相联系。（Solum 2009：50）

早期关于互联网的论文将网络空间视为一个不可管控的领域。感恩而死（Grateful Dead）乐队的前作曲人同时也是互联网自由的倡导者约翰·佩里·巴洛（John Perry Barlow）曾经赞扬网络空间为"全球化社交空间，它独立于工业世界以及令人厌烦的巨大肉体和钢铁的管理"（Barlow 1996）。约翰·吉尔摩（John Gilmore）等其他一些人则提出："互联网将审查制度解释为一种毁坏，并尽量绕路而行。"《连线》杂志编辑凯文·凯利在 1995 年时宣称"没有人能控制网络，没有人能对网络负责，互联网是全世界最大的有效运转的无政府组织。"（引自 Freeman 2012：96）在这篇以美国背景为基础、以网络自由主义为内容的论文中，互联网的无阶级性、分散性和网络化特性为发展自我管控的网络社区提供了独一无二的机会，不受国家的干扰和审查，最终实现了联邦宪法第一修正案中所说的言论自由，互联网从此也变成了惠泽全球的一支独立力量。电子前线基金会（EFF）的高级法律顾问麦克·戈德温认为："给人类一个调制解调器和一台电脑，并将其接入网络，这将给人类带来好处而非其他的东西，

因为言论自由本身就是很好的事情。"（Godwin 2013）

戴斯·费里曼证实了以上所提到的学者并非是互联网早期发展中的边缘人物，而是在互联网全球普及过程中起决定作用的人。（Freeman 2012：97）尽管如此，他们还是坚信互联网这个媒体能够通过自治的道德共同体的规则和标准来管控，而这种信念在20世纪90年代随着互联网成为全球大众媒体而受到了极大的挑战。除此之外，世界各地的政府采取了一系列政策来发展互联网，例如国家信息基础结构（NII）和全球信息基础设施（GII），这些都是克林顿—戈尔主政时期美国的首创，颁布于1993—1994年，还有1994年欧共体颁布的《欧洲和全球信息社会（班格曼报告）》，由此看来政府不太可能将如此重要的基础设施的管理交付给那些自发团体。

最终，在20世纪90年代中期互联网成为主要的商业媒介和通信媒介。在1996年带有后缀名.com的网站数第一次超过了所有域名的50%（查肯）。网络自由主义评论家，如罗比特·麦克切斯尼（Robert McChesney）（2000），认为政府关注国家力量和对自由的威胁，这也滋长了法人权限的无限扩大和市场运营中的不公平现象。然而劳伦斯·莱斯格（2001：267）注意到其中的风险，这种风险来自网络自由活动家"将会在与国家控制的斗争中取得胜利，以便以市场的名义再次确保其控制权利"。法学学者莉莲·爱德华兹（Lilian Edwards）评论道"在互联网发展的前期，关于网络非法内容的讨论由'网络自由主义者'主导，他们将国家和法律对于互联网内容的管控视为不合适的审查"（Edwards 2009：625）。相比之下，随着互联网成为大众媒体：

> 网络自由主义者的倾向已经消退，而慢慢演变成国家有权、也应该对互联网进行管控，尤其是在保护儿童方面，因为此时的互联网不仅仅是专业学者、研究者和书呆子的玩物，而且是日常社交和家庭生活的一部分（爱德华兹 2009：626）。

在《编码2.0》一书中，劳伦斯·莱斯格（2006）批评了互联网没有受到管控或不能被管控的观点。他指出互联网不是无人居住的地带，也不是原始的自然状态，而是连接数字通信的社会技术网络，莱斯格认为互联网已经在编码和架构层面受到了管控，尤其是那些帮助数字通信在网络中运行的硬件和软件配置。除此之外，他还预计当互联网成为大众媒体之后，也会成为一个更受管控的空间，其中的部分原因是政府将会寻求其管制权（Kalathil & Boas 2003；Edwards 2009），但同时也是因为"用户和商业的发展"（Lessig 2006：38）需要网络空间得到更好的管理。管控的构架最早是围绕网络身份、认证和信任出现的，原因多种多样。例如网上金融交易需要认证信用卡具体信息，进入不同的网站需要不同的密码，要有核实信息的能力以避免受骗或错误地使用网站。

互联网在编码方面受到的管控有明显的范围。当我们用谷歌作为搜索引擎时，网站所展示给我们看的并不是随意出现的东西，而是依据谷歌自己研发的运算法则排列出来的内容；当我们使用脸书和人际关系网来确认朋友和联系人时，这些网站反过来也会向我们推荐可能认识的朋友或联系人，而这种功能是依托机构开发的可能性指数来完成的；贝宝（Pay Pal）既有以前网上交易的信息，也有目前使用信用卡交易的具体信息等。尽管用户可以采取某些方式绕过这种受管控的参与制度，但他们更愿意接受这种管理行为以便能更简单、更全面地的使用互联网，而这也正是互联网公司能够赢利的前提。所以莱斯格的观点是互联网已经是可以被管控的空间了，对于互联网政治的理解则需要"搞清楚管理是如何起作用的"（Lessig 2006：121），而不是简单地认为政府威胁了个人的自由。

劳伦斯·索鲁姆（2009）提出了关于互联网管理的五种模式。

1. 自发秩序：依据用户群体共享的准则和价值观实施的行为管理。例如管理规定什么样的评论可以发布在网站上，而什么样的评论不可以，由于法律框架仅仅对此提供了有限的指导（例如诽谤、煽动暴乱是违法的，但发一条种族主义评论或性别主义评论却不是违法的），所以用户群体内部制定了相关准则，后续参与需要以遵守这些准则为基础。

2. 跨国机构和国际管理：国际非政府组织（INGOs），例如因特网工程任务组（IETF）和互联网名称与数字地址分配机构（ICANN）已经开始管理互联网基础设施的核心工作,例如域名定位就是依托"互联网对跨国机构的构架体系的需求"(Solum 2009: 59)。然而,在国际上存在诸多疑问,如这些非政府机构能否扮演好这一角色,或者是否应将它们的运营并入更具代表性的国际组织机构里,例如国际电信联盟(ITU)。2012年国际电信联盟在多哈举办的国际电信世界会议(WCIT—12)上曾提出此项建议(Schemeil 2012)。

3. 编码和网络构架:互联网硬件和软件的自身设计属性规范了它们该如何被应用。例如分组交换技术的概念明确了互联网基础设施同终端用户使用应用程序阅读其承载的内容类型没有关系。人们对于网络中立的关注聚焦在电信公司和互联网服务供应商身上,他们可能会为了优先接入某些内容而对互联网进行重构,例如他们的商业合作伙伴或ISP,而这种行为正在危害互联网中立这个非常重要而明显的特质(Wu 2011: 310—17)。

4. 国家政府和法律:犯罪、诈骗、诽谤、煽动暴力、侵犯版权等网络行为必需要遵守的民法和刑法。备受讨论的界限问题主要是关于政府是否拥有更多的权利来管控或获取某些内容。这类问题主要出现在与色情描写相关的内容中,也会涉及促进恐怖主义行为或支持非法组织等相关材料。例如,德国禁止在网上散布和获取关于新纳粹主义的材料,但这种材料可以在美国制造并传播。

5. 市场管理和经济学:政府倾向利用市场进行管理,不同于指挥—控制式的市场管理(Freiberg 2010: 108—31),互联网的某些方面通过商业交易和行业自律受到管控。例如,域名在国际上的交易要遵循ICANN在市场上的投放,最高出价者可获得最具商业价值的域名。与此相似的是,为了使孩子远离不正当网络内容,家长和学校可以购买不同的商业网站过滤软件,而非依靠政府来管控获取此类网上信息的渠道。

索鲁姆总结认为互联网管理应采取五种方法的混合模式,以便包含其所有要素:

> 互联网管理的最佳模式是综合五种方法的所有要素。互联网管理是一项复杂的任务,需要一套复杂的管理机制。最终,管理的最佳体

系是融合了多个跨国机构的共同管理,并尊重这个体系中的透明度、国家管理和市场作用(Solum 2009:87)。

媒体融合政策

国家政府经常面临的一个问题是如何决定互联网政策和媒体政策之间的关系。在 20 世纪 90 年代和 21 世纪第一个十年期间,促进互联网发展的政策以经济为主要目标,并影响信息政策。而这些政策被普遍认为与传统的媒体政策包括媒体所有权、内容开发和社区标准联系不多。

然而,数字融合和相关领域的发展,例如媒体全球化、媒体形式与行业间的界限模糊化以及媒体消费者借助全球平台成为媒体内容的制造者和传播者的能力增强等,使媒体政策发生了戏剧性的改变。除此之外,相同的媒体内容可以越来越多地通过多种设备传播,包括台式电脑、智能手机、可连接互联网的智能电视。正如第五章所讨论的(如表 5.1 所示),这些发展可以被视为从 20 世纪大众传播媒体范例向融合的社会媒体范例转变的标志,但也意味着需要对于媒体政策原则和管理手段的实施进行广泛的思考。

20 世纪国家媒体管制是伴随着电影、广播和印刷业等大众媒体的兴起而发展的。尤其是广播媒体,因其具备公共媒体的产品特点和管理频谱访问的需求,所以在多方面受到政府监管。由于广播媒体的中心转向公共通信,媒体所有者有能力影响公众讨论和关注危害儿童和其他人群的不良网络内容,所以管控所有权、内容和标准的行业特别规范有所发展(Picard 2011;Doyle 2013)。尽管大多数管理措施在控制颁发广播执照和限制广播内容方面是消极的,仍有很多积极的管理措施,意在促进多种形式的本土内容制作,包括本土戏剧、少数民族文化及语言、儿童节目、纪录片和纪实类节目。

21 世纪第一个十年见证了通过全面的政策审查进行互联网改革的重要计

划。在英国，《莱韦森报告》因其提出了如何管理新媒体和新闻业而成为最著名的公共参与案例（费里曼 2013），但是如今政府也承诺对通信法进行全面的审查，新的立法于 2014 年被递交到议会（文化、媒体与体育部）。在新加坡，媒体发展管理局（MDA）在 2012 年完成了《媒介融合审查》。澳大利亚正在进行一系列的审查，包括《融合审查（融合审查 2012）之独立媒体调查》（Finkelstein 2012；Flew & Swift 2013）和澳大利亚法律改革委员会（ALRC）的国家分类改革方案（ALRC 2012b；Flew 2012b）。所有这些调查都是在努力应对澳大利亚通信与媒体管理局（ACMA）的审查，而这些"将内容可以（应该）通过发送方式得到管控作为前提的审查和管理方式逐渐从理论和实践中失去它的效力"（ACMA 2011：6）。

因此，将融合的媒体审查转变为立法改革还存在相当大的困难。有人认为，用于网络媒介的媒体政策工具等同于互联网审查。除此之外，还有国家政策和全球运营的媒体之间的不确定关系（Flew 2012c），类似的问题常出现在公司的纳税义务上，例如谷歌、苹果和亚马逊。另外一个问题则是"管理平等"：受监管的主体，例如广播公司，认为任何新的法律结构都应减少公司在运营过程中受到的限制，而现在它们成为更具影响力的媒体，也受到了更多的管制。后者的观点与卡斯特尔（Castells）（2009）的观点一致，他们认为通信的力量已经从可识别的媒体代理——备受争论的媒体巨头如鲁伯特·默多克（Rupert Murdoch）和西尔维奥·贝卢斯科尼（Silvio Berlusconi）——转移至互联网自身，尽管大型的媒体公司在互联网中占据主导地位，它们的力量也可能被更小的、更灵活的企业所利用，例如维基解密、大众记者或者黑客团体，例如匿名者网站（Anonymous）。

关于媒体融合大背景下谁才是关键媒体这一问题，艾力·诺姆（Eli Noam）发现对数字产品持乐观态度的人都认为，在 2005 年美国媒体融合的呼声要比 1984 年小，那时互联网就已经成为这个趋势的重要部分；但是悲观主义者也发现在 1996 年至 2005 年期间媒体融合呈上升的趋势。诺姆认为理解媒体所有权的关键在于承认发展出了双重媒体系统。在寡头垄断的市场结构中运营的大型集成商公司，往往是由许多专业公司承担了实质性的生产工作（Noam 2009，

436—7）。对于许多曾经在前 10 年占主导地位的传媒集团来讲，20 世纪的后半期是一个充满危机的时代，例如时代华纳、迪士尼、新闻集团、维亚康姆/CBS 和索尼，他们引发了这些传媒巨头是否存在危机的讨论。但是在这些媒体巨头运营的媒体市场中，现在的挑战者是信息通信技术和软件公司，例如谷歌、苹果和微软：报纸通过在线新闻门户网站来博得读者的关注，电视广播公司与优兔竞争屏幕媒体消费者，电视节目、音乐和电影可以越来越多地从 iTunes 和 Netflix 等下载。换而言之，巨大的互联网和新兴媒体播放器在传统媒体环境下扮演着越来越重要的角色。

著作权和知识产权法

新媒体的发展在法律、政策和管理方面带来了很多问题和挑战，著作权和知识产权法在许多方面成为这些问题和挑战的熔炉。这些法律和政策问题在许多国家和国际论坛上被提出来，它们在全球知识经济，尤其是数字媒体和创造性行业的发展中占据了核心地位。

围绕著作权法所进行的讨论，其特点之一就是它们通常将长期存在的问题同当代的问题结合起来。正如我们现在所知，著作权法在 1709 年随《安娜法令》（Statues of Anne）第一次在英国颁布，该部法律确认了原创作品的作者享有 14 年权利保护的律条，此举是为了鼓励作者进行新作品创作，并确保已经出版的作品从出版商转让到公有领域之前作者享有 21 年的支配权。美国议会在《独立宣言》之后颁布的第一批立法法案中通过了 1790 年的《著作权案》，这条来自美国宪法第一条第八款的法令授权"议会有权为促进科学和实用技艺的进步，对作家和发明家的著作和发明，在一定期限内给予专利权的保障"，为原创作品的创造者（作者和发明家）提供保护，在权力转移到公有领域之前为其限定法律期限。美国宪法起草者之一的詹姆斯·麦迪逊（James Madison）在这其中看到了"公共利益与

个人权利要求相一致"的成果（引自 Vaidhyanathan 2001：45）

著作权法的原则是无论新作品的创作者还是公众都不应该通过在原创作品作者身份基础上创作新作品的形式占用任何利益。这意味着创作性表达的原创形式可以属于个人，个人享有所有人身份的道德权利和合法的经济权利，个人有权从他人对其概念和作品的使用中获取物质利益，以此来鼓励人们创作更多的原创作品。这还意味着使用原创的概念和作品应该遵循自由和公平交易的规则，他人使用需支付足额的报酬，并针对误用设立防范措施。与此同时，该项法律也承认从现有的知识和创造中提取的原创概念和作品，因此需要确保这些概念和作品在公有领域被他人合法使用。除此之外，因为这些信息正是民主、贸易和未来知识发展的命脉，所以社会群体需要广泛的渠道来尽可能地获取信息、知识和原创表达形式，而这些渠道作为参与公共生活和新知识开发的条件，本身就是一个有价值的目标。为了平衡这些相互矛盾的知识主张，著作权法将一部作品的可能的权利进行分割，将一部分支配权分给创作者和经销商，另一部分支配权分给公众（Litman 2001：16）。

著作权法为法律专家、政策制定者、内容制造者和公众提出了四个长期得不到解决的问题：

1. 如何确立最合适的平衡标准来划分公众利益和私人利益，以使用和获取信息。这个平衡标准既要支持创新和原创内容的创作，也要充分地扩大获取现有信息的渠道，以便信息可以被有效地利用到开发新知识的过程中；

2. 如何平衡个人所有权权利和谋求共同利益的社会使用形式；

3. 如何论述知识的两种法律含义，一种作为可以用于商业利益的商品而存在的知识，另一种作为公众使用的公共利益而存在的知识；

4. 是否存在最好的方式来公平地分享知识和创造带来的益处。

著作权法力图在私人所有权和公共用途间做出明确的区别，这一区别很难在实践中实现。有三个方面的区别尤其受到争议。首先，事实、想法和概念，其自身是不能被复制的，也不能被个人拥有。著作权保护的是事实、想法和概念等创造性表达的原始形态，或者是人们通过书籍、出版物和艺术作品等实际作品去表达、选择和安排的方式。其次，作者和创作者对作品里的创造性表达方式拥有专利权，但不包括作品产生和传播的实际形式。例如，假设一部书的原创作者对构成书中的创造性表达方式保留专利权，但在合约中将书籍的复制权分给出版商，并反过来以版税或其他财务报酬的形式从出版商分销书籍的过程中获取利益。最后，在著作权法之外也有一些例外，这些例外被认为是在公众感兴趣的领域可以免费获得材料。这些对于未经授权的私人且非商业用途的合理使用和公平交易条款特别用于复印公共图书馆的书籍，但是现在也延伸到复制应用软件和使用来自互联网的材料（例如用于教学目的的图书和学术期刊的部分）。

著作权法在本质上有两个关于知识产权的相互矛盾的构想。其一是知识可以作为私人拥有的财产，它的拥有者可以从对它的使用中获取合理的报酬。其二是知识产权包括想法、概念和表达形式，它们的公共传播正是言论自由、平等获得公共信息和经济效率的核心。文化经济学家克里斯汀·汉特克在概念层面上提供了一个有用的矩阵用于计算著作权系统所有的成本与收益。

表 11.1 著作权系统的利与弊

角度	优点	缺点
短期角度	著作权所有者可以获得更高收入	用户使用成本 管理成本 交易成本
长期角度	可以更好地激励著作权所有者进行创作	种种成本阻碍了用户的创新

资料来源：Handke，2011：4

人们注意到1790年著作权法案牵扯出了一些关于著作权的问题，如当内容创作者、分销商和使用者在权力资源方面是平等的，应该用什么作为三者之间的水平轴。这一问题在历史上被几位作家所关注，例如罗兰德·贝蒂格（Ronald

Bettig）（1996）、赛义德·威德哈亚纳（Said Vaidhyanathan）（2001）和迈克尔·佩雷尔曼（Michael Perelman），后来这个水平轴被垂直轴所覆盖，因此那些对于受著作权保护的作品享有所有权的人，也就是创作领域的合同中所定义的创作作品的经销商而非创作者，他们组成了一个有力的利益团体，他们的利益建立在那些更广泛、更分散的终端用户群体之上，并经常与用户的利益相违背。

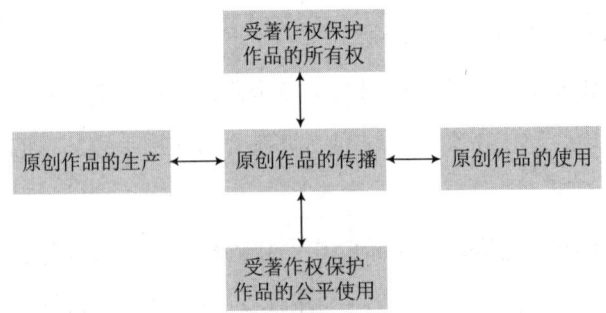

图 11.2 著作权与知识产权制度体系中的关系

著作权与新媒体

在新媒体和互联网的时代，许多问题使著作权法变得越来越复杂且有意义，其中四个问题比较突出。第一，技术的快速发展和大众媒体的传播使低成本的数字信息复制戏剧性地改变了著作权法所带来的问题。然而在著作权法发展时期，作品的复制还需要花费一定的成本（例如书籍印刷的成本），低成本复制和印刷技术的发展意味着越来越多的人能够在家中、工作单位、学校或大学以无成本的方式复印材料。原始材料制作高成本、新商品高失败率和复制内容零成本是商业创意产业的显著特点（Hesmondhalgh 2013）。从权利持有者的角度来看，非授权复制作品的行为是一种盗版问题，其重点是针对非法复制而强制实施的著作权保护，这被视为防止权利所有人摊销生产原创作品的巨额初始成本。另外，著作权产业的批评者认为不公平的定价协议来自盗版，尤其是在发展中国家，而且在变革的数字环境中缺少对可替代性商业模式的关注（Laraganis 2011；Lobato 2012；Bakhshi，Freeman & Higgs 2013）。

第二，知识经济或创意经济的兴起使知识产权成为新公司财富的主要来源，成功的创意产品具有高额的附加值，以及日后获得的租金。正如彼得·达沃豪斯（Peter Drahos）和约翰·布雷斯韦特（John Braithwaite）（2002）所认为的那样，20世纪以来获取专利的"知识游戏"对于联合企业的形成非常关键，经济租金已经成为商业创造行业的中心，例如米老鼠对于迪士尼公司的价值，或者是披头士乐队的歌曲备份在歌曲创作之后的几十年间仍保留很高的价值。知识产权中增加的经济价值已经带动了著作权产业的兴起，这些产业"主要从事对受到著作权保护的新材料进行复制、生产和传播"（Siwek 2012：7）；核心的著作权产业包括报纸杂志、电影、唱片、广播、电视和电脑软件。世界知识产权组织（WIPO）宣布世界范围内的专利申请数量从1995年的约1000000项增长至2008年的1900000项，批准的专利数量从1995年的450000项增长至2008年的750000项（WIPO 2012b 33）。

第三，受著作权保护的产品在以史无前例的程度成为全球流行文化的一部分。企业商标被复制和拙劣地效仿，音乐片段被采样，流行文化参照物成为当代娱乐媒体反复出现的一个标志，电影和电视节目照搬其他电影和电视节目中的通用形式，广告业也不断地观望和效仿来自其他媒体的文化参照物。露丝玛丽·库姆（Rosemary Coombe）认为，受知识产权法保护的文本是承载本土内涵意义的文化形式，当这些本土意义融入人们的日常生活中时，知识产权的法律保护便会有所拓展和延伸（Coombe 1998：7）。劳伦斯·莱斯格将这一点比喻成"再合成文化"（remix culture）（Lessig 2008），它具备第五章提到的专业人群的创造力和参与式媒体文化的要素，与20世纪流行的专门制造出的只读媒体相比，它存在于"读写媒体"的环境中。

第四，著作权法和知识产权保护法逐渐在全球化。欧洲国家通过《保护文学和艺术作品伯尔尼公约》（1886）就著作权法达成了一个共同的框架，尽管当时的美国不是签约国之一（Drahos & Braithwaite 2002：34—5）。在近些年，美国已经成为推进国际知识产权保护法的引领者，不仅仅因为它的著作权产业遭受盗版产品侵害的风险最高。美国电影协会估算2010年一整年全球视听产业中为盗版产品花费了182亿美元，其中有61亿美元花在了与美国几家主要的电影制片厂相关的盗版产品上，在某些国家盗版内容占据了整个电影观看的80%（Lobato 2012：69）。由于美国在知识产权净出口方面占领先地位，美国成为《与贸易有关的知识产权协定》（TRIPS）的启动者，继签署《服务贸易总协定》（GATS）之后由100多个国家于1994年签署。

著作权法改革

著作权法存在相互竞争的利益和索赔，其所应用的领域发生了巨变，法律和政策的改变也为其带来了大量的不确定性，并且现有法律在数字媒体环境下越来越难以运转。提倡加强著作权保护的人认为知识的创造承担着高风险和不确定性，生产原创内容所付出的经济成本和时间成本远高于传播与使用的成本，确保内容的创作者和经销商得到收益被视为创新和创造的必要前提（Throsby 2010）。这种观点也是美国关于著作权保护的两部延伸法律的核心：1998年《数字千年著作权法案》在美国议会得到通过，以及1998年的《索尼·波诺（Sonny Bono）著作权期限延长法案》。后者也被称之为"米老鼠法案"，因为它出现在迪士尼面临米老鼠和其他著名动画人物著作权到期之际，最终的法律改革意味着在2023年之前米老鼠的著作权都不会流入公有领域（Rimmer 2003）。

法律与政策评论家依据数字环境中强大的著作权保护行为认为：

- 过度限制的著作权保护法隐藏了内容用户的费用，而这一费用是巨大的，据《哈格里夫斯报告》（2011）估算净花费占据英国国民生产总值的0.3%—0.6%。

- 著作权保护法为以前的内容创造者带来的利益变成了后期创造者的成本，这些成本来自寻找著作权所有人、获得使用和修改的许可；露丝·陶丝认为"用于寻找和获得许可的交易成本对于创造来讲既是抑制也是鼓励著作权存续时间越短、例外越多，创作的成本就越低"（2010：351—2）。
- 信息不仅仅是公共利益，需要政府监督其制造与传播的过程，也是迈克尔·佩雷尔曼（2002）提出的"超级公共利益"，当信息以无法统计的方式被自由使用时，它将会为一个群体带来好处。这是因为"信息并不匮乏，除非社会允许机构通过隐藏和产权造成人为的信息稀缺，因为经济变得越来越依靠信息，应用于信息的传统产权系统成为发展过程中昂贵的绊脚石"（Perelman 2002：178）。
- 新知识是个人和社会劳动的结合，现有的认知建立在以往的知识上，所以认为权利归个人享有是有问题的（van dijk 2012：157）。
- 著作权保护为内容创作者（艺术家、知识分子等）所带来的好处通常被夸大了。美国著名的17位经济学家曾在2002年埃尔德雷德与阿什克罗夫特（Eldred v. Ashcroft）的案件中质疑了延长著作权持续时间所带来的经济利益，他们认为《索尼·波诺著作权期限延长法案》将著作权保护期延长至70年，而这只能为不到1%的创作者增加收益（Moore 2005：74）；相反，强有力的著作权保护的首要受益者被认为是著作权产业。
- 强有力的著作权保护对于数字网络时代中常见的犯罪行为有一定的影响，例如文件共享、点对点交换、内容混合、内容再利用和创造性内容重复使用（Lessig 2008；Lobato 2012）。

以上所提到的言论不是要反对著作权法或知识产权保护，而是认为在变化的数字媒体环境中需要重新评估著作权法法规，他们质疑以前讨论的著作权平衡现在已经过多地向现有权利持有人倾斜。澳大利亚法律改革委员会于2012—2013年对澳大利亚的著作权法规进行了审查：

> 为了使受著作权保护的材料具有更大的可用性，使社会和经济受

益，需要考虑著作权法是否应得到修正。随着著作权更直接地影响不同的用户和生产者，甚至超越了著作权持有者和权利机构用户，著作权法的环境和政策经济也在发生变化（ALRC 2012：14）。

正如上面所提到的，英国著作权法的《哈格里夫斯报告》介绍了延长公平使用条款的意义，其目的在于减少由目前全球数字经济低价位带来的净损失，这种损失被视为阻碍英国创造产业发展的障碍（Hargreaves 2011）。有人认为现有著作权的实施政策和威慑力不仅没有起到减少著作权侵犯的作用，反而替代了创新型的商业模式而被使用。创新型的商业模式能够为消费者提供合法的替代选择，使消费者能够方便地、合法地、及时地寻找到支付得起的数字创新内容，为消费者提供合法的电子传播渠道，而不是依靠更严厉的著作权法的执行（Flew et al. 2013）。

经济学家哈尔·范里安（Hal Varian）认为因为数字信息很容易被复制和传播，消除所有非法复制内容的可能性几乎为零，所以著作权产业需要考虑替代型的商务模式。这些模式可以包括差别取价（例如使实体副本比下载版本更具吸引力），提供捆绑服务（例如免费提供订阅户使用的备份目录）以及数字内容广告作为直销的收入来源。范里安认为"著作权是知识产权保护条例第二好的解决办法"，同时"技术发展降低了复制数字内容的成本，也有助于减少内容创作的固定成本"，降低的生产成本带动价格的下降，从而削弱了内容抄袭的动力（Varian 2005：136）。

在美国社会科学研究理事会组织的关于新兴经济中出现的媒体抄袭的国际研究中，乔·卡拉格尼斯（Joe Karaganis）（2011）观察到相较于收入，数字媒体产品的高价格驱动着发展中国家的抄袭行为，反侵权措施和著作权教育收效甚微，生活标准的提高和市场竞争引起的合法产品价格下降成为减少侵权行为的主要因素。范里安和卡拉格尼斯的研究都表明了这就是创造型的新商业模式，而非加强著作权实施的管理体制，而这些商业模式最终在减少抄袭和侵权方面发挥了重要意义，在数字时代创造产业发展可持续的商业模式。

在国际上，《与贸易有关的知识产权协议》为保护知识产权建立了一个全球范围内的框架，对这个框架内不遵守保护专利权、著作权、商标和商业机密等准则的国家可以实施有效的法律和经济制裁。苏珊·赛尔（Suan Sell）把《与贸易有关的知识产权协议》描述为"美国知识产业中私营产业积极分子的一次重要胜利"，因为它"在保护和延伸而非竞争和传播的基础上构建了知识产权的概念"（2002：172）。

当知识产权保护通过《与贸易有关的知识产权协议》等协议延伸到全球领域，并受世界知识产权组织和国际贸易组织的监管和执行时，全球范围内应用著作权和知识产权保护法所带来的问题也是值得考虑的。这其中就包括关于经济发达国家和经济发展中国家间公平性的争论。这种争论出于两种原因：第一，大量的知识产权存在于少数国家，如在2011年，5个专利局（日本、美国、韩国、中国和欧洲）占据了全世界80%的专利申请许可（WIPO 2012）；第二，新媒体技术使数字产品的复制成本几乎为零，这也大大地刺激了低收入国家复制这些材料（DVD、电脑软件程序等）并以低于高收入国家的售价出售。这样的话，被权利持有人标为抄袭的东西在发展中国家可能被视为是对不公平的全球价格安排的回应，抑或是对第一世界知识独裁的一种反抗（Lobato 2012：71—4，80—2）。

与此同时，需要注意的是有人认为数字技术给予弱者力量，内容剽窃在国际协议面前更像是一种街头的反抗力量，例如《与贸易有关的知识产权协议》将发展中国家同仅为西方跨国企业谋利的著作权和知识产权保护法捆绑在一起。为了促进发展中国家创造性经济的增长，并在销售和出口方面实现本地制造的价值，需要注意在发展中国家广泛传播的抄袭并不影响那些鸿篇巨制遭到抄袭的国际传媒集团，而是影响本地的创造生产者，因为人们并不认为有必要为创造性作品付费。对非洲和加勒比地区的音乐产业进行的研究发现，因为盗版分销链资金丰富，本地执法能力低下，破坏了本地音乐产业的可持续发展，所以很难为音乐制造和传播设备投资，也很难支持本地艺术家（Pratt 2008b；James 2008）。除此之外，这还截断了本地创造者通过现场表演获取收入的渠道。这种情况与发达国家截然不同，在发达国家，现场表演能够弥补销售和版税的不足。这阻止了本地创造者留在本国，大量创造性人才离开，因此阻碍了本地长远发展、区域发展及南南贸易的发展。

案例分析：知识共享

知识共享（Creative Commons, CC）是世界范围内的一个项目，意在增加著作权法保护材料的流通可及性，以及数字环境下获取渠道的可协商性（Creative Commons 2013）。为了做到这一点，知识共享要求那些致力于共享的内容持有人提前给予大众许可，即通过特定形式使用他们的内容，如在他们的内容上贴上CC标志，并且提前签署个人使用标志的合同条款，以此来合法获得CC许可。这样做的目的是克服现有著作权和知识产权法在数字环境中遇到的三个瓶颈：现有内容的使用者在寻找最初内容的创作者并与其进行协商时存在困难，对其他领域出于商业或非商业目的重复使用已有数字内容的权利和条件存在质疑，以及现有的著作权和知识产权法通过将权利指定给内容的经销商，避开了内容创造者和受保护的版权材料的潜在使用者之间的直接协商，由这些经销商而非原始内容的生产者来管理内容再利用的所有法律事项。

知识共享（CC）是于2001年由几位知名的知识产权专家和创作实践者成立的非营利组织，创立者包括劳伦斯·莱斯格、詹姆斯·波义耳（James Boyle）、哈尔·阿贝尔森（Hal Abelson）、艾瑞克·萨尔茨曼（Eric Saltzman）、乔伊·伊托（Joi Ito）和艾瑞克·阿尔德雷德（Eric Aldred），并从公有领域中心和其他组织得到财务支持。最近该计划还受到了一些基金会和赞助商的支持；CC许可的使用者包括谷歌、网络相册、维基百科、半岛电视台、公共科学图书馆和白宫网站。直至2013年知识共享许可已经发展至75个国家（Creative Commons 2013）。知识共享的国际扩张核心促使CC许可与各国管理著作权和知识产权的国家立法机构进行合法有效的协商。

知识共享最重要的一个目的是简化艺术、教育、科学和数字制造领域的创造型人才指定其作品行使权利的可选择范围，并独立于将他们的作品视为商业产品进行传播的经销商。对于想将自己的内容放置于知识共享许可下的人来说共有四种方式可选。

1. 姓名标注：内容创作者允许他人复制、传播、展示、表演其受著作权保护的作品，即基于本作品创作衍生作品，前提是以其所要求的方式获得其许可。
2. 非商业性：允许他人复制、传播、展示、表演其作品，即基于本作品创作衍生作品，前提是不得以商业目的使用本作品。如果想以商业目的使用本作品，则需要另一个用以协商的法律依据。
3. 禁止修改：允许他人无改动地复制、传播、展示、表演其作品，但不得修改本作品。这样得以保留原创作品的完整性以及原创作者的道德权利。
4. 相同方式分享：内容创作者允许他人传播由本作品产生的衍生作品，仅在遵守与本著作相同的授权条款下。值得注意的是一个授权条款不能同时允许以相同方式分享和杜绝衍生作品，因为相同方式分享的条件是只应用在衍生作品上。

知识共享将其目的描述为提供"免费的工具，使作家、科学家、艺术家和教育家能够很容易地将其作品打上自由的标记以便他人使用"，这样创造性生产者可以"利用CC将默认的著作权条款'保留所有权利'改为'保留部分权利'"（Creative Commons 2013）。这样做的目的是为了极大地简化过多的法律问题，这些问题涉及原创内容的提供者如何应对他人利用他们的创作作品，从而避免复杂的、高成本的法律纠纷。

知识共享的模式大多建立在著作权的所有权和建立下游渠道的法律基础上。CC并不反对著作权。相反它以著作权为基础建立公开的获得渠道。然而，CC意图在数字内容中为著作权管理提供其他选择（Fitzgerald 2006：222）。

结语：数字化的看门人和开源运动

著作权和知识产权法的未来备受关注，在传统内容的经销商，也可被称为数字内容的"看门人"，和开源运动之间存在着广泛的讨论与冲突。"开放式软件"和"免费软件运动"以分散的、网络化的、合作的机制引领新形式的软件发展，经过非所有权的通用许可证（GPLs）授权，并且一直以合作的、自创的态度来支持互联网作为社会科技网络的发展。被艾瑞克·雷蒙德（Eric Raymond）（1998）称为"集市"的开放式合作实践将通过更优秀的终端产品来战胜"教堂"式的软件专利和企业或政府管控机制，这种观点已经深深地根植于黑客文化、礼品经济概念、社会生产理论和非金钱激励（Benkler 2006；Vaidhyanathan 2012）。

开放资源的倡导者，例如莱斯格（2004，2008）、本科勒（Benkler）（2006）和苏贝尔（Suber）（2012），提出这些问题并不是出于某种对抗，而是出于开放和机会，以及新形式的公众利益的概念。正如莱斯格在《自由文化》中指出的，自由地获取内容，并不是像喝免费啤酒，或者无须任何人付钱，而是指尽可能地获取到信息和文化并使其最好地服务于创造和创新，"以此保证以后的创造者和发明人能够尽可能地免于从前的控制"（莱斯格 2004：xiv）。因此，信息共享或者创造共享拥有的特定价值受到加强知识产权管理措施的威胁，这被看作创造"'许可文化'所带来的危险，在这种文化中创造者只有获得权利者或者以前的创造者的许可才能进行新作品的创作"（Lessig 2004：xiv）。尤查·本科勒明确了新的公共利益应促进资源开放和拓展信息共享空间：

> 我们正处在一场激战中，这场战争的战利品是对数字网络环境和信息经济的变革。老旧经济的利益相关者正在利用立法、司法和国际条约来维护旧的体质。作为经济政策，让昨日赢家来指挥未来经济竞

赛简直是一种灾难。作为社会政策,用失去发展机会来丰富我们的自由和加强我们的司法,甚至是维持或提升我们的生产力,这是不可原谅的。(Benkler 2001:90)

资源开放运动的兴起将注意力聚焦在可能出现的多种互联网发展形势和不同层面的数字通信网络管控,包括管控基础设施建设、编码以及内容。这也凸显了在现有政策和互联网未来之间的区别,现有政策复制广播媒体的旧体制,阻碍新竞争者进入并且明确划分开内容制造者和消费者;而一个不确定的但可能更开放、更民主的互联网未来建立在数字媒体使用者的集体权利之上,并得到一个更开放的、健康的公共信息领域的支持。

一般来说,资源开放运动的特点是倾向新事物和创新。正如劳伦斯·莱斯格指出的:"我们作为一个社会应该赞扬那些分裂者。他们掀起的运动将会推动更高效、更繁荣的经济发展。"(2001:92)这带来的并不是传统意义上的对抗,而是一个更多变的领域,其中有更多承认在位者利益的联盟,无论是公共的还是私人的,这些联盟为了保护现有的垄断特权有效地阻止了革新的进入,同时也很难形成一股支持的力量来改变连后果都不确定的领域。因此应该尽可能地获取信息和文化并使其最好地服务于创造和创新,"以此保证以后的创造者和发明人仍能免于以前的控制"(Lessig 2004:xiv)。

在线资料

Berkman Center for Internet and Society <http://cyber.law.harvard.edu>——Leading centre for research into the impact of new media technologies on law and society, based at Harvard University.

Creative Commons <http://creativecommons.org>——Resource site for Creative Commons, which also provided practical guidelines for content producers on how to develop a CC licence for your own work.

Knowledge Unlatched <www.knowledgeunlatched.org>——London-based centre seeking to align the interests of authors, publishers, libraries and readers around open access rights for digital publishing.

12 网络与公众参与

引言：互联网是不是内在的大众媒介？

人们对于新媒体与政治的反复讨论是，互联网的结构特征是否能促进大众参与，并且塑造一个更加平等主义的大众参与形式。1996年美国总统选举时，乔恩·凯茨（Jon Katz）宣告一种新型网络公民，即"网民"，以及相应的"数字民族"的兴起，他们不同于传统党派、主流媒体以及其他政治把关人，能够"建立一个更符合大众利益的社会，一种基于理性主义、共享信息、对真理的追求以及新团体的新型政治参与模式"（Katz 1997）。人们声称，互联网为新型大众政治提供了重要基础，并且该种政治形式超越了既定政治组织的限制，诸如维基解密的网站为新闻业的第五权力提供了模板，能够直接向政府高层讲述事实，正如在第七章中的论述。

人们常认为以下要素能够使新媒体加深其大众性（Hague & Loader 1999; Coleman & Gøtze 2001; Simon, Corrales & Wofensberger 2002; Blumler & Coleman 2009），如下所示：

1. 与印刷、广播通信的纵向（自上而下）及一对多的特征相比，互联网使大范围内横向、对等及多对多沟通成为可能；

2. 用户从几乎无限的全球在线资源中，以小成本或零成本获取、分享与独立核实信息的能力；

3. 与更多基于本土的媒体相比，互联网作为全球通信媒介，相对缺乏管制；

4. 通过社交媒体，形成具有共同爱好与承诺的虚拟社区或网络社区的能力；

5. "发声"（Couldry 2010）的能力，传播、讨论、考虑时事的能力，但这些时事不能以地位或有效资源为前提，或被诸如有效时间这种形式问题所束缚；

6. 政治非中介化，即不通过媒体顾问或现有的新闻媒体筛选的政治传播的可能性；例如，泰德·贝克尔（Ted Becker）与克里斯·塔斯莱顿（Christa Slaton）表达了他们的期望，"基于数字技术的新型民主政治组织将会出现，它会将代议政府转变成更多响应广大公民的体系"（Becker & Slaton 2000：81）。

根据复兴政治传播与民众参与的需求，互联网的到来是适时的，因为其符合以下四种讨论。

首先，人们担忧民主危机（Castells 1998：342—49）或民主赤字（Giddens 1998：70—8），以及议会自由民主制的理想与现实之间日益增大的差距。在全球化与文化多元性（在第九章中论述）的背景下，政府在管理国家经济社会方面面临许多挑战。这些困难包括现有政治机构面对的信誉危机，金钱政治、特殊利益等。史蒂芬·科尔曼（Stephen Coleman）与约翰·歌赛（John Gøtze）指出：

> 由于民众已经不再盲目地顺从和依赖，他们更加主张消费主义且反复无常，所以旧类型的代表面临着转变的压力。目前代表与被代表人之间普遍疏远，几乎每个西方国家都表现出选民投票率下降、较低的公众参与度、对政治机构与政党的公众犬儒主义，以及曾经强烈的政治忠诚与依附关系的崩塌（Coleman & Gøtze 2001：4）。

其次，与哈佛大学社会学家罗伯特·帕特南（Robert Putnam）的论证相关，他认为西方民主国家的社会资本形成逐渐衰退。帕特南将公众组织及网络中较低水平参与度引起的社会资本衰退，看作政治参与度大幅下降和公众犬儒主义广泛提升对社会凝聚力与社会福利的破坏（Putnam）。正如在第四章中所指出的，许多研究者认为在线参与修正了帕特南对民众参与衰退的悲观论述，公民参与的新形式包括"一起打保龄球"（Coleman & Gøtze 2001）以及一起写博客。李·莱尼（Lee Rainie）与巴里·威尔曼（Barry Wellman）（2012）认为，与帕特南所称赞的团体联合相比，在线社交网络是一种更加松散、多样、因情况而异的参与形式，但由于其是通过互联网发生的，它仍然是切实可行的。

再次，电子政务与网络政治参与议程的兴起给新媒体与信息通信技术带来了新问题，它是否能够加强政府与公众之间的关系，从而改善政策、增进公众对政府的信赖以及提高政府总体管理能力。举个例子，经济合作与发展组织指出，我们有必要提高民众在政策制定中的角色，使政府能够发掘政策相关看法、信息与资源的新来源，提高民众参与质量，增强政府透明度，加强政府问责（OECD 2003）。人们希望，这会更好地影响国家政策的制定，提高公众对政策的理解，从而增强政府公信力。虽然经济合作与发展组织很清楚，这需要政府机关转换认知，从信息提供者和"你有发言权"类型的网站，转向将民众看作国家政策的共同制定者，但大多数电子政务日程仍然困在一种观念模式中，贝拉米（Bellamy）与泰勒（Taylor）（1998：117）将其称为"消费者民主的高度管理形式"。事实上，海伦·玛格斯（Helen Margetts）已经指出，"到21世纪前十年中期，就有迹象表明电子政务热潮会减弱，到时候实践者与学者都会认为我们应该放弃'电子'"（2009：126）。科尔曼与歌赛认为，"成功的电子政务与强化的民主之间没有固有的联系，挑战是超越提供服务的单向模式，以及利用数字媒体内在的反馈路径"（Coleman & Gøtze 2001：5）。

最后，媒体自身，或至少是其大型主流机构存在问题。布赖恩·麦克奈尔（Brian McNair）（2001：18—20）指出，媒体在提升公众认知方面的作用是：

- 告诉民众社会及世界上正在发生什么；
- 教育民众事实与事件的意义与重要性；
- 为不同甚至相互矛盾的观点提供平台，以便表达全面的公众观点；
- 宣传政府与政治机构的行动，包括批判性审视（监察员职能）；
- 为相互矛盾的观点提供辩论渠道。

现有新闻媒体是否适当有效地履行了这些职能，对于这一问题一直争论不休。杰伊·布鲁勒（Jay Blumler）与史蒂芬·科尔曼（2009）提到一类大众传播危机，其产生原因包括脱离大众机构（社会资本衰退的论点），政治游说专业化（或者不被认可的政府、党派、游说组织的媒体顾问越来越多），以及从精英竞争、个人品格甚至游戏式的角度来报道政治的新闻倾向，很少再准备好对实际政策进行独立研究。在许多方面，由数字化转型引起的商业媒体财政危机，可能加剧恶化了这些趋势。具体来说，削减员工数量以及独立研究可用的时间与资源，同时增加对广告客户的依赖，对于有利的编辑内容期望回报。另外，正如第七章中所论述的，从未有像在网络环境中发表内容的便利方式，新闻业的新形式已经在主流媒体机构之外兴起。然而，尽管新闻媒体市场与消费活动极不稳定且易于快速转变，很大程度上还是缺乏对当前执政者的影响力，他们依旧主要缺乏大型在职者的影响。

民主和现实

1994年美国副总统艾伯特·戈尔（Al Gore）向国际电信联盟（ITU）发表声明：

> 全球信息基础设施（GII）将不再只是对正常运转的民主的一个比喻，它将实际地加强公民在决策制定过程中的参与度，促进民主的正常运转。同时，它还将大力提升国家间合作的能力。我可以预见，全球信息基础设施建立的论坛将会打造出民主的雅典黄金时代（Gore 1994）。

艾伯特·戈尔的陈述中，第二部分要比前一部分狂妄自大。互联网能够使现有民主机构更加有效运转：在线投票、在线公民审议小组、能够给当选代表发邮件，以及大力改善的信息获取渠道，这些共同形成了一个更加多样化的资源。假设其他因素都是平等的，这些都是可以增进民主实践的因素。然而，现实与言论并不相符，互联网并没有使社会更加民主，当然，与戈尔第二部分的论述也不符，互联网没能带来雅典黄金时代中的民主，正如前文中讨论的，事实与他们的期待相去甚远。

正如杰伊·布鲁勒与史蒂芬·科尔曼（2009：15）指出，民主社会应具备以下特征：

- 定期的、自由的且公平的多方选举；
- 法治，所有公民受法律约束；
- 言论、集会、出版自由；
- 政府对公众负责，响应公众关注的话题；
- 存在公民社会部门。

基于此条件，全世界 196 个独立国家中有大约 125 个国家（约 64%）可以被称之为民主的，全球人口中大约一半人居住在正常运转的民主中（Nobel Prize 2013）。

选举民主与政党竞争

根据实现民主的某种方法，人们提到民主时有不同的说法——竞争的精英（Held 2009：134—44）、现实主义者（Schumpeter 1950）、理性选择（Dryzek & Dunleavy 2009：108—19），以及社会选择（Blumler & Coleman 2009：24—5），民主一般被认为政党间的选举竞争。对于约瑟夫·熊彼特（Joseph Schumpeter）民主的现实主义者的描述，戴维·赫尔德（David Held）用以下方式描述了这种观点：

> 民主的本质是公民用另一个政府取代当前政府的能力，从而保护自己不受政治决策者的危害，将自身转变成不可撼动的力量。只要政府能够被更改，只要选民能在明显不同的党纲中进行选择，那么暴政的威胁将不复存在。民主就是一个机制，它允许普通人广泛意愿的参与，同时将实际的制定国家政策的权力留给那些经验丰富且合格的少数人

(Held 2009: 142—3)。

这种民主观点很显然不是被人民所支配的;当然,它可以被理解为"一种形成领导地位并合法化的制度安排"(Held 2009: 143)。这一狭隘的民主观点被其他三种观点质疑。第一,从社会学家马克斯·韦伯(Max Weber)对现代性的理解出发,议会政府与公共管理有必要从结构上分离开来;公共管理是官僚的任务,人们希望他们的审议不应该政治化,而是根据专业知识管理政府,不是充当民主意愿的代理人。第二,社会选择理论表明了所有个人偏好向上聚集为集体意志的不可能性(Dryzek & Dunleavy 2009: 111—13)。因此,政党目的在于将一系列的集团利益聚集成为一个简单的大众利益,这就意味着他们不能充分代表任何个别政策的利益,包括——也许自相矛盾——那些致力于政党更具包容性的人。第三,政党与领导阶层需要去影响那些最脱离正式政治的活跃分子或者中位选民,这就可能产生某种现象,例如大规模广告宣传,寻求富裕的政治支持者,关注特定选区与亚群体(例如美国著名的九至十个摇摆州),为了吸引投票制定政策并提升政治领导者品质,因为他们需要像通过广告向消费者销售产品一样来兜售自己(Dryzek & Dunleavy 2009: 157—73; McNair 2011: 85—117)。

另一种看待选举民主局限性的方式,是将其当作通过退出、发声与忠诚的概念来表达民意的方式,这是由经济学家、社会哲学家阿尔伯特·赫什曼(Albert Hirschman)(1970)提出的。退出是在经济市场中消费者与生产者之间的典型互动方式:如果我们对某家公司的产品或服务不满意,我们可以转至其竞争对手寻求产品或服务。但由于与市场竞争力等原因以及产品性质,一些商品比其他更容易更换,例如,更换果汁品牌或者常光顾的咖啡店,要比更换银行、大学或用非微软文字处理软件容易得多。这表明消费者偏好的客观机制充当了竞争性市场经济中的主要驱动力。

与之相比,赫什曼认为公民通过政治体系寻求的不是退出,而是发声。赫什曼将发声定义为"任何从根本上改变而不是逃避事务引起反对的状态"(Hirschman 1970: 30),他理解表达这些声音的愿望,以及能够通过公众参与改变个人状况与社会安排的愿望,这是公众权利的核心,"人们一直有这样的信念，我们身边需要最大程度上警觉、活跃、有声的公众"（Hirschman 1970：31—2）。政治领域内的发声，通常被忠诚的表达所覆盖，尤其当人们出于团结精神加入政党或其他组织与社会活动时，他们会通过该机构以及其他成员表达自己的想法。

从赫什曼的角度出发，以上所说的选举民主的问题是，它处理政治的方式本质上与市场经济相似，政治消费者在投票箱里登记自己的偏好，个人与政党旨在最大化这种政治交换的数量，从而获得公职。这不仅是对民主的肤浅理解，因为它在很大程度上排除了不同声音问题，而且足以剥夺那些积极参与公众生活及政治的人的公民权，因为出于对某个党派的忠诚他们一般不会改变选举偏好，而竞争者寻求的是参与少但更易变的中位选民。这样的结果就是，政党变得更加由专业精英主导，因为他们变成了抓住所有选民的政党，而不是关注那些受强烈的共同信念所激励的人。同时，由于选举成本上升，党员数量也会下降，这使得党内存在腐败、金钱政治与丑闻的可能性。因此，选举民主变得与旧政治相似，现今许多人都感觉被剥夺了公民权利，同时期望新媒体能够产生参与公有领域的新方法。

参与制民主与积极公民权

人们提到民主的主要概念时，会称之为公民共和主义（Held 2009：29—55）、参与制民主（Dryzek & Dunleavy 2009：211—20），以及商议性民主（Gutmann & Thompson 2004；Blumler & Coleman：42—67），艾伯特·戈尔在提及"民主的新雅典时代"时顺便提及了该模型。这里需要注意该模型三种要素。

第一，它坚持了政治领域的特殊性。乔恩·埃尔斯特（John Elster）认为，为了聚集个人偏好，像对待市场那样对待选举政治：

表现出适合市场的行为与适合论坛的行为之间的混乱。消费者主权的概念是可接受的，因为消费者的不同选择只会考虑对他的不同影响。在政治选择中，公民要求表达对国家的偏好，也会因其对人们影响不同而有所区别（Elster 1997：33—4）。

第二，这种民主模型清楚地要求论坛的存在，或者尤尔根·哈贝马斯所说的"公有领域"，在这里公民可以自由公开地接触其他公民的意见与观点，他们还可以在这里对于最合适的结果进行批判性对话与公共审议。商议性民主是"基于对个人的设想，它强调个人根据与其他人进行的政治对话来考虑自己偏好、价值观与判断的能力"（Dryzek & Dunleavy 2009：216）。

第三，它绝不是表面上只用于中央政府或通过换届选举谋求公职的政党。参与制与商议性民主实践能够并确实存在于本地社区、工作场所、非政府组织以及许多其他政策制定与权力场所。集体决策与决策制定者所参与的公共行动之间存在着切实的关系，这是参与性民主的关键，否则它只是一些人为了自身利益进行的讨论。这与我们之前讨论的电子政务与网络参与明显不同，它们的前提是，虽然针对影响公众的活动来咨询他们的意见，但是决策权最终存在于发起该原始对话并设计了那些选项的政府机构（Blumler & Coleman 2009：90—116）。

案例分析：巴拉克·奥巴马的总统竞选

近年来，新媒体与选举政治相关的最重要的案例分析就是巴拉克·奥巴马分别于2008年与2012年进行的两次成功的总统竞选。奥巴马在2008年被提名为民主党总统候选人，在初选时与著名的希拉里·克林顿（Hillary Clinton）激烈竞争后，又击败共和党对手约翰·麦凯恩（John McCain），成为第一个非裔美国总统。之后在2012年击败了共和党候选人米特·罗姆尼（Mitt Romney）再次当选。

奥巴马的总统选举有许多创新方面，在此我们要关注的是他对互联网与社交媒体的运用。德里克·科格伯恩（Derrick Cogburn）与法蒂玛·埃斯皮诺萨·巴斯克斯（Fatima Espinoza-Vasquez）（2011：190—1）认为，虽然奥巴马的总统选举并不是首个充分利用新媒体的,但我们可以说"总统奥巴马的胜利在很大程度上归因于他对诸如脸书、推特与优兔的 Wed 2.0 技术的综合战略运用"。然而迈克尔·切尼(Michael Cheney)与克莉斯多·奥尔森(Crystal Olsen)认为,奥巴马的总统选举例证了他们所说的"第二代媒体政治",其特征是"在线与实地竞选活动的融合",以及"一个支持者与竞选活动之间双向交互的竞选环境"(Cheney & Olsen 2010:63—4)。曼纽尔·卡斯特尔(Manuel Castells)将奥巴马 2008 年总统选举活动描述为"一个互联网时代颠覆性的政治范例"(Castells 2009:366),巴拉克·奥巴马本人也承认"互联网以史无前例的方式为我们的选举活动服务"(引自 Cogburn & Espinoza-Vasquez 2011:190)。虽然他的共和党对手在 2012 年的选举中汲取了社交媒体的教训,在那场选举中共和党比民主党拥有更多的选举经费,但仍然是奥巴马的竞选活动更好地运用了社交媒体,因此他能从其技术投资中获得更多的利润与价值(Gallagher 2012)。

切尼、奥尔森(2010)与科格伯恩、埃斯皮诺萨·巴斯克斯(2011)列举了奥巴马 2008 年总统竞选活动中运用互联网与社交媒体的若干要素。它们包括:

- 更充分地准备与本地社会运动进行非正式的合作,而不再主要依赖竞选或政党总部与国家领袖之间自上而下的沟通;
- 通过诸如脸书、推特与优兔等社交媒体网站,利用社交媒体用户表达自己政治忠诚的意愿,使他们个人的观点与价值观更加的公开(Papacharizzi 2010);
- 利用与社交媒体使用(标记、点赞、转发、链接等)相关的三阶数据,通过在线互动识别潜在支持者;
- 运用社交媒体数据,更好地编辑支持者从竞选活动处收到的文本信息、邮件提醒、脸书主页等,使人们在竞选活动中产生更强的个人归属感;
- 用大量训练有素的组织者组成的地面网络来增强此类战略,他们从社团积极分子那里汲取了教训,知道如何对目标人群来进行公共叙事,他们能"用头脑、心灵与双手来参与",(并且)"更好地交流价值观的情感内容"（Cheney & Olsen 2010：62）。

奥巴马的竞选活动已经对全球政党的竞选战略产生了重大的影响。但是，他们是否将政治转变得更加民主化？首先，此类竞选战略如果不能唯一归属于某一政治党派，它将毫无意义：2010年中期的美国国会和参议院选举经历了保守自由主义者的茶党运动，他们将本地支持团体与社交媒体有效结合，首先在2009年至2010年对共和党产生了重大的影响。奥巴马政府也对其左翼进行批评，他们指责其在被剥夺权利的群体中促进草根阶层激进主义，之后才回归正常的政治，包括维持了之前布什政府的许多安全措施。事实上，2011年的占领华尔街运动，虽然不是主要针对奥巴马政府，但也对该政府坚信的政策表示强烈谴责，他们仍以大多数人的利益为代价来优待美国1%的富人（Dean 2011；Graeber 2013）。

其次，更广泛的问题在于，互联网与新媒体是否具有潜力来转变政治的本质。在这方面，奥巴马的竞选活动不止将社交媒体用作向潜在支持者延伸的工具，还是一种收集支持者数据的方式，这些数据之后可以用作其他目的（例如选举筹款）。在这方面，它的在线战略可以被视为政治营销的一种形式，与公司使用的营销战略相似，包括谷歌与脸书等社交媒体公司。虽然社交媒体可能被本地化的草根组织使用，但是不能称其促成了参与制民主支持者所赞成的水平主义战略；事实上，几乎没有迹象表明自从巴拉克·奥巴马上台后，民主党在某些重要的方面已经被民主化。

最后，将社交媒体工具用于政治组织也有一些问题。叶夫根尼·莫罗佐夫（Evgeny Morozov）在《网络的错觉》（2011）一书中，说明了政治机构使用社交媒体与移动电话，能够增强对反对力量的监视。从流亡的技术服务员爱德华·斯诺登（Edward Snowden）2013年6月所公布的国家安全局文件可以很明显地看出，美国与英国政府已经准备好从私人公司处拦截互联网与电话信息，从而进行大规模的监视行动。

媒介动员：互联网与政治行动主义

互联网与在线社交媒体已经明显地改变了主流政治，巴拉克·奥巴马于 2008 年与 2012 年的总统竞选是使用新媒体技术的政治运动新形式的转折点。但是，基于大型的全方位政党之间的选举竞争的首要任务，传统民主政治的许多评论家会质疑，这是否能接受新媒体的民主潜质。事实上，随着这些媒体获取个人资料、显示个人政治偏好的能力极大提高，它们使公民拥有更少的政治权利，并且暴露在那些掌握集中政治经济力量的人的掠夺之下。从 20 世纪 90 年代晚期到现在，这种僵局见证了利亚·李维如（Leah Lievrouw）称为"媒介动员"的不同形态的兴起，"网络技术被'再编程'，成为行动与改变的场所"（2011：131）。

在线政治行动主义的一个长期存在的形式就是黑客主义。"黑客主义"这一名称是由成立于美国得克萨斯州的"死牛崇拜"黑客组织于 1996 年创造的，他们于 2001 年发表了《黑客宣言》，倡导发展技术来"挑战互联网的国家审查制度"（McCormick 2013：24）。黑客主义利用将黑客文化植入信息与通信系统的传统（在第二章中讨论过），但是"尝试改善由黑客利用技术过分识别所造成的固有的政治限制"（Taylor 2008）。早期的在线黑客主义包括 20 世纪 90 年代晚期利用电子干扰剧场支持萨帕塔主义者反抗墨西哥政府，他们创立了一个叫作 FloodNet 的软件工具，它可以通过连续提出请求的方式减慢目标网站，即墨西哥总统的网站的运行速度（Jordan 2002：121）。

关注计算机系统安全、个人隐私的网络安全，以及对言论与表达自由的威胁，这都是黑客主义行动的特征。2008 年外国综合型讨论区 4Chan 在反对基督教科学组织派的运动中，在寻求选定目标时使用了有几分不敬的幽默的《瑞克摇摆》（一首恶搞洗脑神曲），或在目标网站链接页面中插入理查德·艾斯利（Rick

Astley)1987年大热单曲《永不放弃你》。最著名的黑客团体匿名者(Anonymous)是一个松散的在线组织,他们领导的在线运动对抗的有基督教科学组织派、索尼、澳大利亚政府(针对拟议互联网审查制度立法)、美国唱片业协会与美国电影协会(著作权限制的实施),以及一些在维基解密(WikiLeaks)于2010年12月发布了几千封美国外交电报之后,阻止对其捐献的公司,包括贝宝(PayPal)、维萨(Visa)、万事达(Mastercard)与亚马逊(Amazon),这些公司从其服务器中除去了维基解密。匿名者还因参加公共抗议时面戴盖伊·福克斯面具而著名;该面具已经成为21世纪抗议活动的标志性象征。

政治行动主义吸引了更多人的关注,也变得更加突出,1999年美国西雅图街头抗议使世界贸易组织(WTO)的开幕典礼被迫取消。西雅图斗争让人们看到了一个5000人的多样化联盟,他们抗议不同的问题,主要关于企业权限、经济全球化、环境破坏与反工会法的影响以及自由贸易协定的影响。在成功围攻世界贸易组织的活动并迫使其关闭贸易谈判之后,这种政治联合新形式宣告,"这就是民主该有的样子!"(quoted in Kingsnorth 2003:61)被称为反全球化、反企业全球化与"全球正义"活动组织的后续抗议活动还有瑞士达沃斯世界经济论坛(2000)、华盛顿特区与布拉格世界银行与国际货币基金组织(2000)、澳大利亚墨尔本世界经济论坛的一次会议(2000)、瑞典哥德堡欧盟峰会(2000)、加拿大魁北克市美洲国家首脑会议事件(2001),以及意大利热那亚八国集团首脑会议(2001)(Jordan 2002; Kingsnorth 2003; Kahn & Kellner 2007; Steger 2009; Lievrouw 2011)。这些抗议活动常会遭受强烈的警察行动,尤其是在抗议热那亚八国集团首脑会议的活动中,一名抗议者被警察杀死,一些激进分子团体,尤其是无政府主义者的黑盟运动,以及毁坏诸如耐克商店与麦当劳餐厅这些"企业权力的标志"(Kingsnorth 2003:55—7),加剧了与警察的对峙。

互联网与新媒体在多大程度上成为"抵抗全球化的主要工具"(Kahn & Kellner 2007:666),已经被独立媒体中心的兴起所例证,它是一个基于社区的全球网络,自行组织的网络媒体网站。独立媒体中心是在1999年的抗议中作为西雅图独立媒体中心(IMC)所发展起来的,它集合了社会运动激进分子、记者与媒体制作人,以及计算机专家,他们希望能将关于西雅图事件的另类观点散播给全球范围内被主流媒体覆盖的人(Kidd 2003)。独立媒体中心的口号是"不要恨媒体,要成为媒体",在全盛时期他们在50个国家中拥有180座网站(Lievrouw 2011:120),松散的附属机构聚集到一起,他们有着共同的承诺"讲述那些主流媒体没有提及的新闻,或者提供被忽略的视角,你在别处读不到"(Kingsnorth 2003:158)。独立媒体中心的影响在21世纪第一个十年中期达到顶峰,由于博客与公众新闻网站愈加突出,各独立媒体中心之间的关系也日益紧张,他们在参与性媒体的激进形式的发展中起到了关键性的作用(Lievrouw 2011:116—27)。

媒介动员与激进民主:占领运动与水平政治

20世纪90年代晚期至21世纪第一个十年中期,这段时间是广泛使用网络媒体的政治激进主义的第一次浪潮。第二次浪潮是从2010年至今,特别是围绕着全球占领与相关运动。但是,值得我们深思的是,为何在第一次浪潮的早期影响之后,不得不在21世纪第一个十年中期重新组织力量?原因之一与抗议疲劳有关,尤其是人们明白,群众抗议不会带来政治变化。就这一点而言,尽管参与抗议的有来自超过60个国家大约1500人,但反战运动依然无法阻止美国、英国及其他联盟力量武力入侵伊拉克,这使我们需要重新评估街道层次的激进主义。另一个原因是,人们意识到运动不能只简单地反对政治经济领导的集会,还需要做另外的计划。考虑到这一点,许多激进分子、非政府组织、工会与政治组织选择将精力放在世界社会论坛(WSF)这种活动上,其首次会议是在2001年巴西的阿雷格里港举行的,之后的会议在印度的孟买、委内瑞拉的加拉加斯、肯尼亚的内毕罗以及塞内加尔的达喀尔举行(Hardt 2002;Tormey 2004:144—8;Kahn & Kellner 2007:670—1;Steger 2009:115—16)。

另外，反全球化的观念中总有不安情绪。一方面，拥有强烈的反全球化情绪的是保守的民族主义者运动，例如法国的国民阵线、澳大利亚的单一民族党、英国独立党以及美国共和党的部分，他们都痛恨国家主权以及与全球化相关的对国境的控制权的丧失，为建造一个准备好反对多元文化论的强国而进行运动，接纳例如欧盟与联合国的超国家实体。对比之下，正如大卫·格雷伯（David Graeber）所述，这些运动中的许多需求事实上都是更加国际主义者的，因为"激进主义者一直在试图使人们注意到，新自由主义视角下的'全球化'几乎只局限于资本与商品的移动，但事实上却限制了人口、信息与思想的自由流动"（Graeber 2002：64—5）。

关于这些激进民主政治的方式如何与现有政治组织产生联系，也存在一些问题。表现之一就是政治左翼面临的那个熟悉的问题，改革者与革命战略之间的对抗（Mathews 1989；Tormey 2004）。那些参与了早期世界社会论坛的人，例如工会、一些非政府组织以及诸如巴西劳工党（PT）的政党，还有阿雷格里港世界社会论坛活动的主办方，他们中的许多人都支持各国政府间协商制定更有效的跨国公司税收政策，增强对于全球资金流动的控制能力，对国际货币基金组织以及世界银行等国际机构进行改革，实施更多的外国援助，以及免除世界上最贫穷的国家的债务（Giddens 2003b；Held 2004；Tormey 2008：88—105）。这些政治战略将会组成"全球社会民主"（Held 2004）的一种形式，或者"世界性的社会民主"（Held & McGrew 2002），它们提倡全球治理机构的民主化，并将其视为在国家范围内通过左翼或中左翼的传统大型政党的支持最好的追求：这里政治首位仍是单一民族国家与选举党派政治这一层面的。

与之相比，那些赞成革命政治战略的人认为，如此的改革主义者抱负在资产阶级政权面前是虚假的，在当代资本主义社会绝不会发生。迈克尔·哈特（Michael Hardt）与安东尼奥·内格里（Antonio Negri）在《帝国》这一极富影响力的书中写道：

> 当国家主权这一概念正在失去其效力时，所谓的政治自治也是如此。作为舆论决定的独立范畴以及社会力量冲突中的调解范畴，今天

政治概念难以继续存在。政府与政治已经完全融入跨国指挥的系统中（Hardt & Negri 2000：307）。

西蒙·托米（Simon Tormey）（2004：150）讨论了"多数主义者"政治和"少数主义者"政治。"多数主义者"政治需要更多传统的自上而下的有计划、领导、结构与运动战略的政治组织；"少数主义者"政治明确地否定了传统政治形式与结构，他们推崇：

> 一种非阶层性的、扁平形式的并且在转变需求与优先权时易于改造结构的组织。少数主义者政治指向同一阶层的政治行为，将反抗视为有组织的，而非战略性的发展，换言之，源于在特定位置人民或群体的当务之急（Tormey 2004：150—1）。

利亚·李维如（2011：36—56）认为，替代的政治形式根源于新社会运动，它们有以下特征：

- 这类运动涉及了大量高等教育知识和信息，以及文化创意劳动者；
- 较之自上而下的集体组织，更倾向于分散的网络；
- 新媒体创新性的使用，以及对主流通信渠道的怀疑；
- 参与者应该实行他们所宣传的内容，他们的政治参与应该"在社会中为其他人塑造理想的社会状况"（Lievrouw 2011：53）。

大卫·格雷伯将此形容为对同阶层原则的偏好，该原则基于"直接民主的形式，它实际上能够在任何自治社区中运转"（2013：89）。曼纽尔·卡斯特尔认为，这种同阶层的运动很少有计划性的，因为他们可能会有多重需求与动机，并且：

> 他们不能使任何组织或领导阶层正规化，因为他们的共识与团结

精神都取决于临时的审议与抗争,而不是围绕某一目标建立的规划。他们不能被转化成只有狭隘帮助的政治行动,他们是社会运动,旨在改变社会价值观、改变国家,而不是夺取国家(Castells 2012:227)。

在2011年,随着阿拉伯政治运动(下文中讨论)以及一系列其他公共空间的占领运动,这种公众抗议的同阶层政治的重要性在全球变得十分明显。这些包括西班牙的愤怒者运动,他们占领了马德里、巴塞罗那、瓦伦西亚以及其他50个西班牙城市,要求"真正的民主";在希腊雅典的议会大楼外,群众抗议并占领宪法广场;美国的占领运动,开始于2011年9月,人们先占领了纽约市的祖科蒂公园,之后迅速扩展,在超过600座美国城市中示威游行,在超过100座城市中进行占领运动(Castells 2012:159—71)。

欧洲与美国的这些占领运动,表面的驱动原因是对经济产出的普遍不满。在2008年后期的全球金融危机的余波中,希腊、西班牙、葡萄牙、爱尔兰、意大利与塞浦路斯等国家被要求采取紧缩的财政措施,从而削减公共债务、继续进入全球金融市场、留在欧元区(将欧元作为唯一经济货币的国家)。其结果就是西班牙和希腊的失业率达到了20%至30%,青年失业率达到40%至60%;残忍削减公共服务,包括教育与健康;公众对政客与经济精英极大的不满,人们认为国家陷于如此危险的经济环境中,他们应该负责。

在美国,国际经济危机对工作与工资产生了巨大的影响,但是有人认为,引发占领运动的焦虑来源于三个方面:对大型华尔街银行及金融机构的紧急救助;过去三十年中最富有的美国人与其他美国人之间新兴的不平等性;中产阶级的衰退。占领运动将这些变化置于大众关注的明显位置,希望人们拥护他们所说的"那99%的人"对抗"1%"的富有精英。他们将其在纽约市的抗议地点放到华尔街附近,这里是美国与全球金融中心,标志着公司金融资本的恣意权力。

占领运动集合了公共空间的人,也是网络政治的实践。占领运动抗议者不顾现实世界与虚拟世界之间的差别,他们最初是通过例如广告克星(Adbusters)

的网站、著名的反企业激进主义网络杂志、脸书与推特等社交媒体来组织协调活动,也会用汤博乐(Tumblr)上的博客来传播图像及信息,对"我们就是那99%的人"来进行个人陈述。然而,这也是一次具有政治目的的公共空间的管理实践。2011年9月17日占领华尔街示威游行之后的数日里,有超过15000人在祖科蒂公园露营,这些营地成为卡斯特尔描述的运动的"物质形式"的中心元素,"在这个空间里,抗议者能够聚集到一起,并且超越自身的差别形成一个团体。这是一个充满争论的自治空间,从质疑一个不公平的系统,到自下而上重建社会"(Castells 2012:168)。

在这些公共空间内,进行了联合国大会式的直接民主制的试验,即所有人都能参加、提议、讨论提案的公开会议,团体内所有人达成一致方能达成决议。哈特与内格里认为,这种直接民主制的试验表明,占领运动与基于街道的抗议行动不同,它不止对抗无法解释的经济力量,更挑战了代议制民主响应大众需求的限制。他们认为,"这些民主实践的运动试验都以'多数形式'得到发展,他们的特点是频繁的集会和参与性的决策制定结构"(Hardt & Negri 2011)。

占领运动基本上没能坚持过2011年至2012年的冬季。警察应对占领公园行为的策略更加积极主动,公众与媒体将焦点转移至2012年美国大选,以意见一致为基础的联合国大会模型存在许多问题,以及对新战略的偏向,较少依赖对公共空间的实体占领——例如占领学生债务运动,这些都加剧了占领运动的衰败。对其影响的后续评估各不相同。阿拉斯代尔·罗伯茨(Alasdair Roberts)(2012)高度批判地认为,占领运动被"新技术能够建立没有等级制度的组织"这一观念拖垮(2012:760)。这种观点的含义就是,占领运动应该在传统政治方面更加完善:与潜在盟友建立同盟,例如工会;开发有可能被民主党成员所接纳的需求;打造具有战略分析能力的领导层,使其能够从整个运动出发做出决策,而不是依靠公园中流动人员的舆论做出决策。

占领运动有时被不适宜地与茶党运动进行比较。茶党运动形成于2009年,是依托数字社会媒体发展的一个松散的保守主义激进分子网络,但是它在战略上与共和党相关联,以确保更多的右翼代表能够被任命公职。在某些方面,这反映了新老左派和一些人之间早期的争论。这些人赞成"以实现制度变化为目标的组织"，而与之相比，有人则将运动政治看成"在运动中建立理想社会并实现文化性革命的预示，而不是单一的政治改革"（Polletta 2003：157）。像占领运动这样的运动是出自一种与传统的选举民主政治和对资本主义经济批判相疏离的感觉；新形式的参与制民主试验很显然对他们存在的理由极为重要。但是他们发现——而且在历史上不是第一次——只是简单地将一群不相干的人集合起来，并且寻求政治行动战略共识，要比它刚出现时复杂得多。托米（2004：167）认为，这种无领导政治的问题在于，它缺乏"准备根据统一的战略而协调行动的人"。考虑到集合的那些人的本性，他们通过广大的面对面机会来寻求一致意见，而不是使用数字技术来登记他们的观点并且对相关问题进行投票，这也是很奇怪的。

案例分析："阿拉伯政治运动"

2011年见证了中东与北非许多国家长期独裁政体的衰落，这包括突尼斯、埃及、也门与利比亚。尤其是在突尼斯、埃及与也门，广泛的起义迫使统治领导层请辞，但是在利比亚却是因为北大西洋公约组织支持穆阿迈尔·卡扎菲（Muammar Gaddafi）总统的对手，干预利比亚国内战争。这些政府传统上都依靠武力对较早的大众起义进行镇压，网络与社交媒体中新媒体技术的使用和图片信息的传播使人们能够对这些事件，以及针对这些政府自发形成的起义方式进行讨论。

2000年12月17日的突尼斯起义表面上的导火索是西迪布兹德市的摆摊小贩穆罕默德·布瓦吉吉（Mohamed Bouazizi）自焚，因其拒绝向腐败官员行贿，其售卖商品被再三充公。四周之后，爆发了大规模的街头抗议，军队愈加不愿向抗议者开枪。面对此情况，独裁者本·阿里（Ben Ali）及其家人被迫逃离突尼斯前往沙特阿拉伯。但抗议者拒绝承认新的临时政府，之后他们占领了突尼斯的主要广场——总督府广场数月之久，最终在2011年举行了自由民主的总统选举。另一个引发了反对本·阿里政权的因素是，2010年维基解密电报的发布，该电报揭示了本·阿里家族腐败程度之深。

胡斯尼·穆巴拉克政府自1981年起就统治着埃及，其长久的统治基于以下几个因素：选举舞弊、腐败、任人唯亲，随时准备监禁持不同政见者，以军队为必备手段对抗国内竞争者，默许西方对其支持，他们将其视为阿拉伯地区温和的领导者。埃及人民对穆巴拉克统治的不满一直在心中酝酿。2010年6月，激进主义分子哈立德·赛义德因其之前在优兔上传了警察的腐败视频而被警察谋杀，该事件加速了穆巴拉克政权的瓦解。该事件之后，脸书上的一个团体谴责该事件，获得了上万名支持者，这就为2011年1月25日开罗塔利尔广场的大型集会奠定了基础。在接下来的两周，成千上万的人迅速占领了塔利尔广场，经过警察数次袭击之后他们仍坚持不走，直到2011年2月10日，胡斯尼·穆巴拉克宣布辞职。随后，在巴林、利比亚、摩洛哥、也门、叙利亚都爆发了反对政治领袖的抗议，这导致了摩洛哥、也门、利比亚的政治变革——在北约军事干预之后，利比亚也经历了穆阿迈尔·卡扎菲政权的垮台——还导致了巴林的政治迫害，以及叙利亚持续内战。

毫无疑问，社交媒体在这些反抗运动中起到了重要的作用，尤其是在突尼斯与埃及。事实上，在埃及的事件中，社交媒体的主要矛盾在于穆巴拉克政府试图在1月17日至2月2日期间关闭全国的网络连接。曼纽尔·卡斯特尔（2012：57）说道：

> 示威者用手机录下事件经过，通常是以现场直播的方式，通过优兔与脸书分享至全国乃至全世界。他们在脸书上商议行动，通过推特来协调，使用博客来广泛地表达意见并参与讨论。

基于大量的对社交媒体在这两次革命中的应用做出的经验性分析，罗腾（Lotan）及其同事做出了相似的表述：

> 两次革命的特征都是突出使用了社交媒体，都是激进主义分子用来组织示威游行，同时在本地以及全球范围内传播事件并讨论新闻。在中东和北非地区，推特是实时后勤协调、信息及人民讨论的关键来源。

在突尼斯尤其如此,几次起义之前,几乎没有主流媒体机构的正式报道或驻守员工。当埃及人开始抗议时,主流媒体新闻报道机构开始同时使用新旧媒体来记录几次起义(Lotan et al. 2011:1377)。

为了确定社交媒体对这种发展的重要程度,我们也需要考虑一些反对的论点。例如,赫斯特(Hirst)(2012)认为,穆巴拉克政权的反对者对塔利尔广场的占领早在2003年反对伊拉克战争的抗议时就有了,但是那时对这些事件进行报道的西方新闻媒体缺乏埃及历史、政治的背景知识。我们也应该注意,主流媒体的这种转变,尤其是诸如半岛电视台这种泛阿拉伯卫星电视服务的兴起,打破了阿拉伯世界强有力的领袖对全国媒体的长期束缚(Sakr 2005;Zayani 2005)。

马克·林奇(Marc Lynch)提出了一个重要的观点,他认为互联网与社交媒体在阿拉伯地区的长期影响,与公有领域相比,不太可能会波及其国家的统治。在这方面,这类媒体的采用更可能反映其他社会与人口统计变化,例如大量年轻人对现状表示不满。林奇还指出,通过关注莫罗佐夫(2010)对社交媒体在2009年失败的伊朗绿色革命中的应用进行的评论,政府可以利用社交媒体对其评论家的行为进行识别与监控。需要注意的是,有一点在其中的许多国家的后续发展中都尤其明显——主要是埃及,即在抗议之后经历了持续的政治不稳定以及军事政变,因为只是能够推翻政府并不能充分表达人民意愿和转化权力;在每个社会中,各种力量之间会有竞争性的平衡,民主成果完全无法得到保证(Bayat 2013)。

结语：谁来监管看门人？

2013年6月，英国报纸《卫报》发表了一系列文章，揭露美国国家安全局获取了众多领先公司的互联网数据以及邮件，其中包括谷歌、脸书、苹果、雅虎、美国在线、优兔、Skype和微软，以及从威瑞森电信处获取的电话记录。通过多种计划，例如棱镜计划，2007年《保护美国法案》通过之后，美国国家安全局与这些私人公司秘密合作，获取大量用户的行为信息，同时这些公司受《外国情报监视法》2008年修正案的保护免于法律诉讼。该报纸还揭露了，其他国家的安全机关也参与了类似的监视活动，其中包括英国政府通信总部与澳大利亚防御信号处。这些信息是由前美国国家安全局承包商爱德华·斯诺登向《卫报》记者格伦·格林沃尔德（Glenn Greenwald）与伊文·麦克阿斯基尔（Ewen MacAskill）披露的，事发时他们已从美国飞往香港，向《卫报》披露时已身处俄罗斯，其间他们曾向20多个国家申请政治避难。根据《反间谍法》，美国政府已控告斯诺登进行间谍活动并且盗取政府财产，并申请将其引渡回国。

爱德华·斯诺登对棱镜计划以及其他国家安全机构与私人公司共同进行的监视活动的披露，突出了一系列网络环境下的隐私、数据、安全、监视问题，这些在前文中已提到。人们普遍承认，互联网与新媒体具有阴暗面，人们可以通过追踪网络数据来了解我们的在线态度、偏好及行为习惯，这仅次于新媒体在扩大我们的社会可能性范围时所提供的功能可见性，当代的马歇尔·麦克卢汉可能会如此评论。在线服务的供应商——谷歌、苹果、微软、脸书等——能够获取大量关于我们的大数据，然后还可以将这些信息出售给广告商、市场营销人员，甚至自己用来推广新产品服务，这些都被视为我们以低成本获取昂贵的数字及社交媒体服务所必须付出的代价，就像我们免费获取电视节目时被广告打断一样。对许多人来说，监视状态的存在是另外一个问题。就像互联网审查与著作权执法一样，它们是政府与旧媒体的关注点；特别是在论述互联网自由主义时，新媒体拥护自由——当权派与起义者的战争中的正义所在。

马克·安德烈耶维奇（Mark Andrejevic）（2013）在其《信息泛滥：过多的信息如何改变我们思考与认识的方式》一书中指出，为什么互联网公司与政府机构串通使用私人数据并不足为奇。代表政府与企业精英相互缠结利益的媒体，其政治经济学家未必会提出如此的观点——尽管非常有这种可能性——但它围绕的却是正在改变的我们获取大量数据的途径，以及数据挖掘与数据分析，这些都在这个信息泛滥的时代改变着我们思考问题的方式。这就蕴含了一种变化，无论是为了产品营销、政治运动、政策制定还是国家安全，从根据可用数据搜索相关信息，到以预测性的方式使用数据。它还蕴含了"所有人努力获取信息，这与那些可疑的（或从市场营销的角度说，令人满意的）个人团体对信息的获取是截然相反的"（Andrejevic 2013：36）。反过来，这些数据生成了全人类的规范，反对"出现可疑或异常行为的背景"（Andrejevic 2013：37）。

这就意味着，在政治方面，并不只是简单地政治运用新媒体。还有一种新媒体政治，这包括法律与权利问题、职业道德与批判性实践问题，以及因我们使用信息通信技术交流的设备而产生的基础设施的所有权、控制及使用的问题。只是从约束旧媒体和解放新媒体的角度设想这些问题是不充分的。正如叶夫根尼·莫罗佐夫(2010)指出，使用数字媒体技术的政治活动会留下一系列个人痕迹，我们可以想象并且事实上已经发生了——那些对解放实践不感兴趣的人能够读懂并使用这些数字痕迹，并为了他们自己的目的随意地将这些信息在网上流传。在这个网络社交媒体时代、Wed 2.0时代、参与性媒体文化时代以及数字创意经济时代，对新媒体技术进行批判性审视的方式如何带来更多的机会，这是我们当下关键的政治挑战。

在线资料

Global Research < http://www.globalresearch.ca/>. Independent research and alternative media organisation based in Montreal.

The NSA Files < http://www.theguardian.com/world/the-nsa-files>. Interactive website developed by The Guardian covering the US National Security Agency's PRISM program and other forms of online surveillance revealed by Edward Snowden and others.

Transnational Institute <www.tni.org>—Global network of scholar-activists committed to critical analysis of global issues and promoting new strategies.

尾 注

第一章

1. 由于多个用户会使用一台电脑上网，所以网民的数量注定大于联网电脑的数量。同时，网民们也会使用不止一台电脑来上网，譬如我们所见，向顾客提供上网服务的网吧在全球范围内的激增，以及实验室里的学生们对于电脑的使用。相对于网民人数而言，联网电脑的数量，或是那些连接着服务器的网页的数量更容易被统计。

2. "维基"（wiki）源于夏威夷语，意为"快速"。在互联网的发展过程中，它被用来指代那些旨在通过最小化看门人角色限定和许可，从而实现实时协作的网站。比如其中的编辑权限就可以被设定为在没有网站管理者事先许可的情况下即可修改或增删内容。

第三章

在"世界城市全球分析"（GAWC）项目中，泰勒（Taylor, 2004）对世界城市做出了三种划分：拥有全球世界城市特征的阿尔法世界城市（alpha world cities），呈现出大约三分之二世界城市特征的贝塔世界城市（beta world cities），以及具有形成世界城市格局迹象的伽马世界城市（gamma world cities）。这些特征所追求的是在会计、广告、银行与金融，以及法律等全球性服务产业部门具有引领地位。基于这些标准，阿尔法世界城市包括伦敦、巴黎、纽约、东京、芝加哥、法兰克福、香港、洛杉矶、米兰和新加坡，贝塔世界城市包括旧金山、悉尼、多伦多、苏黎世、布鲁塞尔、马德里、墨西哥城、圣保罗、莫斯科和首尔。根据这一研究,有其他一百多个城市宣称达到了世界城市的水平。

第四章

重要的一点在于,并非所有形式的结合型社会资本都具有正面积极作用。从美剧《黑道家族》(The Sopranos)这个案例中就可以看出,那些将黑手党家族与犯罪团伙联系在一起的各种社会资本是如何依赖成员之间的相互关联,进而允许他们对外部人士做出不道德的行为。与之类似,在宗族教派意识色彩明显的社会群体中,比如北爱尔兰著名的新教徒与天主教徒的分裂,结合型社会资本难以被突破,进而成为跨越这些对社会凝聚力和社会秩序构成巨大阻碍的鸿沟。

第五章

1. 在《文化研究》(Cultural Studies)杂志的一辑特刊中,刊登了十篇批评亨利·詹金斯著作的文章,让人感到好奇的是,虽然詹金斯是一位享誉全球的知名文化学者,但是《文化研究》并没有给詹金斯本人做出回应的机会。

2. 2011年的一项研究发现,拥有5亿社区用户访问量的推特(Twitter)上,有近一半的帖子是由20000人发表的,约占全球推特用户的0.5%。其中,最重要的发布者为知名人士、博客作者和主流媒体(Wu et al. 2011)。

第六章

1. 据估计,微软在推出Xbox游戏机的前18个月内损失了15亿美元,但微软认为这是为了从索尼和任天堂等更成熟的公司手中攫取市场份额,建立其作为游戏开发领域内产业参与者的可信度,进而为其Xbox游戏机开发内容的必要条件。

第七章

1. 讽刺类电视节目挑战了新闻权威。虽然新闻讽刺作为一种电视节目类型有着悠久的历史,但像乔恩·斯图尔特(Jon Stewart)的《每日秀》(The

Daily Show)和《科尔伯特报告》(Colbert Report)这样的节目直接模仿了新闻样态和主题,因此影响力非常大,尤其吸引年轻观众群体。(有关讽刺类电视节目,详见 Gray, Jones & Thompson 2009)

2. 奈特·西尔弗(Nate Silver)无从获得比报道选举的其他记者更多的信息或数据。他使用概率方法,如随时间推移的民意调查汇总数据揭示了长期趋势,并能基于先前显示的数据预测某种结果的可能性(关于他的方法见 Silver 2012)。

第八章

1 关于"创意产业""文化产业"和"版权工业"这三个概念的延伸讨论可参见 Flew 2012a:59—64;Hartley et al., 2013:77—81;Flew 2013b:7—10。"文化产业"一词通常使用下列两种方式中的某一种。第一,它有时被用于政策话语中,指代那些最具创造力或最接近传统艺术实践方式(视觉和表演艺术、音乐、文学)的行业,而不是那些被称为"创意产业"的更为商业性的门类(电影、广播、数字媒体、广告),欧盟和联合国教科文组织(UNESCO)对这一概念的使用也正是基于这样的含义。第二,"文化产业"一词被用作一种政治性能指符号,以引起人们对文化与商业之间的矛盾,以及媒体与文化中政治经济的关注。在这一用途的背后通常隐含的是反对我们所讨论的一些趋势。

2. 艺术倍增效应研究指的是那些试图证明公共资金在艺术活动中的投资所带来的经济和非经济效益大于原始投资成本的研究(例如主办一个重要节日的旅游利益)。希曼(Seaman, 2000)认为,这类研究受到重复计算问题的干扰,而且存在忽视经济学家称之为"机会成本"的概念。同时,同一笔资金如果投资另一项活动是否可能产生更大的利益也是一个问题。这些研究与特定艺术组织或艺术资助机构的宣传有关,这一事实无助于他们作为一种在运作方法上缺乏严谨性的特殊行业从经济学家那里得到某种肯定。

第十章

1. 工商管理硕士(MBA)作为最国际化的课程领域之一,有欧洲质量改进系统(EQUIS)和美国高等商业教育学院协会(AACSB)等机构的认证,作为商学院声誉的标志而受到高度重视。

2. 克拉克·克尔看到了现代大学的日益多样化和那些无关学术的问题，他有时会认为现代大学是一系列个人教师企业家因一起抱怨停车问题而聚集在了一起的地方。

3. 丹尼尔所指的巨型大学包括中国的广播电视大学系统、法国的国家远程教育中心、印度的英迪拉·甘地国立开放大学、印度尼西亚的开放大学、伊朗的亚米努尔大学、韩国国家开放大学、南非大学、西班牙的国家远程教育大学、泰国的素可泰探玛提勒开放大学、土耳其的阿纳多卢大学，以及英国的开放大学。

第十一章

1. 内容创作者担心与其作品相关的道德权利和他人如何传播和使用其作品。现实中有关道德权利的一个例子就是阿尔贝托·科达（Alberto Korda）1960年拍摄的切·格瓦拉（Che Guevara）的那张著名的照片，作者将作品免费提供给激进组织和团体用于广泛传播切·格瓦拉的思想。然而，2000年科达并没有让斯米尔诺夫公司（Smirnoff）将这张照片用于其伏特加酒的宣传之中，因此他成功地捍卫了这张照片的权利。他认为，这显然与切·格瓦拉的社会主义理想以及他作为摄影师的道德权利不一致。

2. 开放软件的基本原则不仅在于它是免费的，而且在于源代码供所有用户使用，并可以相应地做出修改。自由软件的概念与理查德·斯托曼（Richard Stallman）有关，他在1983年创立了自由软件基金会，并开发了GNU通用许可证（GNU是一款免费操作系统软件——译者注）。斯托曼及其粉丝在很大程度上寻求实现一种道德境界，即免费使用软件和源代码是自由社会的一项基本权利。虽然大多数开源软件计划都符合自由软件的原则，但开源倡导者强调以这种方式开发软件的技术优势，而不是自由软件的道德权利，并且讨论更多的是与开源模式相关的经济案例。在实践中，我们可以看到两个群体总体上都在追求着相似的目标。

第十二章

1. "激进民主"一词来自拉克劳（Ernesto Laclau）和墨菲（Chantal Mouffe）（1985）的研究，他们以此指代在不同地方、多元化、平等主义的政治斗争，在这里没有一个单一的社会群体或一套理论占据主导地位。他们认为社会主义是自由民主的激进延伸，而非极端对立。

参考文献

Association to Advance Collegiate Schools of Business (AACSB) International 2011, Globalization of Management Education: Changing International Structures, Adaptive Strategies, and the Impact on Institutions, Association to Advance Collegiate Schools of Business, Tampa.

Aarseth, Espen 2001, 'Computer game studies: Year one', Game Studies: The International Journal of Computer Game Research 1(1), <www.gamestudies.org/0101>, accessed 29 April 2013.

Abramovitz, Moses and Paul David 2001, 'Two Centuries of American Macroeconomic Growth: From Exploitation of Resource Abundance to Knowledge-Driven Development', SIEPR Discussion Paper No. 01-05, Stanford Institute for Economic Policy Research, Stanford University, Stanford.

Akerlof, George 1970, 'The market for "lemons": Quality Uncertainty and the market mechanism', Quarterly Journal of Economics 84(3):488-500.

Allan, Stuart 2009, 'Histories of citizen journalism', in S. Allan and E. Thorsen (eds), Citizen Journalism: Global Perspectives, Peter Lang, New York, pp. 17-32.

Allen, Charlotte 2010, 'Political blogging and social media', Journal of Global Business Management 6(2):1-6.

Americans for the Arts 2007, 'Research services: Creative industries', <www.artsusa.org/information_resources/research_information/services/creative_industries/default.asp>, updated 12 March, accessed 3 May 2007.

Amin, Ash and Nigel Thrift (eds) 2004, The Cultural Economy Reader, Blackwell, Oxford.

Anderson, Chris 2006, The Long Tail: Why the Future of Business is Selling Less of More, Random House, New York.

Anderson, Craig 2004, 'An update on the effects of playing violent video games', Journal of Adolescence 27: 113-22.

Anderson, C. W. , Emily Bell and Clay Shirky 2013, Post-Industrial Journalism: Adapting to the Present, Tow Centre for Digital Journalism, Columbia Journalism School, New York.

Andrejevic, Mark 2011, 'Social network exploitation', in Z. Papacharissi (ed.), A Networked Self: Identity, Community, and Culture on Social Network Sites, Routledge, New York, pp. 82-101.

——2012, 'The work of being watched: interactive media and the exploitation of self disclosure', in L. Ouellette (ed.), The Media Studies Reader, Routledge, New York, pp. 492-506.

——2013, Infoglut: How Too Much Information is Changing the Way We Think and Know, Routledge, London.

参考文献

Arnison, Matthew 2003, 'Open publishing is the same as free software', <www.purplebark.net/maffew/cat/openpub.html>, accessed 28 April 2007.

Arthur, Brian 1999, 'Competing technologies and economic prediction', in D. MacKenzie and J. Wacjman (eds), The Social Shaping of Technology, 2nd edn, Open University Press, Buckingham.

——2009, The Nature of Technology: What it is and How it Evolves, Free Press, New York.

Assange, Julian 2006, 'The non linear effects of leaks on unjust systems of governance', <http://web.archive.org/web/20071020051936/http://iq.org/>, accessed 28 August 2011.

——2010, 'Don't shoot messenger for revealing uncomfortable truths', The Australian, 9 December, <www.theaustralian.com.au/in-depth/WikiLeaks/dont-shoot-messenger-for-revealing-uncomfortable-truths/story-fn775xjq-1225967241332>, accessed 10 December 2010.

Atton, Chris 2002, Alternative Media, Sage, London.

——and James Hamilton 2008, Alternative Journalism, Sage, London.

Australian Communications and Media Authority (ACMA) 2011, Broken Concepts: The Australian Communications Legislative Landscape, ACMA, Melbourne.

Australian Government 2009, Cyber Security Strategy, Attorney-General's Department, Canberra.

Australian Law Reform Commission (ALRC) 2012a, 'Copyright and the Digital Economy: Issues Paper' (IP42), ALRC, Sydney.

——2012b, Classification—Content Regulation and Convergent Media, ALRC, Sydney.

Australian Research Council Centre of Excellence for Creative Industries and Innovation 2005, CCI National Mapping Project: Conceptual Background <https://wiki.qut.edu.au/display/NMP/Conceptual+Background>, accessed 3 May 2013.

Bady, Aaron 2012, 'The MOOC moment and the end of reform', <http://thenewinquiry.com/blogs/zunguzungu/the-mooc-moment-and-the-end-of-reform/>, accessed 8 December 2012.

Bakhshi, Hasan, Alan Freeman and Peter Higgs 2013, A Dynamic Mapping of the UK Creative Industries, NESTA, London.

Bakhshi, Hasan, Ian Hargreaves and Juan Mateos-Garcia 2013, A Manifesto for the Creative Economy, NESTA, London.

Banks, John and Mark Deuze 2009, 'Co-creative labour', International Journal of Cultural Studies 12(5): 419-31.

Banks, John and Stuart Cunningham (2014), 'Games and entertainment software', in C. Handke and R. Towse (eds), Handbook of the Digital Creative Economy, Edward Elgar, Cheltenham UK, pp. 416-27.

Barabási, Albert-László 2003, Linked: How Everything is Connected to Everything Else and What It Means for Business, Science, and Everyday Life, Plume, New York.

Barber, Benjamin 2000, 'Jihad versus McWorld', in F. Lechner and J. Boli (eds), The Globalization Reader, Blackwell, Oxford, pp. 21-6.

Barber, Michael, Katelyn Donnelly and Saad Rizvi 2013, An Avalanche is Coming: Higher Education and the Revolution Ahead, Institute for Public Policy Research, London.

Barbrook, Richard, and Andy Cameron 1995, 'The Californian ideology', Mute 3:3-17.

Barlow, John Perry 1995, 'Is there a there in cyberspace?', UTNE Reader, March-April, pp. 31-6.

——1996, 'A declaration of the independence of cyberspace', <www.eff.org/pub/Publications/John_Perry_Barlow>, accessed 22 January 2001.

Barnett, Anthony 2011, 'New College disaster and the challenge of A. C. Grayling', Open Democracy, <www.opendemocracy.net/ourkingdom/anthony-barnett/new-college-disaster-and-challenge-of-ac-grayling>, accessed 9 June 2013.

Barr, Trevor 2000, newmedia.com.au, Allen & Unwin, Sydney.

Bartik, Timothy and George Ericksek 2008, The Local Economic Impact of 'Eds & Meds': How Policies to Expand Universities and Hospitals Affect Metropolitan Economies, Metropolitan Policy Program, Brookings Institute, Washington, DC.

Bates, Tony and Albert Sangra 2011, Managing Technology in Higher Education: Strategies for Transforming Teaching and Learning, Jossey-Bass, San Francisco.

Bayat, Asaf 2013, 'Revolution in bad times', New Left Review 80:47-60.

Becker, Ted and Christa Slaton 2000, The Future of Teledemocracy, Praegar, Westport.

Beckett, Charlie 2008, Super Media: Saving Journalism so it Can Save the World, Blackwell, Chichester.

——and James Ball 2012, Wikileaks: News in the Networked Era, Polity, Cambridge.

Bell, Daniel 1973, The Coming of Post-Industrial Society, Basic Books, New York.

——1980, 'The social framework of the information society', in T. Forester (ed.), Microelectronics Revolution, MIT Press, Cambridge MA, pp. 500-49.

Bell, Emily 2010, 'How WikiLeaks has woken up journalism', Emily Bell(wether), <http://emilybellwether.wordpress.com/2010/12/07/how-WikiLeaks-has-woken-up-journalism/>, accessed 14 June 2011.

Bellamy, Christine and John Taylor 1998, Governing in the Information Age, Open University Press, Buckingham.

Beniger, James 1986, The Control Revolution: Technological and Economic Origins of the Information Society, Harvard University Press, Cambridge MA.

Benkler, Yochai 2006, The Wealth of Networks: How Social Production Transforms Markets and Freedom, Yale University Press, New Haven.

——2011, 'A free irresponsible press: Wikileaks and the battle over the soul of the networked fourth estate', Harvard Civil Rights—Civil Liberties Law Review 46(2):311-97.

Bennett, Tony 1982, 'Theories of the media, theories of society', in M. Gurevitch, T. Bennett, J. Curran and J. Woollacott (eds), Culture, Society and the Media, Methuen, London, pp. 30-55.

——1995, The Birth of the Museum: History, Theory, Policy, Routledge, London.

Benyon, John and David Dunkerley 2000, Globalization: The Reader, Routledge, New York.

Berry, David 2012, 'Understanding the digital humanities', in D. M. Berry (ed.), Understanding Digital Humanities, Routledge, London, pp. 1-20.

Berners-Lee, Tim 2000, Weaving the Web: The Past, Present and Future of the World Wide Web by its Inventor, Texere, London.

Bettig, Ronald 1996, Copyrighting Culture: The Political Economy of Intellectual Property, Westview Press, Boulder.

Bilton, Chris 2007, Management and Creativity: From Creative Industries to Creative Management, Blackwell, Oxford.

——and Ruth Leary 2002, 'What Managers Can Do for Creativity: Brokering Creativity in the Creative Industries', International Journal of Cultural Policy 8(2):49-64.

Blok, Anders and Torben Elgaard Jensen 2011, Bruno Latour: Hybrid Thoughts in a Hybrid World, Routedge, London.

Blumler, Jay and Stephen Coleman 2009, The Internet and Democratic Citizenship: Theory, Practice and Policy, Cambridge University Press, Cambridge.

Boden, Margaret 2004, The Creative Mind: Myths and Mechanisms, 2nd edn, Routledge, London.

Bokor, Justin 2012, University of the Future, Ernst & Young, Sydney.

Bolter, Jay David and Richard Grusin 2000, Remediation: Understanding New Media, MIT Press, Cambridge MA.

BOP Consulting 2010, Mapping the Creative Industries: A Toolkit, British Council of Creative and Cultural Economy Series 2, British Council, London.

Bourdieu, Pierre and Luc Wacquant 1992, An Invitation to Reflexive Sociology, University of Chicago Press, Chicago.

Bowen, William 2013, Higher Education in the Digital Age, Princeton University Press, Princeton.

Bower, Joseph and Clayton Christensen 1999, 'Disruptive technologies: Catching the wave', in Harvard Business Review on Managing Uncertainty, Harvard Business School Press, Cambridge MA, pp. 147-73.

Bowman, Shayne and Chris Willis 2003, We Media: How Audiences are Shaping the Future of News and Information, The Media Centre, American Press Institute, Arlington.

boyd, danah and Nicole Ellison, 2008, 'Social network sites: Definition, history, and scholarship', Journal of Computer-Mediated Communication 13(2):210-30.

Boyd-Barrett, Oliver 1995, 'The political economy approach', in O. Boyd-Barrett and C. Newbold (eds), Approaches to Media: A Reader, Arnold, London, pp. 186-92.

Boyle, James 1997, Shamans, Software, and Spleens: Law and the Construction of the Information Society, Harvard University Press, Cambridge MA.

Bradshaw, Paul 2009, 'Wiki journalism', in S. Allan and E. Thorsen (eds), Citizen Journalism: Global Perspectives, Peter Lang, New York, pp. 243-52.

Brand, Jeffrey 2012, Digital Australia 2012, National research prepared by Bond University for the Interactive Games & Entertainment Association, <www.igea.net/2011/10/digital-australia-2012-da12/>, accessed 1 May 2013.

Brandtzaeg, Petter Bae 2012, 'Social networking sites: Their users and social implications—a longitudinal study', Journal of Computer-Mediated Communication 17(3):467-88.

Briggs, Mark 2012, Entrepreneurial Journalism, Sage, Los Angeles.

Brousseau, Erik, Meryem Merzouki and Cécile Méadel (eds) 2012, Governance, Regulations and Powers on the Internet, Cambridge University Press, Cambridge, pp. 186-208.

Brown, John Sealy and Paul Duguid 2000, The Social Life of Information, Harvard Business School Press, Boston.

Brugger, Niels and Maureen Burns (eds) 2011, Public Service Broadcasters on the Web: A Comprehensive History, Peter Lang, New York.

——2005, Gatewatching: Collaborative Online News Production, Peter Lang, New York.

Bruns, Axel 2008, Blogs, Wikipedia, Second Life and Beyond: from Production to Produsage, Peter Lang, New York.

——, Jean Burgess, Tim Highfield, Lars Kirschhoff and Thomas Nicolai 2011, 'Mapping the Australian networked public sphere', Social Science Computer Review 29(3):277-87.

Buchanan, Mark 2002, Small World: Uncovering Nature's Hidden Networks, Weidenfeld and Nicolson, New York.

Buckingham, David 2000, After the Death of Childhood: Growing Up in the Age of Electronic Media, Polity Press, Cambridge.

Burgess, Jean 2006, 'Hearing ordinary voices: Cultural studies, vernacular creativity and digital storytelling', Continuum: Journal of Media and Cultural Studies 20(2):201-14.

——and Joshua Green 2009, YouTube, Polity, Cambridge.

Burt, Ronald 1980 'Models of network structure', Annual Review of Sociology 6:79-141.

Bush, Vannevar 1996, 'Excerpt from "As we may think"', in M. Stefik (ed.), Internet Dreams: Archetypes, Myths, and Metaphors, MIT Press, Cambridge MA, pp. 15-22.

Bygrave, Lee 2009, 'Introduction', in L. Bygrave and J. Bing (eds), Internet Governance: Infrastructure and Institutions, Oxford University Press, Oxford, pp. 1-7.

Cairncross, Frances 1998, The Death of Distance: How the Communications Revolution Will Change Our Lives, Orion Business Books, London.

Callinicos, Alex 2002, 'Marxism and global governance', in D. Held and A. McGrew (eds), Governing Globalization, Polity, Cambridge, pp. 249-66.

Carey, James 1992, Communication as Culture, Routledge, New York.

——and John J. Quirk 1992, 'The history of the future', in J. Carey, Communication as Culture, Routledge, New York, pp. 173-200.

Carr, Nicholas 2010, The Shallows: What the Internet is Doing to our Brains, W. W. Norton & Company, Inc., New York.

Castells, Manuel 1989, The Informational City: Information Technology, Economic Restructuring, and the Urban-Regional Process, Blackwell, Oxford.

——1996, The Rise of the Network Society, vol. 1 of The Information Age: Economy, Society and Culture, Blackwell, Malden MA.

——1998, The Power of Identity, vol. 2 of The Information Age: Economy, Society and Culture, Blackwell, Malden MA.

——2000a, End of Millennium, vol. 3 of The Information Age: Economy, Society and Culture, Blackwell, Malden MA.

——2000b, 'Materials for an exploratory theory of the network society', British Journal of Sociology 51(1):5-24.

——2001, The Internet Galaxy: Reflections on Economy, Society and Culture, Oxford University Press, Oxford.

——and Yuku Aoyama 1994, 'Paths towards the informational society: Employment structure in G-7 countries, 1920-90', International Labour Review 133(1):5-33.

——2009, Communications Power, Oxford University Press, Oxford.

——2012, Networks of Outrage and Hope: Social Movements in the Internet Age, Polity, Cambridge.

Castronova, Edward 2005, Synthetic Worlds: The Business and Culture of Online Games, University of Chicago Press, Chicago.

Caves, Richard 2000, Creative Industries: Contracts Between Art and Commerce, Harvard University Press, Cambridge MA.

Centre for Cultural Policy Research (CCPR) 2003, Baseline Study of Hong Kong's Creative Industries, University of Hong Kong, Hong Kong.

Chandler, Alfred 1977 The Visible Hand: The Managerial Revolution in American Business, Harvard University Press, Cambridge MA.

Chavance, Bernard 2008, Institutional Economics, Routledge, New York.

Cheney, Michael and Crystal Olsen 2010, 'Media politics 2.0: The Obama effect', in H. Harris, K. Moffitt and C. Squires (eds), The Obama Effect: Multidisciplinary Renderings of the 2008 Campaign, State University of New York Press, Albany.

Chesbrough, Henry 2006, 'Open innovation: A new paradigm for understanding industrial innovation', in H. Chesbrough, W. Vanhaverbeke and J. West (eds), Open Innovation: Researching a New Paradigm, Oxford University Press, Oxford, pp. 1-16.

Christensen, Clayton 2003, The Innovator's Dilemma, HarperCollins, New York.

——and Henry Eyring 2011, 'How disruptive innovation is remaking the university', Harvard Business Review 9193）：57-8

Clarke, Harry 1998, 'Dumbing down in Australian universities', Quadrant 44(9):55-9.

Clauset, Aaron, Cosma Rohila Shaliza and Mark Newman 2009, 'Power-law distributions in empirical data', Santa Fe Institute, 2 February <http://arxiv.org/pdf/0706.1062v2.pdf>, accessed 7 April 2013.

Coaldrake, Peter and Lawrence Stedman 2013, Raising the Stakes; Gambling with the Future of Universities, University of Queensland Press, St Lucia.

Coase, Ronald 1937, 'The nature of the firm', Economica 4(6):386-405.

Coe, Neil, Philip Kelly and Henry Wai-Chung Yeung 2007, Economic Geography: A Contemporary Introduction, Blackwell, Malden MA.

Cogburn, Derrick and Fatima Espinoza-Vasquez 2011, 'From networked nominee to networked nation: Examining the impact of Web 2.0 and social media on political participation and civic engagement in the 2008 Obama campaign', Journal of Political Marketing 10(1-2): 189-213.

Coleman, Stephen 2006, 'New mediation and direct representation: Reconceptualising representation in the Digital Age', New Media and Society 7(2):177-98.

——and John Gøtze 2001, Bowling Together: Online Public Engagement in Policy Deliberation, Hansard Society, London.

Collins, Richard and Zoe Sujar 2007, 'UK broadcasting policy: The "long wave" shift in conceptions of accountability' in P. Baldi and U. Hasebrink (eds), Broadcasters and Citizens in Europe: Trends in Media Accountability and Viewer Participation, Intellect, Bristol, pp. 33-52.

Commonwealth Department of Culture, Media and Sport (DCMS) 1998, Mapping the Creative Industries, <www.culture.gov.uk/creative/creative_industries.html>, accessed 5 May 2001.

——2012, Communications Review, <www.culture.gov.uk/what_we_do/telecommunications_and_online/9158.aspx>, accessed 11 July 2013.

Community Broadcasting Foundation 2013, 'About Australian community broadcasting?' <www.cbf.com.au/sector/about-australian-community-broadcasting>, accessed 18 April 2013.

Comstock, George 2008, 'A sociological perspective on television violence and aggression', American Behavioral Scientist 51(8):1184-211.

Coombe, Rosemary 1998, The Cultural Life of Intellectual Properties: Authorship, Appropriation, and the Law, Duke University Press, Durham.

Convergence Review 2012, Convergence Review: Final Report, Department of Broad band, Communications and the Digital Economy, Canberra.

Couldry, Nick 2003, 'Beyond the hall of mirrors? Some theoretical reflections on the global contestation of media power', in N. Coudlry and J. Curran (eds), Contesting Media Power: Alternative Media in a Networked World, Rowman & Littlefield, Lanham, pp. 39-54.

——2010, Why Voice Matters: Culture and Politics after Neoliberalism, Sage, London.

——2012, Media, Society, World: Social Theory and Digital Media Practice, Polity, Cambridge.

Coyle, Diane 1998, The Weightless World, MIT Press, Cambridge MA.

Crandall, Robert and J. Gregory Sidak 2006, 'Video games: Serious business for the U.S. economy', Entertainment Software Alliance, <www.theesa.com/archives/files/2006%20WHITE%20PAPER%20FINAL.pdf>, accessed 15 July 2013.

Creative Commons 2013, 'About Creative Commons', <creativecommons.org/about>, accessed 15 July 2013.

Csikszentmihalyi, Mihaly 1996, Creativity: Flow and the Psychology of Discovery and Invention, HarperCollins, New York.

Cunningham, Stuart 1992, Framing Culture: Criticism and Policy in Australia, Allen & Unwin, Sydney.

——2011, 'Developments in measuring the "creative" workforce', Cultural Trends 20(1):25-40.

——2013, Hidden Innovation: Policy, Industry and the Creative Sector, University of Queensland Press, St Lucia.

——and Jon Silver 2013, The New King Kongs of Screen Distribution, Palgrave, Basingstoke.

——, Suellen Tapsall, Yoni Ryan, Lawrence Stedman, Kerry Bagdon and Terry Flew 1998, New Media and Borderless Education: A Review of the Convergence between Global Media Networks and Higher Education Provision, Evaluations and Investigations Program, Commonwealth Department of Employment, Education, Training and Youth Affairs, Canberra.

——, Yoni Ryan, Lawrence Stedman, Suellen Tapsall, Kerry Bagdon, Terry Flew and Peter Coaldrake 2000, The Business of Borderless Education, Evaluations and Investigations Program, Commonwealth Department of Education, Training and Youth Affairs, Canberra.

Curran, James 2013, 'Defending media studies', keynote address to MeCCSA Conference, Derry, <http://cmr.ulster.ac.uk/wp-content/uploads/2013/01/Defending-Media-Studies.pdf>, accessed 9July 2013.

Cutler and Company 2002, Producing Digital Content: A Report for the Department of Communications, Information Technology, and the Arts, Melbourne.

Dahlgren, Peter 1995, Television and the Public Sphere, Routledge, London.

Daniel, John 2012a, 'Making sense of MOOCs: Musings in a maze of myth, paradox and possibility', presentation to Korean National Open University, <http://sirjohn.ca/wordpress/wp-content/uploads/2012/08/120925MOOCspaper2.pdf>, accessed 26 June 2013.

——2012b, Mega-Universities and the Knowledge Media, Routledge, London.

David, Paul and Dominique Foray 2002, 'An introduction to the economy of the knowledge society', International Social Science Journal 171:9-23.

Davies, Rosamund and Gauti Sigthorsson, Introducing the Creative Industries, Sage, London.

Davies, William 2003, You Don't Know Me But ... Social Capital and Social Software, iSociety, London.

de Kerckhove, Derrick 1998, Connected Intelligence: The Arrival of the Web Society, Kogan Page, London.

De Peuter, Greig and Nick Dyer-Witheford 2009, Games of Empire: Global Capitalism and Video Games, University of Minnesota Press, Minneapolis.

De Prato, Guiditta, Sven Lindmark and Jean Paul Simon 2012, 'The evolving European video game software ecosystem', in P. Zackariasson and T. Wilson (eds), The Video Game Industry: Formation, Present State, and Future, Routledge, New York, pp. 221-43.

De Prato, Guiditto, Claudio Feijoo, Daniel Nepelski, Marc Bogdanowicz and Jean Paul Simon 2010, Born Digital/Grown Digital: Assessing the Future Competitiveness of the EU Video Games Software Industry, JRC European Commission Scientific and Technical Reports, Institute for Prospective Technological Studies, Seville.

den Hartigh, Erik 2008, 'Network Effects', in G. D. Putnik and M. M. Cruz-Cunha (eds), Encyclopedia of Networked and Virtual Organizations, IGI Global, Hershey, pp. 1007-1013.

Dean, Jodi 2011, 'Claiming division, naming a wrong', in A. Taylor and K. Gessen (eds), Occupy: Scenes from Occupied America, Verso, London, pp. 41-6.

Deans, Jason 2011, 'Julian Assange wins Martha Gellhorn Journalism Prize', The Guardian, <www.guardian.co.uk/media/2011/jun/02/julian-assange-martha-gelhorn-prize>, accessed 3 June 2011.

Deloitte Access Economics (2011) The Connected Continent: How the Internet is Transforming the Australian Economy, August, Deloitte Access Economics, Sydney.

Deuze, Mark 2005, 'What is journalism? Professional Identity and ideology of journalists reconsidered', Journalism 6(4):442-64.

——2006, 'Participation, remediation, bricolage: Considering principal components of a digital culture', The Information Society 22:63-75.

——2012, Media Life, Cambridge, Polity.

Dicken, Peter 2003a, Global Shift, 4th edn, Sage, London.

——2003b, '"Placing" firms: Grounding the debate on the "global" corporation', in J. Peck and H. W. C. Yeung (eds), Remaking the Global Economy, Sage, London, pp. 27-44.

Dilger, Daniel 2011, 'Apple's rivals battle for iOS scraps as app market sales grow to $2.2 billion', Apple Insider, <http://appleinsider.com/articles/11/02/18/rim_nokia_and_googles_android_battle_for_apples_ios_scraps_as_app_market_sales_grow_to_2_2_billion>, accessed 30 April 2013.

Dodgson, Mark, David Gann and Ammon Salter 2005, Think, Play, Do: Technology, Innovation and Organisation, Oxford University Press, Oxford.

Donaldson, Jonan, Eliane Agra, Mohammad Alshammari, Andrew Bailey, Daniel Bowdoin, Meghan Kendle, Lauren Nixon and Lisa Wressell 2013, Massively Open: How Massive Open Online Courses Changed the World, Createspace, San Francisco.

Dovey, Jon and Martin Lister 2009, 'Straw men or cyborgs?', Interactions: Studies in Communication and Culture 1(1): 129-45.

Downie, Leonard and Michael Schudson 2009, 'The reconstruction of American Journalism', Columbia Journalism Review, 48(4):26-51.

Doyle, Gillan 2013, Understanding Media Economics, 2nd edn, Sage, London.

Drahos, Peter and John Braithwaite 2002, Information Feudalism: Who Owns the Knowledge Economy?, Earthscan, London.

Dreyfus, Suellen 1997, Underground: Hacking, Madness and Obsession on the Electronic Frontier, Random House, Melbourne.

Dryzek, John and Patrick Dunleavy 2009, Theories of the Democratic State, Palgrave Macmillan, Basingstoke.

Du Gay, Paul and Michael Pryke 2002, 'Cultural economy: An introduction', in P. du Gay and M. Pryke (eds), Cultural Economy: Cultural Analysis and Commercial Life, Sage, London, pp. 1-19.

Dutton, William 2009, 'The Fifth Estate through the network of networks', Prometheus: Critical Studies in Innovation 27(1):1-15.

Dwyer, Tim 2010, Media Convergence, Open University Press, Maidenhead.

Dyer-Witheford, Nick 2002, 'E-capitaland the many-headed hydra', in G. Elmer (ed.), Critical Perspectives on the Internet, Rowman & Littlefield, Lanham, pp. 129-63.

Dymek, Mikolaj 2012, 'Video games: A subcultural industry', in P. Zackariasson and T. Wilson (eds), The Video Game Industry: Formation, Present State, and Future, Routledge, New York, pp. 34-56.

Dyson, Esther, George Gilder, George Keyworth and Alvin Toffler 1994, 'Cyberspace and the American dream: A Magna Carta for the Knowledge Age', <www.pff.org/issues-pubs/futureinsights/fil.2magnacarta.html>, accessed 3 February 2010.

Easterbrook, Frank 1996, 'Cyberspace and the Law of the Horse', University of Chicago Legal Forum 11: 207-8.

Economist, The 2005, 'Video games: Chasing the dream', <www.economist.com/node/4246109>, accessed 16 July 2013.

Edwards, Lilian 2009, 'Pornography, censorship and the internet', in L. Edwards and C. Waedle (eds), Law and the Internet, 3rd edn, Hart Publishing, Oxford, pp. 623-70.

Eisenstein, Elizabeth 1979, The Printing Press as an Agent of Change: Communications and Cultural Transformations in Early Modern Europe, Cambridge University Press, Cambridge.

Elster, Jon 2009, 'The market and the forum: Three varieties of political theory', in J. Bohman and W. Rehg (eds), Deliberative Democracy, MIT Press, Cambridge MA.

Enzenberger, Hans-Magnus 1974, 'Constituents of a theory of the media', in H. M. Enzenberger, The Consciousness Industry, trans. M. Roloff, Seabury Press, New York.

Eriksen, Mette 2013, 'Another challenging year for the digital cameras', InfoTrends Infoblog, <http://blog.infotrends.com/?p=9628>, accessed 23 April 2013.

Entertainment Software Alliance (ESA) 2012, Essential Facts About the Computer and Video Game Industry: 2012 Sales, Demographic and Usage Data, ESA, Washington, DC.

Escribano, Flavio 2012, 'Gamification as the post-modern phalanstére: Is gamification playing with us

or are we playing with gamification?', in P. Zackariasson and T. Wilson (eds), The Video Game Industry: Formation, Present State, and Future, Routledge, New York, pp. 198-217.

European Commission 2010, Green Paper on Cultural and Creative Industries, <http://ec.europa.eu/culture/our-policy-development/cultural-and-creative-industries/green-paper_en.htm>, accessed 13 May 2013.

——2012, Creative Europe: Support Programme for Europe's Cultural and Creative Sectors from 2014, <http://ec.europa.eu/culture/creative-europe/index_en.htm>, accessed 13 May 2013.

Evans, Graeme 2009, 'Creative cities, creative spaces and urban policy', Urban Studies 46(5/6): 1003-40.

Fazackerley, Anna 2013, 'Could a university be the next HMV?' The Guardian, 22 January, <www.guardian.co.uk/education/2013/jan/21/universities-brankruptcy-market-forces-cutbacks>, accessed 9 July 2013.

Feenberg, Andrew 1999, Questioning Technology, Routledge, London.

——2003, 'Democratic rationalization: Technology, power, and freedom', in R. C. Scharff and V. Dusek (eds), Philosophy of Technology: The Technological Condition, Blackwell, Malden MA, pp. 652-65.

Fenn, Jackie and Mark Raskino, 2008, Mastering the Hype Cycle, Harvard University Business Press, Boston.

Finkelstein, Ray with Matthew Ricketson 2012, Report of the Independent Inquiry into the Media and Media Regulation, Commonwealth of Australia, Canberra.

Fiske, John and John Hartley, 1978, Reading Television, Methuen, London.

——1987, Television Culture, Routledge, London.

Fitzgerald, Brian 2006, 'Creative Commons: Accessing, negotiating and remixing online content', in P. Thomas and J. Servaes (eds), Intellectual Property Rights and Communications in Asia, Sage, New Delhi, pp. 219-25.

Flew, Terry 2002, New Media: An Introduction, 1st edn, Oxford University Press, Melbourne.

——2004a, 'Creativity, the "new humanism" and cultural studies', Continuum: Journal of Media and Cultural Studies 18(2): 161-78.

——2004b, 'Creativity, cultural studies and services industries', Communication and Critical/Cultural Studies

——2005a, New Media: An Introduction, 2nd edn, Oxford University Press, Melbourne.

——2005b, 'Creative Commons and the creative industries', Media and Arts Law Review 10(4):257-64.

——2005c, 'Creative economy', in J. Hartley (ed.), The Creative Industries Reader, Blackwell, London, pp. 344-60.

——2007, Understanding Global Media, Palgrave Macmillan, Basingstoke.

——2008, New Media: An Introduction, 3rd edn, Oxford University Press, Melbourne.

——2011a, 'Rethinking public service media and citizenship: Digital strategies for news and current affairs at Australia's Special Broadcasting Service', International Journal of Communication 5:215-32.

——2011b, 'New media policies,' in M. Deuze (ed.), Managing Media Work, Sage, Los Angeles, pp. 59-72.

——2012a, The Creative Industries, Culture and Policy, Sage, London.

——2012b, 'The Convergent Media Policy Moment', Institute for Culture and Society Occasional Paper 3(3), University of Western Sydney, Sydney.

——2013a, 'Convergent media policy', in C. Greenfield and P. Dearman (eds), How We Are Governed: Investigations of Communications, Media and Democracy, Cambridge Scholars Press, Cambridge.

——2013b, Global Creative Industries, Cambridge, Polity.

——and Stephen McElhinney 2005, 'Globalisation and the structure of new media industries', in L. A. Lievrouw and S. M. Livingstone (eds), The Handbook of New Media: Social Shaping and Consequences of ICTs, 2nd edn, Sage, London, pp. 287-96.

——and Jason Wilson 2010, 'Journalism as social networking: The Australian youdecide Project and the 2007 federal election', Journalism: Theory, Practice and Criticism 11(2): 131-47.

——and Bonnie Rui Liu, 2011, 'Globally networked public spheres? The Australian media reactions to WikiLeaks', Global Media Journal—Australian Edition 5(1), <www.commarts.uws.edu.au/gmjau/v5_2011_1/flew_liu_RA.html>, accessed 25 January 2013.

——and Stuart Cunningham 2012, 'Creative industries after a decade of debate', in T. Flew (ed.), Creative Industries and Urban Development: Creative Cities in the 21st Century, Routledge, London, pp. 68-78.

——and Adam Swift 2013, 'Regulating journalists? The Finkelstein Review, the Convergence Review, and

News Media Regulation in Australia', Journal of Applied Journalism and Media Studies 2(1), pp. 181-200.

——and Jason Wilson 2012, 'WikiLeaks and the challenge of the "Fifth Estate"', in M. Ricketson (ed.), Australian Journalism Today, Macmillan, Melbourne, pp. 168-81.

——, Nicolas Suzor and Bonnie Liu Rui 2013, 'Copyrights and copyfights: Copyright law and the digital economy', International Journal of Technology Policy and Law 2(1).

——, Christina Spurgeon, Anna Daniel and Adam Swift 2011, 'The promise of computational journalism', Journalism Practice 6(2): 157-71.

Flichy, Patrice 2005, 'New media history', in L. A. Lievrouw and S. M. Livingstone (eds), The Handbook of New Media: Social Shaping and Consequences of ICTs, 2nd edn, Sage, London, pp. 185-204.

——2007, The Internet Imaginaire, trans. Liz Carey-Libbrecht, MIT Press, Cambridge MA.

Florida, Richard 2002, The Rise of the Creative Class, and How it's Transforming Work, Leisure, Community and Everyday Life, Basic Books, New York.

——2007, The Flight of the Creative Class: The New Global Competition for Talent, HarperCollins, New York.

Freedman, Des 2008, The Politics of Media Policy, Polity, Cambridge.

——2012, 'Outsourcing internet regulation', in J. Curran, N. Fenton and D. Freedman, Misunderstanding the Internet, Routledge, London, pp. 95-120.

——2013 'Journalism under the spotlight: The Leveson Inquiry and implications for a democratic media', in C. Greenfield and P. Dearman (eds), How We Are Governed: Investigations of Communications, Media and Democracy, Cambridge Scholars Press, Cambridge.

Freeman, Christopher 1988, 'Evolution, technology and institutions: A wider framework for economic analysis', in G. Dosi, C. Freeman, R. Nelson, G. Silverberg and L. Soete, Technical Change and Economic Theory, Pinter, London, pp. 9-12.

——2007, 'The ICT paradigm', in R. Mansell, C. Avgerou, D. Quah and R. Silverstone (eds), The Oxford Handbook of Information and Communication Technologies, Oxford University Press, Oxford, pp. 34-54.

Freiberg, Arie 2010, The Tools of Regulation, Federation Press, Sydney.

Friedman, Thomas 2005, The World is Flat: A Brief History of the 21st Century, Farrar, Straus & Giroux, New York.

Froomkin, Michael 1997, 'The internet as a source of regulatory arbitrage', in B. Kahin and C. Neeson (eds), Borders in Cyberspace, MIT Press, Cambridge MA, pp. 129-64.

Fuchs, Christian 2008, Internet and Society: Social Theory in the Information Age, Routledge, London.

——2011, Foundations of Critical Media and Information Studies, Routledge, London.

——2012, 'Critique of the political economy of Web 2.0 surveillance', in C. Fuchs, K. Boersma, A. Albrechtslund and M. Sandoval (eds), Internet and Surveillance: The Challenges of Web 2.0 and Social Media, Routledge, London, pp. 31-70.

——2013, 'Class and exploitation on the internet', in T. Scholz (ed.), Digital Labor: The Internet as Playground and Factory, Routledge, New York, pp. 211-24.

Gallagher, Sean 2012, 'How Team Obama's tech efficiency left Romney IT in the dust', Ars Technica, <http://arstechnica.com/information-technology/2012/11/how-team-obamas-tech-efficiency-left-romney-it-in-dust/>, accessed 19 July 2013.

——and Geoffrey Garrett 2012, 'Elite US universities offer open courses', The Australian, <www.theaustralian.com.au/higher-education/opinion/elite-us-universities-offer-free-web-courses/story-e6frgcko-1226385261460>, accessed 8 June 2012.

Garibian, Lenna 2013, 'World internet stats: Websites, email, social media, and more', MarketingProfs, <www.marketingprofs.com/charts/2013/10002/world-internet-stats-websites-email-social-media-and-more#ixzz2Tv3LNJDt>, accessed 22 May 2013.

Garnham, Nicholas 1987, 'Concepts of culture: Public policy and the cultural industries', Cultural Studies 1(1):23-37.

——1990, Capitalism and Communication, Sage, London.

——2004, 'Information society theory as ideology', in F. Webster (ed.), The Information Society Reader, Routledge, London, pp. 166-83.

——2005, 'From cultural to creative industries: An analysis of the implications of the "creative industries" approach to arts and media policy making in the United Kingdom', International Journal of Cultural Policy 11(1):15-29.

Gauntlett, David 2008, Making is Connecting: The social meaning of creativity, from DIY and knitting to YouTube and Web 2.0. Polity, Cambridge.

——2009, 'Media studies 2.0: A response', Interactions: Studies in Communication and Culture 1(1): 147-57.

——2011, Media Studies 2.0, and other battles around the future of media research, Kindle eBook.

Gentile, Douglas and Ronald Gentile 2008, 'Violent video games as exemplary teachers: A conceptual analysis', Journal of Youth Adolescence 37:127-41.

George, Cherian 2006, Contentious Journalism and the Internet: Towards Democratic Discourse in Malaysia and Singapore, Singapore University Press, Singapore.

Giarini, Orio 2002, 'The globalisation of services in economic theory and economic practice: some conceptual issues', in J. R. Cuadrado-Roura, L. Rubalcaba-Bermejo and J. R. Bryson (eds), Trading Services in the Global Economy, Edward Elgar, Cheltenham, pp. 58-77.

Giddens, Anthony 1998, The Third Way, Polity, Cambridge.

——2003a, Runaway World: How Globalisation is Reshaping our Lives, Profile, London.

——2003b, The Progressive Manifesto, Polity, Cambridge.

Giles, Jim 2005, 'Internet encyclopedias go head to head', Nature 438, 15 December: pp. 900-1.

Gillies, James and Robert Cailliau 2000, How the Web was Born: The Story of the World Wide Web, Oxford University Press, Oxford.

Gillmor, Dan 2006, We the Media: Grassroots Journalism by the People, for the People, O'Reilly, Sebastopol.

Gitelman, Lisa 2006, Always Already New: Media, History and the Data of Culture, MIT Press, Cambridge, MA.

Godwin, Mike 1998, Cyber Rights: Defending Free Speech in the Digital Age, Times Books, New York.

Goggin, Gerard and Larissa Hjorth 2009. 'The question of mobile media', in G. Goggin and l. Hjorth (eds), Mobile Technologies: From Telecommunications to Media, Routledge, New York, pp. 3-8.

Goggin, Gerard and Mark McLelland 2009, 'Internationalizing internet studies: Beyond Anglophone paradigms', in G. Goggin and M. McLelland (eds), Internationalizing Internet Studies, Routledge, London, pp. 13-31.

Golding, Peter and Graham Murdock 1989, 'Information poverty and political inequality: Citizenship in the age of privatized communication', Journal of Communication 39(3):180-95.

Göransson, Bo and Johan Söderberg 2005, 'Long waves and information technologies—On the transition towards an information society', Technovation 25(2):203-11.

Gore, Al 1994, 'Remarks prepared for delivery by Vice-President Al Gore to the International Telecommunications Union', <www.itu.int/itudoc/itu-d/wtdc/wtdc1994/speech/gore.html>, accessed 19 July 2013.

Graeber, David 2002, 'The new anarchists', New Left Review 13:61-73.

——2013, The Democracy Project: A History, A Crisis, A Movement, Speigel & Grau, New York.

Graham, Gordon 1999, The Internet: A Philosophical Inquiry, Routledge, London.

Granovetter, Mark 1973, 'The strength of weak ties', American Journal of Sociology 78(6): 1360-80.

Green, Lelia 2002, Technoculture, Allen & Unwin, Sydney.

——2010, The Internet: An Introduction to New Media, Berg, Oxford.

Greenfield, Adam 2006, Everyware: The Dawning Age of Ubiquitous Computing, New Riders, Berkeley.

Gregg, Melissa 2011, Work's Intimacy, Polity, Cambridge.

Grodach, Carl and Anastasia Loukaitou-Sideris 2007, 'Cultural development strategies and urban revitalisation', International Journal of Cultural Policy 13(4):349-70.

Grossberg, Larry, Cary Nelson and Paula Treischer 1992, 'Cultural studies: An introduction', in L. Grossberg, C. Nelson and P. Treischler (eds), Cultural Studies, Routledge, London, pp. 1-32.

Guardian, The 2010, 'Julian Assange answers your questions', <www.guardian.co.uk/world/blog/2010/dec/03/julian-assange-WikiLeaks>, accessed 5 December 2010.

——2013, 'MPs expenses', n.d. <www.guardian.co.uk/politics/mps-expenses>, accessed 19 July 2013.

Gunter, Barrie 2008, 'Media violence: Is there a case for causality?', American Behavioral Scientist 51(8):1061-112.

Gutmann, Amy and Dennis Thompson 2004, Why Deliberative Democracy?, Princeton University Press, Princeton.

Habermas, Jürgen 1974, 'The public sphere', New German Critique 3:49-55.

——1989, The Structural Transformation of the Public Sphere, Polity, Cambridge.

——1996, Between Facts and Norms: Toward a Discourse Theory of Law and Democracy, Polity, Cambridge.

——2006, 'Political communication in media society: does democracy still enjoy an epistemic dimension? The impact of normative theory on empirical research', Communication Theory 16(4):411-26.

Hafner, Katie and Matthew Lyon 1996, When Wizards Stay Up Late: The Origins of the Internet, Simon & Schuster, New York.

Golding, Peter and Graham Murdock 1989, 'Information poverty and political inequality: Citizenship in the age of privatized communication', Journal of Communication 39(3):180-95.

Göransson, Bo and Johan Söderberg 2005, 'Long waves and information technologies—On the transition towards an information society', Technovation 25(2):203-11.

Gore, Al 1994, 'Remarks prepared for delivery by Vice-President Al Gore to the International Telecommunications Union', <www.itu.int/itudoc/itu-d/wtdc/wtdc1994/speech/gore.html>, accessed 19 July 2013.

Graeber, David 2002, 'The new anarchists', New Left Review 13:61-73.

——2013, The Democracy Project: A History, A Crisis, A Movement, Speigel & Grau, New York.

Graham, Gordon 1999, The Internet: A Philosophical Inquiry, Routledge, London.

Granovetter, Mark 1973, 'The strength of weak ties', American Journal of Sociology 78(6): 1360-80.

Green, Lelia 2002, Technoculture, Allen & Unwin, Sydney.

——2010, The Internet: An Introduction to New Media, Berg, Oxford.

Greenfield, Adam 2006, Everyware: The Dawning Age of Ubiquitous Computing, New Riders, Berkeley.

Gregg, Melissa 2011, Work's Intimacy, Polity, Cambridge.

Grodach, Carl and Anastasia Loukaitou-Sideris 2007, 'Cultural development strategies and urban revitalisation', International Journal of Cultural Policy 13(4):349-70.

Grossberg, Larry, Cary Nelson and Paula Treischer 1992, 'Cultural studies: An introduction', in L. Grossberg, C. Nelson and P. Treischler (eds), Cultural Studies, Routledge, London, pp. 1-32.

Guardian, The 2010, 'Julian Assange answers your questions', <www.guardian.co.uk/world/blog/2010/dec/03/julian-assange-WikiLeaks>, accessed 5 December 2010.

——2013, 'MPs expenses', n.d. <www.guardian.co.uk/politics/mps-expenses>, accessed 19 July 2013.

Gunter, Barrie 2008, 'Media violence: Is there a case for causality?', American Behavioral Scientist 51(8):1061-112.

Gutmann, Amy and Dennis Thompson 2004, Why Deliberative Democracy?, Princeton University Press, Princeton.

Habermas, Jürgen 1974, 'The public sphere', New German Critique 3:49-55.

——1989, The Structural Transformation of the Public Sphere, Polity, Cambridge.

——1996, Between Facts and Norms: Toward a Discourse Theory of Law and Democracy, Polity, Cambridge.

——2006, 'Political communication in media society: does democracy still enjoy an epistemic dimension? The impact of normative theory on empirical research', Communication Theory 16(4):411-26.

Hafner, Katie and Matthew Lyon 1996, When Wizards Stay Up Late: The Origins of the Internet, Simon & Schuster, New York.

Hague, Barry and Brian Loader 1999, 'Digital democracy: An introduction', in B. N. Hague and B. D. Loader (eds), Digital Democracy: Discourse and Decision Making in the Information Age, Routledge, London, pp. 3-22.

Hall, Stuart 1986, 'Cultural studies: Two paradigms', in R. Collins, J. Curran, N. Garnham, P. Scannell, P. Schlesinger and C. Sparks (eds), Media, Culture and Society: A Critical Reader, Sage, London, pp. 33-48.

Hallin, Daniel 1994, We Keep America on Top of the World: Television Journalism and the Public Sphere, Routledge, London.

Handke, Christian 2011, 'Economic effect of copyright: The empirical evidence so far', Report for National Academies of Sciences, US, <http://sites.nationalacademies.org/xpedio/groups/pgasite/documents/webpage/pga_063399.pdf>, accessed 12 November 2012.

Hardt, Michael 2002, 'Porto Alegre: Today's Bandung?' New Left Review 14: 112-18.

——and Antonio Negri 2000, Empire, Harvard University Press, Cambridge MA.

——and Antonio Negri 2005, Multitude, Penguin, London.

——and Antonio Negri 2011, 'The fight for "real democracy" at the heart of Occupy Wall Street', Foreign Affairs, Snapshot, <www.foreignaffairs.com/articles/136399/michael-hardt-and-antonio-negri/the-fight-for-real-democracy-at-the-heart-of-occupy-wall-street>, accessed 29 July 2103.

Hargreaves, Ian 1999, 'The ethical boundaries of reporting', in M. Ungersma (ed.), Reporters and the Reported, Centre for Journalism Studies, Cardiff, pp. 1-15.

——2005, Journalism: A Very Short Introduction, Oxford University Press, Oxford.

——2011, Digital Opportunity: A Review of Intellectual Property and Growth, Report for Intellectual Property Office, UK, <www.ipo.gov.uk/ipreview-finalreport.pdf>, accessed 27 January 2013.

Harman, Graham 2007, 'The importance of Bruno Latour for philosophy', Cultural Studies Review 13(1): 31-49.

Harris, David 2012, 'Digital natives revisited: Developing digital wisdom in the modern university', E-Learning and Digital Media 9(4):174-182.

Hartley, John 1996, Popular Reality: Journalism, Modernity, Popular Culture, Arnold, London.

——1999, Uses of Television, Routledge, London.

——2003, A Short History of Cultural Studies, Sage, London.

——2005, 'Creative industries', in J. Hartley (ed.), Creative Industries, Blackwell, Oxford, pp. 1-39.

——2008a, 'Journalism as a human right: The cultural approach to journalism', in M. Löffelholz and D. Weaver (eds), Global Journalism Research, Blackwell, Oxford, pp. 39-51.

——2008b, Television Truths, Blackwell, Malden, MA.

——2009a, The Uses of Digital Literacy, University of Queensland Press, St Lucia.

——2009b, 'From the consciousness industry to the creative industries: Consumer-created content, social network markets, and the growth of knowledge', in J. Holt and A. Perren (eds), Media Industries: History, Theory and Method, Wiley-Blackwell, Malden MA, pp. 231-44.

——2011, Communication, Cultural and Media Studies: the Key Concepts, 4th edn, Routledge, London.

——2012, Digital Futures for Cultural and Media Studies, Wiley-Blackwell, Malden MA.

——, Jason Potts, Stuart Cunningham, Terry Flew, Michael Keane and John Banks 2013, Key Concepts in Creative Industries, Sage, London.

——and Kelly McWilliam (eds) 2009, Story Circle: Digital Storytelling Around the World, Wiley-Blackwell, Malden MA.

Harvey, David 1990, The Condition of Postmodernity, Blackwell, Oxford.

Hassan, Robert 2004, Media, Politics and the Network Society, Open University Press, Maidenhead UK.

——2008, The Information Society, Polity, Cambridge.

Healy, Kieran 2002, 'What's new for culture in the new economy?' Journal of Arts Management, Law, and Society 32(2):86-103

Heilbroner, Robert 2003 [1967], 'Do machines make history?' in R. C. Scharff and V. Dusek (eds), Philosophy of Technology: The Technological Condition, Blackwell, Malden MA, pp. 398-404.

Held, David 2004, Global Covenant: The Social Democratic Alternative to the Washington Consensus, Polity, Cambridge.

——2009, Models of Democracy, 3rd edn, Polity, Cambridge.

——and Anthony McGrew 2002, Globalization/Anti-Globalization, Polity, Cambridge.

——, Anthony McGrew, David Goldblatt and Jonathon Perraton 1999, Global Transformations: Politics, Economics, and Culture, Polity, Cambridge.

Henderson, Jeffrey, Peter Dicken, Martin Hess, Neil Coe and Henry Wai-Chung Yeung 2002, 'Global production networks and the analysis of economic development', Review of International Political Economy 9(3):436-64.

Herz, J. C. 2002, 'The bandwidth capital of the world', WIRED, no. 10.08, <www.wired.com/wired/archive/10.08/korea.html>, accessed 15 July 2013.

——2005, 'Harnessing the hive', in J. Hartley (ed.), Creative Industries, Blackwell, Oxford, pp. 327-41.

Hesmondhalgh, David 2013, The Cultural Industries, 3rd edn, Sage, London.

Higgs, Peter, Stuart Cunningham and Janet Pagan, 2007, Australia's Creative Economy: Basic Evidence on Size, Growth, Income and Employment, Technical Report, CCI, Brisbane.

Hill, David and Krishna Sen 2005, The Internet in Indonesia's New Democracy, Routledge, London.

Hills, Matt 2002, Fan Cultures, Routledge, London.

Himanen, Pekka 2001, The Hacker Ethic and the Spirit of the Information Age, Random House, New York.

Hindman, Matthew 2009, The Myth of Digital Democracy, Princeton University Press, Princeton.

Hirschman, Alfred 1970, Exit, Voice and Loyalty, Harvard University Press, Cambridge MA.

Hirst, Martin 2011, News 2.0: Can Journalism Survive the Internet?, Allen & Unwin, Sydney.

——2012, 'One tweet does not a revolution make: Technological determinism, media and social change', Global Media Journal: Australian Edition 6(2), <www.commarts.uws.edu.au/gmjau/v6_2012_2/pdf/martin_hirst_RA_V6-2_2012_GMJAU.pdf>, accessed 29 July 2013.

Hirst, Paul, Grahame Thompson and Simon Bromley, 2009, Globalization in Question, 3rd edn, Polity Press, Cambridge.

Hjorth, Larissa 2011, Games and Gaming, Berg, Oxford.

——, Jean Burgess and Ingrid Richardson 2012, 'Studying the mobile: Locating the field', in L. Hjorth, J. Burgess and I. Richardson (eds), Studying Mobile Media: Cultural Technologies, Mobile Communication, and the iPhone, New York, Routledge, pp. 1-7.

HM Treasury 2006, Cox Review of Creativity in Business: Building on the UK's Strengths, HM Treasury, London.

Hogan, Bernie 2009, 'The networked individual', The Semiotician 5:5-9.

Howells, Jeremy 2000, 'Knowledge, innovation, and location', in J. R. Bryson, P. Daniels, N. Hentry, and J. Pollard (eds), Knowledge, Space, Economy, Routledge, London, pp. 50-62.

Humphreys, Sal 2004, 'Productive players: Online computer games' challenge to conventional games forms', Communication and Critical/Cultural Studies 2(1):37-51.

——2009, 'Norrath: New forms, old institutions, Game Studies 9(1), <http://gamestudies.org/0901/articles/humphreys>, accessed 1 May 2013.

Illich, Ivan 1973, Tools for Conviviality, Calder and Boyars, London.

Innis, Harold 1951, The Bias of Communication, University of Toronto Press, Toronto.

International Association for Media and Communications Research 2013, 'Community communication', <http://iamcr.org/section-home-seccomm-201>, accessed 17 April 2013.

International Telecommunications Union (ITU) 2013, World Summit on the Information Society, <www.itu.int/wsis/index.html>, accessed 15 July 2013.

Internet Systems Consortium (ISC) 2012, Internet Host Count History, <www.isc.org/solutions/survey/history>, accessed 11 March 2013.

Internet World Stats 2012a Internet Usage Statistics—The Internet Big Picture, World Internet Users and Population Stats, <www.internetworldstats.com/stats.htm>, accessed 11 March 2013.

——2012b, Internet World Users by Language—Top 10 Languages, <www.internetworldstats.com/stats7.htm>, accessed 12 March 2013.

IP Australia 2013, 'Intellectual property—Patents', <www.business.gov.au/BusinessTopics/Intellectualproperty/Formallyregisteredrights/Pages/Patents.aspx>, accessed 23 May 2013.

Isar, Yudhisthir Raj, Michael Hoelscher and Helmut Anheier 2012, 'Introduction; Cities as policy actors', in H. Anheier and Y. R. Isar (eds), Cities, Cultural Policy and Governance, Cultures and Globalization Series Vol. 5, Sage, Los Angeles, pp. 1-12.

Jamaica Promotions Corporation 2013, 'Creative industries sector at-a-glance', <www.jamaicatradeandinvest.

org/index.php?action=investment@id-4&oppage-1&optyp-mm>, accessed 15 May 2013.

James, Vanus 2008, 'The IPRs and the music industry in the Caribbean', in D. Barrowclough and Z. Kozul-Wright (eds), Creative Industries and Developing Countries: Voice, Choice and Economic Growth, Routledge, London, pp. 213-47.

Janda, Michael 2009, 'Newspapers can survive digital age: CEO', ABC News, 1 July, <www.abc.net.au/news/2009-07-01/papers-can-survive-digital-age-news-ceo/1338750>, accessed 23 August 2012.

Jenkins, Henry 2006a, Convergence culture: When old and new media collide, New York University Press, New York.

——2006b, Fans, Bloggers and Gamers: Exploring Participatory Culture, New York University Press, New York.

——2012, 'Transmedia storytelling and entertainment: An annotated syllabus', Continuum: Journal of Media and Cultural Studies 24(6):943-58.

——, Sam Ford and Joshua Green 2013, Spreadable Media: Creating Value and Meaning in a Networked Culture, New York University Press, New York.

Jensen, Klaus Bruhn 2010, Media Convergence: The three degrees of network, mass, and interpersonal communication, Routledge, London.

Jin, Dal Yong 2010, Korea's Online Gaming Empire, MIT Press, Cambridge MA.

Johnson, Pauline 2012, Habermas: Rescuing the Public Sphere, Routledge, London.

Jones, Barry 1982, Sleepers, Wake! Technology and the Future of Work, Oxford University Press, Melbourne.

Jordan, Tim 2002, Activism! Direct Action, Hacktivism and the Future of Society, Reaktion Books, London.

Juul, Jesper 2005, Half Real: Video Games Between Real Rules and Fictional Worlds, MIT Press, Cambridge MA.

Kahn, Richard and Douglas Kellner 2007, 'Resisting globalization', in G. Ritzer (ed.), The Blackwell Companion to Globalization, Blackwell, Malden MA, pp. 662-74.

Kalathil, Shanthi and Taylor Boas 2003, Open Networks, Closed Regimes: The Impact of the Internet on Authoritarian Rule, Carnegie Endowment for International Peace, Washington, DC.

Karaganis, Joe 2011, Media Piracy in Developing Countries, Social Science Research Council, Washington, DC.

Katz, Jon 1997, 'Birth of a digital nation', WIRED 5(4) <www.wired.com/wired/archive/5.04/netizen_pr.html>, accessed 18 July 2013.

Keane, Michael 2013, Creative Industries in China; Art, Design and Media, Polity, Cambridge.

Keen, Andrew 2007, The Cult of the Amateur: How Today's Internet is Killing our Culture, Doubleday, New York.

Kellner, Douglas and Clayton Pierce 2007, 'Media and globalization', in G. Ritzer (ed.), The Blackwell Companion to Globalization, Blackwell, Malden MA, pp. 383-95.

Kidd, Dorothy 2003, 'Indymedia.org: A new communications commons', in M. McCaughey and M. Ayres (eds),

Cyberactivism: Online Activism in Theory and Practice, Routledge, New York, pp. 47-70.

Kingsnorth, Paul 2003, One No, Many Yeses: A journey to the heart of the global resistance movement, The Free Press, London.

Kitchin, Rob 1998, Cyberspace: The World in the Wires, John Wiley & Sons, Chichester.

Klein, Gary, Brian Moon and Robert Hoffman 2006, 'Making sense of sense-Making', IEEE Intelligent Systems 24(4):70-3

Klein, Naomi 2000, No Logo, Flamingo, London.

Kline, Stephen, Nick Dyer-Witheford and Greg de Peuter 2003, Digital Play: The Interaction of Technology, Culture and Marketing, McGill—Queen's University Press, Montreal and Kingston.

Knight, Alan 2008, 'Who is a journalist?', Journalism Studies 9(1): 117-24.

Knopper, Steve 2009, Appetite for Self-Destruction: The Spectacular Crash of the Record Industry in the Digital Age, Free Press, New York.

Kong, Lily, Chris Gibson, Louisa-May Khoo and Anna-Marie Semple 2006, 'Knowledges of the creative economy: Towards a relational geography of diffusion and adaptation in Asia', Asia Pacific Viewpoints 47(2):173-94.

Kress, Gunther 1997, 'Visual and verbal modes of representation in electronically mediated communication: The potentials of new forms of text', in I. Snyder (ed.), From Page to Screen: Taking Literacy into the Electronic Era, Allen & Unwin, Sydney, pp. 53-79.

Kumar, Krishan 2005, From Post-Industrial to Post-Modern Society, 2nd edn, Blackwell, Oxford.

La Capra, Dominick 1998, 'The university in ruins?', Critical Inquiry 25(1):32-55.

Laclau, Ernesto and Chantal Mouffe 1985, Hegemony and Socialist Strategy: Toward a Radical Democratic Politics, 2nd edn, Verso, London.

Lamar, Mia 2013, 'Accreditor recommends probation for University of Phoenix', Wall Street Journal, 25 February.

Lamberton, Don 2006, 'New media and the economics of information', in L. Lievrouw and S. Livingstone (eds), The Handbook of New Media, updated student edn, Sage, London, pp. 364-85.

Lanier, Jaron 2010, You Are Not a Gadget: A Manifesto, A. A. Knopf, New York.

Landry, Charles 2000, The Creative City, Earthscan, London.

Lash, Scott and John Urry 1989, The End of Organised Capitalism, Polity, Cambridge.

——and John Urry 1994, Economies of Signs and Space, Sage, London.

Lasswell, Harold 1995, 'The structure and function of communication in society', in O. Boyd-Barrett and C. Newbold (eds), Approaches to Media: A Reader, Arnold, London, pp. 93-5.

Latour, Bruno 2005, Reassembling the Social: An Introduction to Actor-Network Theory, Oxford University Press, Oxford.

——2011, 'Networks, societies, spheres; reflections of an actor-network theorist', International Journal of Communication 5:796-810.

Lawrence, Christopher and Michelle Dion 2010, 'Blogging in the political science classroom', PS Political Science & Politics 43(1): 151-6.

Lazzarato, Mauricio 2009, 'Neoliberalism in Action: Inequality, Insecurity and the Reconstitution of the Social', Theory, Culture and Society 26(6): 109-33.

Leadbeater, Charles 2000, Living on Thin Air: The New Economy, Penguin, London.

——2008, We-Think: Mass Innovation, not Mass Production, Profile, London.

——2004, How Enthusiasts are Changing our Economy and Society, DEMOS, London.

——and Paul Miller 2004, The Pro-Am Revolution: How Enthusiasts Are Changing Our Economy and Society, DEMOS, London.

Leo, Patrice and Terence Lee 2004, 'The "new" Singapore: Mediating culture and creativity', Continuum: Journal of Media and Cultural Studies 18(2):205-18.

Legrain, Philippe 2002, Open World: The Truth About Globalisation, Abacus, London.

Lei, Simon and Rajeev Gupta 2010, 'College distance education courses: evaluating benefits and costs from institutional, faculty and students' perspectives', Education 130(4):616-31.

Leiner, Barry, Vinton Cerf, David Clark, Robert Kahn, Leonard Kleinrock, Daniel Lynch, Jon Postel, Larry Roberts and Stephen Wolff, 2003, 'A brief history of the internet', <www.isoc.org/internet/history/brief.shtml>, Version 3.32, last revised 10 October 2003, accessed 3 December 2012.

Lessig, Lawrence 1999, 'The law of the horse: What cyberlaw might teach', Harvard Law Review 113: 501-46.

——2001, The Future of Ideas: The Fate of the Commons in a Connected World, Vintage Books, New York.

——2004, Free Culture: How Big Media Uses Technology and the Law to Lock Down Culture and Control Creativity, Penguin, New York.

——2006, Code 2.0: And Other Laws of Cyberspace, 2nd edn, Basic Books, New York.

——2008, Remix: Making Art and Commerce Thrive in the Digital Economy, Penguin, New York.

Leveson, Lord Justice 2012, An Inquiry into the Culture, Practices and Ethics of the Press, 4 vols. UK Crown Copyright, London.

Levesque-Bristol, Chantal, K. J. Copeland, M. D. Pattie and E. L. Desi 2010, 'Intrinsic and extrinsic motivation', International Encyclopedia of Education, Elsevier, pp. 616-21.

Levy, Steven, 1994, Hackers: Heroes of the Computer Revolution, Penguin, New York.

Lévy, Pierre 1997, Collective Intelligence: Mankind's Emerging World in Cyberspace, Plenum Trade, New York.

——2001, Cyberculture, University of Minnesota Press, Minneapolis.

Lewis, Justin 1990, Art, Culture and Enterprise: The Politics of Art and the Cultural Industries, Routledge, London.

Li Wuwei 2011, How Creativity is Changing China, trans. M. Keane, Bloomsbury Academic, London.

Lievrouw, Leah 2011, Alternative and Activist New Media, Polity, Cambridge.

——and Sonia Livingstone 2005, 'Introduction to the updated student edition', in L. Lievrouw and S. Livingstone (eds), The Handbook of New Media: Social Shaping and Consequences of ICTs, 2nd edn, Sage, London, pp. 1-14.

Lister, Martin, Jon Dovey, Seth Giddings, Iain Grant and Kieran Kelly 2008, New Media: A Critical Introduction, 2nd edn, Routledge, London.

Litman, Jessica 2001, Digital Copyright, Prometheus Books, Amherst.

Livingstone, Sonia 1999, 'New media, new audiences', New Media and Society 1(1):59-68.

Lobato, Ramon 2012, Shadow Economies of Cinema: Mapping Informal Film Distribution, BFI Publishing, London.

Lotan, Gilad, Erhardt Graeff, Mike Ananny, Devin Gaffney, Ian Pearce and Danah Boyd 2011, 'The revolutions were tweeted: Information flows during the 2011 Tunisian and Egyptian Revolutions', International Journal of Communication 5:1375-1405.

Lovink, Geert and Patrice Riemans 2010, 'Twelve theses on WikiLeaks', Eurozine (English version), <www.eurozine.com/articles/2010-12-07-lovinkriemens-en.html>, accessed 8 May 2013.

Lowden, Kevin, Stuart Hall, Dely Elliot and Jon Lewin 2011, Employers' Perceptions of the Employability Skills of New Graduates, SCRE Centre and Edge Foundation, University of Glasgow, Glasgow.

Lunt, Peter and Sonia Livingstone 2012, Media Regulation: Governance and the Interests of Citizens and Consumers, Sage, London.

Lynch, Marc 2011, 'After Egypt: The limits and promise of online challenges to the authoritarian Arab state', Perspectives on Politics 9(2):301-10.

Lyon, David 1988, The Information Society: Issues and Illusions, Polity, Cambridge.

——2002, Surveillance Society: Monitoring Everyday Life, Open University Press, Buckingham.

Machin, Stephen and Sandra McNally 2007, Tertiary Education Systems and Labour Markets, OECD, Paris.
Machlup, Fritz 1993, 'Uses, value and benefits of knowledge', Science Communication 14(4); 448-66.

MacKenzie, Donald and Judy Wacjman 1999, 'Introductory essay: The social shaping of technology', in D. MacKenzie and J. Wacjman (eds), The Social Shaping of Technology, 2nd edn, Open University Press, Milton Keynes, pp. 3-27.

Macnamara, Jim 2010, The 21st Century Media (R)evolution: Emergent Communication Practices, Peter Lang, New York.

Mander, Jerry and Edward Goldsmith 1996, The Case Against the Global Economy, Sierra Club Books, San Francisco.

Manne, Robert 2011, 'The cypherpunk revolutionary: Julian Assange', The Monthly, 3: pp. 16-35.

Manovich, Lev 2002, The Language of New Media, MIT Press, Cambridge MA.

——2012, 'The practice of everyday (media) life: From mass consumption to mass cultural production', in L. Ouellette (ed.), The Media Studies Reader, Routledge, London, pp. 80-90.

Mansell, Robin 2004, 'Political economy, power and new media', New Media and Society 6(1):96-105.

Margetts, Helen 2009, 'Public management change and e-Government: The emergence of digital-era governance', in A. Chadwick and P. Howard (eds), Routledge Handbook of Internet Politics, Routledge, London, pp. 144-57.

Marginson, Simon 2008, 'Clark Kerr and The Uses of the University', Centre for the Study of Higher Education Working Paper, University of Melbourne, Melbourne.

——2010, 'Higher education in the global knowledge economy', Procedia Social and Behavioural Sciences 2:6962-80.

——2011, 'Higher education and public good', Higher Education Quarterly 65(4):411-33.

——2013, 'The impossibility of capitalist markets in higher education', Journal of Education Policy 28(3): 353-70.

Marvin, Carolyn 1988, When Old Technologies Were New: Thinking About Electric Communication in the 19th Century, Oxford University Press, New York.

Masuda, Yonieji 1981, The Information Society as Post-Industrial Society, World Future Society, Bethesda MD.

—— 1985, 'Computopia', in T. Forester (ed.), The Information Technology Revolution, Basil Blackwell, Oxford, pp. 620-34.

Mathews, John 1989, Age of Democracy, Oxford University Press, Melbourne.

Mattelart, Armand 2003, The Information Society: An Introduction, trans. S. G. Taponier and J. A. Cohen, Sage, London.

Maxwell, Richard and Toby Miller 2012, Greening the Media, Oxford University Press, Oxford.

May, Christopher 2002, The Information Society: A Sceptical View, Polity, Cambridge.

Mayfield, Ross 2006, 'Power law of participation', Ross Mayfield's Weblog: Markets, Technology and Musings, <http://ross.typepad.com/blog/2006/04/power_Iaw_of_pa.htmI>, accessed 21 March 2013.

McChesney, Robert W. 1999, Rich Media, Poor Democracy: Communication Politics in Dubious Times, New Press, New York.

—— 2000, 'So much for the magic of technology and the free market: The World Wide Web and the corporate media system', in A. Herman and T. Swiss (eds), The World Wide Web and Contemporary Cultural Theory, Routledge, New York, pp. 5-35.

——2008, The Political Economy of Media: Enduring Issues, Emerging Dilemmas, Monthly Review Press, New York.

——and Dan Schiller 2003, The Political Economy of International Communication: Foundations for the Emerging Global Debate about Media Ownership and Regulation, United Nations Research Institute for Social Development, Technology, Business and Society Programme Paper No. 11, October.

McCormick, Ty 2013, 'Anthropology of an idea: Hacktivism', Foreign Affairs 92(3):24-5.

McGuigan, Jim 2009, Cool Capitalism, Pluto Press, London.

McLuhan, Marshall 1964, Understanding Media: The Extensions of Man, Mentor Books, New York.

——and Quentin Fiore 1967, The Medium is the Message, Bantam, New York.

McMillan, Sally 2005, 'Exploring models of interactivity from multiple research traditions; Users, documents and systems', in L. Lievrouw and S. Livingstone (eds), Handbook of New Media, 2nd edn, Sage, London, pp. 205-29.

McNair, Brian 2006, Cultural Chaos: Journalism, News and Power in a Globalised World, Routledge, New York.

——2010, 'In the long run WikiLeaks strengthens democracy', On Line Opinion, <www.onlineopinion.com.au/view.asp?article=11339&page=O> , accessed 8 May 2013.

——2011, An Introduction to Political Communication, 5th edn, Routledge, London.

McNicholls, Maureen, Madhav Rajan and Stefan Reichelstein 2010, 'Decomposition of the market-to-book ratio: Theory and evidence', <http://web-docs.stern.nyu.edu/old_web/accounting/docs/Summer_Camp/McNichols.Rajan.Reichelstein..Decomp.of.Market.to.Debt.Ratio.pdf>, accessed 23 May 2013.

McQuail, Denis 2005, McQuail's Mass Communication Theory, 5th edn, Sage, London.

McRobbie, Angela 2005, 'Clubs to companies', in J. Hartley (ed.), Creative Industries, Blackwell, Oxford, pp. 375-93.

Media Development Authority (MDA) 2012, Media Convergence Review—Final Report, MDA, Singapore.

Meijer, Ulises 2010, 'The limits of networks as models for organizing the social', New Media and Society 12(4):603-17.

Meikle, Graham and Sherman Young, 2011, Media Convergence: Networked Digital Media in Everyday Life, Palgrave, Basingstoke.

Miel, Persephone and Robert Faris 2008, News and Information as Digital Media Comes of Age, Berkman Centre for Internet and Society at Harvard University, Cambridge MA.

Meister, Jeanne 1998, Corporate Universities: Lessons in Building a World-Class Workforce, McGraw-Hill, New York.

Merrin, William 2009, 'Media studies 2.0: Upgrading and open-sourcing the discipline', Interactions: Studies in Communication and Culture 1(1):17-34.

Miller, Daniel 2011, Tales from Facebook, Polity, Cambridge.

——and Don Slater 2000, The Internet: An Ethnographic Approach, Routledge, London.

Miller, John and Scott Page 2007, Complex Adaptive Systems: An Introduction to Computational Models of Social Life, Princeton University Press, Princeton.

Miller, Paul 2004, 'The rise of network campaigning', in H. McCarthy, P. Miller and P. Skidmore (eds), Network Logic: Who Governs in an Interconnected World?, DEMOS, London, pp. 207-17.

Miller, Toby 2003, 'Governmentality or commodification? US Higher Education', Cultural Studies 17(6): 897-904.

——2008, 'Anyone for games? Via the new international division of cultural labour', in H. Anheier and Y. R. Isar (eds), The Cultural Economy, Cultures and Globalization Series Vol. 2, Sage, Los Angeles, pp. 227-33.

——2013, Blow Up the Humanities, Temple University Press, Philadelphia.

——, Nitin Govil, John McMurria and Richard Maxwell 2005, Global Hollywood 2, BFI Publishing, London. Mills, Jon 2008, Privacy: The Lost Right, Oxford University Press, Oxford.

Misa, Thomas 2003, 'The compelling tangle of modernity and technology', in T. Misa, P. Bray and A. Feenberg (eds), Modernity and Technology, MIT Press, Cambridge MA, pp. 3-30.

Mitchell, William, Alan Inouye and Marjory Blumenthal 2003, Beyond Productivity: Information Technology, Innovation, and Creativity, National Research Council of the National Academies, National Academies Press, Washington, DC.

MKW Wirtschaftsforschung GmbH 2001, Exploitation and Development of the Job Potential in the Cultural Sector in the Age of Digitization: Final Report, commissioned by European Commission DG Employment and Social Affairs, MKWCmbH, Berlin.

mobiThinking 2013, Global mobile statistics 2013, <http://mobithinking.com/mobile-marketing-tools/latest-mobile-stats/a#uniquesubscribers>, accessed 24 March 2013.

Moeller, Susan 2004, Media Coverage of Weapons of Mass Destruction, Center for International and Security Studies at Maryland, University of Maryland, College Park.

Mokyr, Joel 2002, The Gifts of Athena: Historical Origins of the Knowledge Economy, Princeton University Press, Princeton.

Mommaas, Hans 2004, 'Creative clusters and the post-industrial city: Towards the remapping of urban cultural policy', Urban Studies 41(3):507-32.

Montgomery, John 2011, Upwave: City Dynamics and the Coming Capitalist Revivial, Ashgate, Farnham.

Montgomery, Lucy 2010, China's Creative Industries: Copyright, Social Network Markets and the Business of Culture in a Digital Age, Edward Elgar, Cheltenham, UK.

Moore, Christopher 2005, 'Creative choices: Changes to Australian copyright law and the future of the public domain', Media International Australia, 114:71-82.

Morozov, Evgeny 2011, The Net Delusion: The Dark Side of Internet Freedom, Perseus, New York.

Mosco, Vincent 2004, The Digital Sublime: Myth, Power and Cyberspace, MIT Press, Cambridge MA.

——2009, The Political Economy of Communication, 2nd edn, Sage, London.

Moss, Stephen 2010, 'Julian Assange: The whistleblower', The Guardian, 14 June, <www.guardian.co.uk/media/2010/jul/14/julian-assange-whistleblower-WikiLeaks>, accessed 12 May 2011.

Moulier Boutang, Yann 2011, Cognitive Capitalism, trans. E. Emery, Polity, Cambridge.

Murdock, Graham, and Peter Golding 2004, 'Dismantling the digital divide: Rethinking the dynamics of participation and exclusion', in A. Calabrese and C. Sparks (eds), Towards a Political Economy of Culture: Capitalism and Communication in the Twenty-first Century, Rowman & Littlefield, Lanham, pp. 244-60.

——and Peter Golding 1995, 'For a political economy of mass communications', in O. Boyd-Barrett and C. Newbold (eds), Approaches to Media: A reader, Arnold, London, pp. 201-15.

——and Peter Golding 2005, 'Culture, communications and political economy', in J. Curran and M. Gurevitch (eds), Mass Media and Society, 4th edn, Hodder Education, London, pp. 60-83.

Murray, Janet H. 1997, Hamlet on the Holodeck: The Future of Narrative in Cyberspace, MIT Press, Cambridge MA.

Murray, John 2008, 'Media violence: The effects are both real and strong', American Behavioral Scientist 51(8): 1212-30.

Musser, John and Tim O'Reilly 2007, Web 2.0: Principles and Practices, O'Reilly Radar, San Francisco.

Myerscough, John 1988, The Economic Importance of the Arts in Britain, Policy Studies Institute, London.

Naisbett, John 1984, Megatrends, Macdonald, London.

National Center for Education Statistics 2013, 'Fast facts', <http://nces.ed.gov/fastfacts/display.asp?id=98>, accessed 7 July 2013.

Neff, Gina, Elizabeth Wissinger and Sharon Zukin 2005, 'Entrepreneurial Labor among cultural producers: "Cool" jobs in "hot" industries', Social Semiotics 15(3):307-34.

Negroponte, Nicholas 1995, Being Digital, Hodder & Stoughton, Sydney.

Negus, Keith and Michael Pickering 2004, Creativity, Communication, and Cultural Value, Sage, London.

Newman, Mark, Albert-Lász16 Barabäsi and Duncan Watts 2006, The Structure and Dynamics of Networks, Princeton University Press, Princeton.

Ngo, Stacey and Diane Zuniga 2013, 'What the heck is the "internet of things"?', NEXT15, <www.next15.com/2013/03/18/what-the-heck-is-the-internet-of-things>, accessed 23 March 2013.

Nguyen, An 2011, 'Marrying the professional to the amateur: Strategies and implications of the OhMyNews model', in G. Meikle and G. Redden (eds), News Online: Transformations and Continuities, Palgrave Macmillan, Basingstoke, pp. 195-209.

Nie, Norman and Lutz Erbring 2000, Internet and Society: A Preliminary Report, Stanford Institute for the Quantitative Study of Society, Stanford.

Nielsén, Tobias 2004, Understanding the Experience Economy: A Swedish Perspective on Creativity, QNB Analys & Kommunikation AB, Stockholm.

Nip, Joyce 2009, 'Citizen journalism in China: The case of the Wenchuan earthquake', in S. Allan and E. Thorsen (eds), Citizen Journalism: Global Perspectives, Peter Lang, New York, pp. 95-106.

Noam, Eli 2009, Media Ownership and Concentration in America, Oxford University Press, Oxford.

Nobel Prize 2013, 'Democracies in the world', <www.nobelprize.org/educational/peace/democracy_map>, accessed 17 July 2013.

Norman, Donald 1998, The Invisible Computer, MIT Press, Cambridge MA.

Norris, Pippa 2001, Digital Divide: Civic Engagement, Information Poverty, and the Internet Worldwide, Cambridge University Press, New York.

Norton, Andrew 2012, Mapping Australian Higher Education, Grattan Institute, Melbourne, January.

Oakley, Kate 2004, 'Not so cool Britannia: The role of the creative industries in economic development', International Journal of Cultural Studies 7(1):67-77.

O'Connor, Justin 2009, 'Creative industries—A new direction?', International Journal of Cultural Policy 15(4): 387-402.

O'Donnell, Casey 2012, 'The North American game industry', in P. Zackariasson and T. Wilson (eds), The Video Game Industry: Formation, Present State, and future, Routledge, New York, pp. 99-115.

O'Reilly, Tim 2005, 'What is Web 2.0?: Design patterns and business models for the next generation of software', <http://oreilly.com/web2/archive/what-is-web-20.html>, accessed 13 March 2013.

——and John Battelle 2009, Web Squared: Web 2.0 Five Years On, Web 2.0 Summit Special Report, <www.web2summit.com/web2009/public/schedule/detail/10194>, accessed 23 March 2013.

Organisation for Economic Co-operation and Development (OECD) 2002, Frascati Manual: Proposed Standard Practice for Surveys on Research and Experimental Development, OECD, Paris.

——2003, The e-Government Imperative, OECD, Paris.

——2005, Oslo Manual: The Measurement of Scientific and Technological Activities—Proposed Guidelines for Collecting and Interpreting Technological Innovation Data, OECD, Paris.

——2008a, Participative Web and User-Created Content: Web 2.0, Wikis and Social Networking, OECD, Paris.

——2008b, 'Tertiary education for the knowledge society: pointers for policy development', <www.oecd.org/education/skills-beyond-school/44007619.pdf>, accessed 8 June 2013.

——2010, News in the Internet Age: New Trends in News Publishing, OECD, Paris.

——2012, Education ata Glance 2012: Highlights, OECD, Paris.

Outing, Steve 2005, 'The 11 layers of citizen journalism', <www.poynter.org/content/content_print.asp?id-83126&custom=>, accessed 28 April 2007.

Palmer, Robert and Greg Richards 2011, Third European Cultural Capital Report, Elsevier, Amsterdam.

Papacharizzi, Zizi 2010, A Private Sphere: Democracy in a Digital Age, Polity, Cambridge.

Peck, Jamie 2005, 'Struggling with the creative class', International Journal of Urban and Regional Research 29(4): 740-70.

Perelman, Michael 2002, Steal This Idea: Intellectual Property Rights and the Corporate Confiscation of Creativity, Palgrave, New York.

Perez, Carlota 2010, 'Technological revolutions and techno-economic paradigms', Cambridge Journal of Economics 34(1): 185-202.

Perryman, Neil 2008, 'Doctor Who and the convergence of media: A case study in "transmedia storytelling"', Convergence: The International Journal of Research into New Media Technologies 14(1): 21-39.

Picard, Robert 2011, 'Economic approaches to media policy', in R. Mansell and M. Raboy (eds), The Handbook of Global Media and Communication Policy, Wiley-Blackwell, Malden MA, pp. 355-65.

Podolny, Joel and Karen Page 1998, 'Network forms of organization', Annual Review of Sociology 24: 57-76.

Polletta, Francesca 2003, 'Strategy and democracy in the New Left', in J. McMillian and P. Buhle (eds), The New Left Revisited, Temple University Press, Philadephia, pp. 156-77.

Porter, Michael 1985, Competitive Advantage, Free Press, New York.

Potts, Jason 2003, 'The Prometheus school of information economics', Prometheus 21(4):477-86.

——and Stuart Cunningham 2008, 'Four models of the creative industries', International Journal of Cultural Policy 14(3): 233-47.

—— Stuart Cunningham, John Hartley and Paul Ormerod 2008, 'Social network markets: A new definition of the creative industries', Journal of Cultural Economics 32(2):167-85.

Power, Dominic 2009, 'Culture, creativity and experience in Nordic and Scandinavian cultural policy', International Journal of Cultural Policy 15(4):445-60.

——2011, Priority Sector Report: Creative and Cultural Industries, Europa Innova Paper No. 16, European Commission Enterprise and Industry, Luxembourg.

Pratt, Andy 2004, 'Mapping the cultural industries: Regionalization—the example of south-east England', in D. Power and A. J. Scott (eds), Cultural Industries and the Production of Culture, Routledge, London, pp. 19-36.

——2005, 'Cultural industries and public policy', International Journal of Cultural Policy 11(1):31-44.

——2008a, 'Creative cities: The cultural industries and the creative class', Geografiska Annaler: Series B—Human Geography 90(2):107-17.

——2008b, 'The music industry and its potential role in local economic development: The case of Senegal', in D. Barrowclough and Z. Kozul-Wright (eds), Creative Industries and Developing Countries: Voice, Choice and Economic Growth, Routledge, London, pp. 130-45.

—— 2009, 'The creative and cultural economy and the recession', Geoforum 40(1):495-96.

Prensky, Marc 2001, 'Digital Natives, Digital Immigrants', On the Horizon 9(5), 1-6.

Putnam, Robert 1995, 'Tuning in, tuning out: The strange disappearance of social capital in America', Political Science and Politics 28(4):664-88.

——2000, Bowling Alone: The Collapse and Revival of American Community, Simon & Schuster, New York.

Quiggin, John 2013, 'The economics of new media', in J. Hartley, J. Burgess and A. Bruns (eds), A Companion to New Media Dynamics, Wiley-Blackwell, Malden MA, pp. 90-103.

——and Jason Potts 2008, 'Economics of non-market innovation and digital literacy', Media International Australia 128: 144-50.

Rainie, Lee and Barry Wellman 2012, Networked: The New Social Operating System, MIT Press, Cambridge MA.

Ramsden, Paul 2002, Learning to Teach in Higher Education, 2nd edn, Routledge, London.

Rasmussen, Terje 2009, 'The significance of internet communication in public deliberation', Javnost 16(1):17-32.

Raymond, Eric 1999, The Cathedral and the Bazaar, O'Reilly, Sevastopol.

Readings, Bill 1996, The University in Ruins, Harvard University Press, Cambridge MA.

Reich, Robert 1992, The Work of Nations, Basic Books, New York.

Renn, Aaron 2012, 'The end of the road for Eds and Meds', New Geography, <www.newgeography.com/

content/003076-the-end-road-eds-and-meds>, accessed 8 July 2013.

Rennie, Elinor 2006, Community Media: A Global Introduction, Rowman & Littlefield, Lanham.

Rheingold, Howard 1994, The Virtual Community: Finding Connection in a Computerized World, Secker & Warburg, London.

——2008, 'Using social media to teach social media', New England Journal of Higher Education 23(1): 25-6.

Rice, Ronald and Carolyn Haythornthwaite 2005, 'Perspectives on internet use: Access, involvement and interaction', in L. Lievrouw and S. Livingstone (eds), Handbook of New Media, 2nd edn, Sage, London, pp. 92-113.

Rifkin, Jeremy 2000, The Age of Access: How the Shift from Ownership to Access is Transforming Modern Life, Penguin, London.

Rimmer, Matthew 2003, 'The Dead Poets Society; The copyright term and the public domain', First Monday, <www.firstmonday.org/ojs/index.php/fm/article/view/1059> accessed 19 July 2013.

Ritzer, George 2012, Globalization: A Basic Text, Wiley-Blackwell, Malden MA.

——and Nathan Jurgenson 2010, 'Production, consumption, prosumption: The nature of capitalism in the age of the digital "prosumer"', Journal of Consumer Culture 10(1): 13-36.

Roberts, Alasdair 2012, 'Why the Occupy Movement failed', Public Administration Review 72(5):754-62.

Roberts, Joanne 2009, 'The global knowledge economy in question', Critical Perspectives on International Business 5(4):285-303.

Robinson, Evan 2005, 'Why crunch mode doesn't work: 6 lessons', International Game Developers Association—Articles, <www.igda.org/articles/erobinson_crunch.php>, accessed 7 April 2007.

Rogers, Everett 2003, Diffusion of Innovations, 5th edn, Free Press, New York.

Rojek, Chris 2013, Event Power: How Global Events Manage and Manipulate, Sage, London.

Romer, Paul 1994, 'The origins of endogenous growth', Journal of Economic Perspectives 8(1):3-22.

——2007 'Economic growth', in D. Henderson (ed.), The Concise Encyclopedia of Economics, <www.econlib.org/library/enc/EconomicGrowth.html>, accessed 14 February 2007.

Roodhouse, Simon 2006, Cultural Quarters: Principles and Practice, Intellect, Bristol.

Rosen, Jay 2012, 'The people formerly known as the audience', in M. Mandiberg (ed.), The Social Media Reader, NYU Press, New York, pp. 13-19.

Rosenthiel, Tom, Mark Jurkowitz and Hong Ji 2012, 'The search for a new business model: How newspapers are faring trying to build digital revenue', Journalism.org, Pew Research Centre's Project for Excellence in Journalism, <www.journalism.org/analysis_report/search_new_business_model>, accessed 23 August 2012.

Ross, Andrew 2009, Nice Work If You Can Get It; Life and Labor in Precarious Times, NYU Press, New York.

Ruddock, Andy 2008, 'Media studies 2.0? Binge drinking and why audiences still matter', Sociology Compass 2(1):1-15.

——2013, Youth and Media, Sage, London.

Ryan, Johnny 2010, A History of the Internet and the Digital Future, Reaktion Books, London.

Sakr, Naomi 2005, 'Maverick or model? Al Jazeera's impact on Arab satellite television', in J. Chalaby (ed.), Transnational Television Worldwide, I. B. Taurus, London, pp. 66-95.

Sale, Kirkpatrick 1995, Rebels Against the Future: The Luddites and the War on the Industrial Revolution-Lessons for the Computer Age, Addison-Wesley, Reading MA.

Sargent, Lydia 2008, 'The greatest media revolution since Gutenberg?' Z Magazine 21(1):7-14.

Sassen, Saskia 2006, Cities in the World Economy, Pine Forge Press, Thousand Oaks.

Sawyer, Ben 2002, 'The next ages of games development', The Adrenalin Vault, Developer's Corner, <www.avault.com/developer/>, accessed 28 October 2002.

Schechter, Danny 2003, Embedded—Weapons of Mass Deception: How the Media Failed to Cover the Iraq War, Prometheus Books, New York.

Schemeil, Yves 2012, 'Global governance: Evolution and innovation in international relations', in E. Brousseau, M. Merzouki and C. Meadel (eds), Governance, Regulations and Powers on the Internet, Cambridge University Press, Cambridge, pp. 186-208.

Schiller, Dan 2000, Digital Capitalism: Networking the Global Market System, MIT Press, Cambridge MA.

——2006, 'Digital capitalism: A status report on the corporate commonwealth of information', in A. N. Valdivia (ed.), A Companion to Media Studies, Blackwell, Malden MA, pp. 137-56.

Schilling, Melissa 2008, Strategic Management of Technological Innovation, McGraw-Hill, Boston.

Scholte, Jan Aart 2005, Globalization: A Critical Introduction, Palgrave Macmillan, Basingstoke.

Schumpeter, Joseph 1950, Capitalism, Socialism and Democracy, Harper & Row, New York.

Schwartz Cowan, Ruth 1997, A Social History of American Technology, Oxford University Press, New York.

Scolari, Carlos 2009, 'Transmedia storytelling: Implicit consumers, narrative worlds, and branding in contemporary media production', International Journal of Communication 3:586-606.

Scott, Mark 2010, 'The golden age for Australian journalism', The Drum, <www.abc.net.au/news/2010-11-25/the-golden-age-for-australian-journalism/2349850>, accessed 5 May 2013.

Seaman, Bruce 2000, 'Arts impact studies: A fashionable excess', in G. Bradford, M. Gary and G. Wallach (eds), The Politics of Culture: Policy Perspectives for Individuals, Institutions and Communities, New Press, New York, pp. 266-85.

Sell, Susan 2002, 'Intellectual property rights', in D. Held and A. McGrew (eds), Governing Globalization: Power, Authority, and Global Governance, Polity Press, Cambridge, pp. 171-88.

Selwyn, Neil 2004, 'Reconsidering political and popular understandings of the "digital divide"', New Media and Society 6(3):341-62.

Shapiro, Carl and Hal Varian 1999, Information Rules: A Strategic Guide to the Network Economy, Harvard Business School Press, Boston.

Shaw, Debra Benita 2008, Technoculture, Berg, Oxford.

Shirky, Clay 2008, Here Comes Everybody: The Power of Organizing Without Organizations, Allen Lane, New York.

——2010, Cognitive Surplus: Creativity and Generosity in a Connected Age, Penguin, New York.

Sholle, David 2002, 'Disorganizing the "new technology"', in G. Elmer (ed.), Critical Perspectives on the Internet, Rowman & Littlefield, Lanham, pp. 3-26.

Silver, Nate 2012, The Signal and the Noise, Penguin, London.

Simon, Leslie David, Jose Corrales and Donald Wofensberger 2002, Democracy and the Internet: Allies or Adversaries?, Woodrow Wilson Center Press, Washington, DC.

Singer, Jane 2010, 'Journalism in a network', in M. Deuze (ed.), Managing Media Work, Sage, London, pp. 103-10.

Siwek, Stephen 2012, Copyright Industries in the U.S. Economy: The 2011 Report, prepared for the International Intellectual Property Alliance, Washington, DC.

Slater, Don 2002, 'Social relationships and identity online and offline', in L. Lievrouw and S. Livingstone (eds), The Handbook of New Media, Sage, London, pp. 533-46.

Slaughter, Sheila and Gary Rhoades 2004, Academic Capitalism and the New Economy: Markets, States and Higher Education, Johns Hopkins University Press, Baltimore.

Smith, Anthony 1991, 'Towards a global culture?' in M. Featherstone (ed.), Global Culture, Nationalism, Globalization and Modernity, Sage, London, pp. 171-92.

Smith, Chris 1998, Creative Britain, Faber and Faber, London.

Social Network, The (film) 2011, dir. David Fincher.

Solum, Lawrence 2009, 'Models of internet governance', in L. Bygrave and J. Bing (eds), Internet Governance: Infrastructure and Institutions, Oxford University Press, Oxford, pp. 48-91.

Sood, Ashish and Gerard Tellis 2005, 'Technological evolution and radical innovation', Journal of Marketing 69(6):152-65.

Sparks, Colin 2007, Globalization, Development and the Mass Media, Sage, London.

Sparrow, Jeff 2010, 'The power of new media', The Drum Opinion, <www.abc.net.au/unleashed/35518.html>, accessed 8 May 2013.

Stadler, Felix 2006, Manuel Castells and the Theory of the Network Society, Polity Press, Cambridge.

Steger, Manfred 2009, Globalization: A Very Short Introduction, 2nd edn, Oxford University Press, Oxford.

Sterling, Bruce 1993, The Hacker Crackdown, Bantam, New York.

Stevenson, Deborah 2000, Art and Organisation: Making Australian Cultural Policy, University of Queensland Press, St Lucia.

——2004, '"Civic gold rush": Cultural planning and the third way', International Journal of Cultural Policy 10(1):119-31.

Stiroh, Kevin 1999, 'Is there a new economy?' Challenge 42(4):82-101.

Stoll, Clifford 1995, Silicon Snake Oil: Second Thoughts on the Information Highway, Macmillan, London.

Stoneman, Paul 2010, Soft Innovation: Economics, Product Aesthetics, and the Creative Industries, Oxford University Press, Oxford.

Streeter, Thomas 2011, The Net Effect: Romanticism, Capitalism, and the Internet, NYU Press, New York.

Suber, Peter 2012, Open Access, MIT Press, Cambridge MA.

Sunstein, Cass 2007, Republic.com 2.0, Princeton University Press, Princeton.

Surowiecki, James 2004, The Wisdom of Crowds, Doubleday, New York.

Tapsall, Suellen 2001, '"All Aboard" the borderless education bandwagon', Open Learning: The Journal of Open, Distance and e-Learning 16(1):35-46.

Tapscott, Don and Anthony Williams, 2006, Wikinomics: How Mass Collaboration Changes Everything, Penguin, New York.

Tasini, Jonathon 2011, 'Why I'm suing Arianna Huffington et al.-And how YOU can help', Working Life, <www.workinglife.org/2011/04/13/why-im-suing-arianna-huffington-et-al-and-how-you-can-help>, accessed 5 May 2013.

Taylor, Chris 2007, 'Controlling an entire theatre of war: Developing Supreme Commander' presentation to Game Developer Conference 2007, GDC Vault <www.gdcvault.com/browse/gdc-07>, accessed 1 May 2013.

Taylor, Paul 2008, 'Hacktivism', in W. Donsbach (ed.), International Encyclopedia of Communication, Blackwell, Malden, MA, pp. 2047-51.

Taylor, Peter 2004, World City Network: A Global Urban Analysis, Routledge, London.

Tellis, Gerard J. and Peter G. Golder 1996, 'First to market, first to fail? Real causes of enduring market leadership', Sloan Management Review 37(2):65-75.

Terranova, Tiziana 2013, 'Free labor', in T. Scholz (ed.), Digital Labor: The Internet as Playground and Factory, Routledge, New York, pp. 33-57.

Thomas, Douglas 2002, Hacker Culture, University of Minnesota Press, Minneapolis.

Thomas, Pradip 2010, 'Digital divide', in S. W. Littlejohn & K. A. Foss (eds), Encyclopedia of Communication Theory, Sage, London, pp. 311-13.

Thompson, Grahame 2003, Between Hierarchies and Markets: The Logic and Limits of Network Forms of Organization, Oxford University Press, Oxford.

Thompson, John 1991, Ideology and Modern Culture, Polity Press, Cambridge.

——1995, The Media and Modernity: A Social Theory of the Media, Polity Press, Cambridge.

Throsby, David 2010, The Economics of Cultural Policy, Cambridge University Press, Cambridge.

Tiffen, Rodney 2012, 'Spin doctors, news values and public interest—the Bermuda triangle of policy debate', in M. Ricketson (ed.), Australian Journalism Today, Palgrave Macmillan, Melbourne, pp. 15-27.

Toffler, Alvin 1970, Future Shock, Random House, New York.

——1981, The Third Wave, Bantam Books, New York.

Tomlinson, John 2007, 'Cultural globalization', in G. Ritzer (ed.), The Blackwell Companion to Globalization, Blackwell, Malden, MA, pp. 352-66.

Tormey, Simon 2004, Anti-Capitalism: A Beginner's Guide, One World: Oxford.

Towse, Ruth 2010, A Textbook of Cultural Economics, Cambridge University Press, Cambridge.

Trow, Martin 2007, 'Reflections on the transition from elite to mass to universal access: forms and phases of higher education in modern societies since WWII', in J. T. Forest and P. G. Altbach (eds), International Handbook of Higher Education, Springer, Dordrecht, pp. 243-80.

——2010, Twentieth-Century Higher Education: Elite to Mass to Universal, Johns Hopkins University Press, Baltimore.

Tunstall, Jeremy 2008, The Media Were American: U.S. Mass Media in Decline, Oxford University Press, Oxford.

Turkle, Sherry 1995, Life on the Screen: Identity in the Age of the Internet, Simon & Schuster, New York.

——2011, Alone Together: Why we expect more from technology and less from each other, Basic Books, New York.

Turner, Graeme 1990, British Cultural Studies: An Introduction, Unwin Hyman, Boston.

——2010, Ordinary People and the Media, Sage, London.

——2012, What's Become of Cultural Studies?, Sage, London.

——and Jinna Tay (eds) 2009, Television Studies After TV: Understanding Television in the Post-Broadcast Era, Routledge, New York.

United Nations Conference on Trade and Development (UNCTAD) 2004, 'Creative industries and development', <http://unctad.org/en/Docs/tdxibpd13_en.pdf>, accessed 19 July 2013.

——2010, Creative Economy Report 2010, United Nations, Geneva.

United Nations Educational, Scientific and Cultural Organization (UNESCO) 2012a, Measuring the Economic Contribution of Cultural Industries: A Review and Assessment of Current Methodological Approaches, UNESCO Institute for Statistics, Montreal.

——2012b, 'Global flow of tertiary-level students', <www.uis.unesco.org/education/Pages/international-student-flow-viz.aspx>, accessed 23 June 2013.

Vaidhyanathan, Said 2012, 'Open source as culture/culture as open source', in M. Mandiberg (ed.), The Social Media Reader, NYU Press, New York, pp. 24-31.

Vaidhyanathan, Siva 2001, Copyrights and Copywrongs: The Rise of Intellectual Property and How it Threatens Creativity, NYU Press, New York.

Van Dijck, Jose and David Nieborg 2009, 'Wikinomics and its discontents: A critical analysis of Web 2.0 business manifestos', New Media and Society 11(5):855-74.

Van Dijk, Jan 2005, The Deepening Divide: Inequality in the Information Society, Sage, Thousand Oaks.

Van Dijk, Jan 2012, The Network Society, 3rd edn, Sage, London.

Van Dijck, Joge and David Nieborg 2009, 'Wikinomics and its discontents: A critical analysis of Web 2.0 business manifestos', New Media and Society 11(5):855-74.

Varian, Hal 2005, 'Copying and copyright', Journal of Economic Perspectives 19(2): 121-38.

Von Feilitzen, Cecelia 1998, 'Media violence—Four research perspectives', in R. Dickenson, R. Harindranath and 0. Linne (eds), Approaches to Audiences: A Reader, Arnold, London, pp. 88-103.

von Hippel, Eric 2005, Democratizing Innovation, MIT Press, Cambridge MA.

Wardle, Claire and Andrew Williams 2008, 'UGC @the BBC: Understanding its impact upon contributors, non-contributors, and BBC News', BBC and Cardiff School of Journalism, Media and Cultural Studies, <www.bbc.co.uk/blogs/knowledgeexchange/cardiffone.pdf>, accessed 6 May 2013.

Walker Rettberg, Jill 2008, Blogging, Polity, Cambridge.

Wark, McKenzie 2006, 'Hackers', Theory, Culture and Society 23(1-2):320-2.

Warsh, David 2006, Knowledge and the Wealth of Nations: A Story of Economic Discovery, W. W. Norton & Company, Inc. New York.

Wasko, Janet 2001, Understanding Disney, Cambridge, Polity.

——2004, 'The political economy of communications', in J. Downing, D. McQuail, P. Schlesinger and E. Wartella (eds), The SAGE Handbook of Media Studies, Sage, Thousand Oaks, pp. 309-30.

Wasserman, Stanley and Katharine Faust 1994, Social Network Analysis: Methods and Applications, Cambridge University Press, Cambridge.

Webster, Frank 2006a, Theories of the Information Society, 3rd edn, Routledge, London.

——2006b, 'The information society revisited', in L. Lievrouw and S. Livingstone (eds), Handbook of New Media, 2nd edn, Sage, London, pp. 443-57.

Weinberger, David 2012, Too Big to Know, Basic Books, New York.

West, Matthew 2011, 'Ubiquitous computing', SIGUCCS'II, 12-17 November 2011, San Diego.

Westbury, Marcus and Ben Eltham 2010, 'Cultural policy in Australia', in M. Davis and M. Lyons (eds), More Than Luck: Ideas Australia Needs Now, Centre for Policy Development, Sydney, pp. 40-4.

Wikipedia 2013a, 'List of best-selling video games', <http://en.wikipedia.org/wiki/List_of_best-selling_video_games#cite_note-PSUnumbers-44> , accessed 10 April 2013.

——2013b, 'Wikipedia Statistics' <http://stats.wikimedia.org/EN/>, accessed 10 April 2013.

Williams, Raymond 1965, The Long Revolution, Chatto & Windus, London.

——1974, Television: Technology and Cultural Form, Routledge, London.

Williams, Robin and David Edge 1996, 'The social shaping of technology', Research Policy 25(4):865-99.

Williamson, Oliver E. 1985, The Economic Institutions of Capitalism, Free Press, New York.

——2000, 'The new institutional economics: Taking stock, Looking ahead', Journal of Economic Literature 38(3):595-613.

Winner, Langdon 1986, 'Do artefacts have politics?', in L. Winner, The Whale and the Reactor: A Search for Limits in an Age of High Technology, University of Chicago Press, Chicago, pp. 19-37.

Woolcock, Michael 2001, 'The place of social capital in understanding social and economic outcomes', ISUMA: Canadian Journal of Policy Research 2(1):11-17.

Woolgar, Steve 2002, 'Five rules of virtuality', in S. Woolgar (ed.), Virtual Society? Technology, Cyberbole,

Reality, Oxford University Press, Oxford, pp. 1-22.

World Bank 2003, 'Social capital for development', <www.worldbank.org/poverty/scapital/>, accessed 10 January 2004.

——2007, Building Knowledge Economies: Advanced Strategies for Development, World Bank, Washington, DC.

——2012, Knowledge Assessment Methodology, <www.worldbank.org/kam>, accessed 20 May 2013.

World Intellectual Property Organisation (WIPO) 2012a, Creative Industries—Economic Contribution and Mapping, <www.wipo.int/ip-development/en/creative_industry/economic_contribution.html>, accessed 13 May 2013.

——2012b, World Intellectual Property Indicators, WIPO, Geneva.

WorldWideWebSize.com 2013, 'The size of the World Wide Web (the internet)', <www.worldwidewebsize.com>, accessed 22 May 2013.

Wu, Shaomei, Jake Hoffman, Winter Mason and Duncan Watts 2011, 'Who says what to whom on Twitter', 20th Annual World Wide Web Conference, Hyderabad, 28 March-1 April, <http://research.yahoo.com/pub/3386>, accessed 25 April 2013.

Wu, Timothy 2011, The Master Switch: The Rise and Fall of Information Empires, Alfred A. Knopf, New York.

Yoong, Chand Woo 2009, 'OhMyNews; Citizen journalism in South Korea', in S. Allan and E. Thorsen (eds), Citizen Journalism: Global Perspectives, Peter Lang, New York, pp. 143-52.

Zakon, Robert H'obbes' 2011, 'H'obbes' internet timeline 10.2', <www.zakon.org/robert/internet/timeline>, accessed 11 July 2013.

Zayani, Mohamed 2005, 'Al Jazeera and the vicissitudes of the new Arab mediascape', in M. Zayani (ed.), The Al Jazeera Phenomenon: Critical Perspectives on the New Arab Media, Pluto Press, London, pp. 1-46.

Zelizer, Barbie 2004, Taking Journalism Seriously: News and the Academy, Sage, Thousand Oaks.